O livro de Cohen não só captura a essência dos princípios de gestão de Peter Drucker, como também oferece conselhos objetivos sobre como aplicá-los com eficácia, na condição de consultor empresarial. Este é um livro completo e fundamentado, cujo autor trabalhou tão perto de Drucker que até parece ter sido escrito pelo próprio Drucker. Com certeza ele se tornará a obra mais confiável para qualquer pessoa interessada em consultoria empresarial.

F. Lee Reynolds, Gerente Sênior – Studio Tour,
Universal Studios, Hollywood

Peter Drucker se foi. Felizmente, seu aluno, Bill Cohen, mantém viva a obra do mestre. *Peter Drucker: melhores práticas* não oferece apenas bons conselhos aos consultores profissionais. Também revela aspectos da obra de Drucker que raramente são discutidos e poucas vezes são analisados em profundidade. De que maneira Drucker conseguiu conquistar tamanho sucesso como consultor, trabalhando sozinho, em muitos ambientes diferentes? Seu trabalho de consultoria se estendeu a numerosos setores e a diversos países, órgãos públicos e Forças Armadas, abrangendo até mesmo empreendedores individuais e organizações religiosas. Este livro oferece as respostas certas para as dúvidas de todos os gestores sobre como melhorar os resultados de suas organizações.

Bill Bartmann, autor de Bouncing Back *e de outros livros*
Presidente e Fundador, CFS, CFS2, Inc. e Financial Samaritan.com
Ajudou 4,5 milhões de clientes endividados na reconstrução de suas vidas.

Peter Drucker certa vez explicou que seu principal ponto forte como consultor era fazer-se de ignorante e formular algumas perguntas. Isso parece simples, mas é difícil de aplicar. Agora, você pode aprender e praticar o método de consultoria do lendário Drucker, seguindo as recomendações de *Peter Drucker: melhores práticas*, escrito pelo Dr. Cohen, aluno favorito de Drucker e o primeiro a concluir o doutorado sob sua orientação. Com base em suas observações, em primeira mão, das técnicas simples, mas eficazes, de Drucker, o autor oferece comentários extremamente fascinantes e perspicazes. Simplesmente não se pode deixar de ler este livro inestimável.

Julia Wang, presidente, Peter F. Drucker Academy, Hong Kong

Consultores de negócios se apresentam em três sabores. O primeiro está familiarizado com o autor Peter Drucker. O segundo ama Drucker, vez por outra citando-o para os clientes. O terceiro compreende Drucker, aplicando suas ideias várias vezes por dia. Eu ainda preciso encontrar um consultor de negócios que não tenha ouvido falar de Peter Drucker. O autor deste livro, major-general Cohen, um dos primeiros alunos do professor Drucker, hoje consultor e acadêmico de gestão empresarial, descreve e explica aqui os primórdios de Drucker, suas rotinas e suas contribuições empresariais duradouras. Ao ler este livro, você economizará as horas incontáveis que, do contrário, consumiria para compreender a obra de Drucker, em benefício imediato de seus clientes.

Nevin Kamath, JD, ex-diretor, The Consulting Institute, CIAM
e ex-consultor sênior, McKinsey & Company, Presidente
e Fundador, Kamath & Company

Concluí o MBA Executivo da Claremont Graduate School, a Escola de Administração de Drucker, onde tive o privilégio de vivenciar as preleções e análises de Peter Drucker em primeira mão. Conheço Bill Cohen há mais de três décadas e desfrutei de suas exposições a respeito dos conceitos básicos de Peter Drucker sobre liderança e gestão, nos contextos militar, industrial e de saúde. As considerações mais recentes do Dr. Cohen, revistas e ampliadas, em *Peter Drucker: melhores práticas*, primam pela perspicácia, inteligência e exatidão.

Albert M. Randall, MD, coronel, USAF, aposentado,
Conselho de Administração
Corona Regional Medical Center

PETER
DRUCKER
MELHORES
PRÁTICAS

Copyright © 2016 William Cohen
Copyright © 2016 LID Publishing Inc.

Título original: *Peter Drucker on Consulting: How to Apply Drucker's Principles for Business Success*

Todos os direitos reservados pela Editora Autêntica Business. Nenhuma parte desta publicação poderá ser reproduzida, seja por meios mecânicos, eletrônicos, seja cópia xerográfica, sem autorização prévia da Editora.

EDITOR RESPONSÁVEL
Marcelo Amaral de Moraes

CAPA
Diogo Droschi

REVISÃO TÉCNICA E PREPARAÇÃO DE TEXTO
Marcelo Amaral de Moraes

REVISÃO
Lúcia Assumpção

DIAGRAMAÇÃO
Larissa Carvalho Mazzoni

Dados Internacionais de Catalogação na Publicação (CIP)
(Câmara Brasileira do Livro, SP, Brasil)

Cohen, William A.
  Peter Drucker : melhores práticas / William A. Cohen ; tradução Afonso Celso da Cunha Serra, Celina Pedrina Siqueira Amaral. -- 1. ed.; 3. reimp. -- São Paulo : Autêntica Business, 2023.

  Título original: Peter Drucker on Consulting : How to Apply Drucker's Principles for Business Success.

  ISBN 978-85-513-0176-0

  1. Administração 2. Administração de empresas 3. Consultoria 4. Drucker, Peter F. (Peter Ferdinand), 1909-2005 I. Título.

17-03877   CDD-658

Índices para catálogo sistemático:
1. Administração de empresas 658

A **AUTÊNTICA BUSINESS** É UMA EDITORA DO **GRUPO AUTÊNTICA**

São Paulo
Av. Paulista, 2.073, Conjunto Nacional,
Horsa I . Sala 309 . Bela Vista .
01311-940 . São Paulo . SP
Tel.: (55 11) 3034 4468

Belo Horizonte
Rua Carlos Turner, 420
Silveira . 31140-520
Belo Horizonte . MG
Tel.: (55 31) 3465 4500

www.grupoautentica.com.br
SAC: atendimentoleitor@grupoautentica.com.br

PETER
DRUCKER
MELHORES PRÁTICAS

COMO APLICAR OS **MÉTODOS DE GESTÃO** DO
MAIOR CONSULTOR DE TODOS OS TEMPOS
PARA ALAVANCAR OS **RESULTADOS** DO SEU NEGÓCIO

WILLIAM A. COHEN, PhD

3ª REIMPRESSÃO

TRADUÇÃO Afonso Celso da Cunha Serra
Celina Pedrina Siqueira Amaral

autêntica
BUSINESS

DEDICATÓRIA

Dedico este livro às seguintes pessoas:

Reitor Paul Albrecht, que, junto com Peter Drucker, desenvolveu o Programa de PhD no qual, com orgulho, fui o primeiro a doutorar.

Minglo Shao, que teve determinação, capacidade e generosidade não só para fundar a Peter Drucker Academy of China e o California Institute of Advanced Management (CIAM), sem fins lucrativos, mas também para exercer a presidência do Conselho de Administração dessas organizações.

Meus colegas, administradores, professores e membros do conselho do CIAM, que, com coragem e diligência, foram muito além de seus deveres funcionais e superaram todas as adversidades para construir uma escola que ensina os princípios de Drucker e desenvolve novos conceitos originais e exclusivos.

Alunos e ex-alunos do CIAM, que, por seu sucesso, estão comprovando o valor das ideias seminais de Peter Drucker.

Finalmente, dedico este livro a duas pessoas que exerceram forte influência não só sobre a obra, mas também sobre o próprio autor:

Minha esposa, Drª. Nurit Cohen, que, ao longo de 48 anos de guerras, desafios, derrotas e vitórias, em vários continentes, nunca vacilou na constância de seu apoio.

E, claro, o próprio Peter Drucker, que viu algo em mim, que nem eu percebi, durante um momento de grande provação.

Índice

Prefácio   19

Dr. Francisco Suarez

Introdução: **Meu encontro com Peter Drucker, o pai da gestão moderna**   23

Philip Kotler

Capítulo 1: **O maior consultor de gestão de todos os tempos**

Meu primeiro livro sobre Drucker	31
Como ser um grande consultor	33
Drucker entra em ação como consultor	33
Como Drucker se tornou consultor de gestão	35
Os conselhos peculiares de Drucker sobre quase tudo	37
Consultoria e o California Institute of Advanced Management	38
Como aplicar e dominar as técnicas e conceitos de Drucker	39

Capítulo 2: **O diferencial da consultoria de Drucker**

A aplicação dos métodos de Drucker requer compreensão	43
O que é ecologista social?	43
A estranha organização de não consultoria de Drucker	44
Como a conversão de Drucker em consultor ajudou a construir seu diferencial	45
Drucker se preocupava com "O que fazer", não com "Como fazer"	48
O aspecto mais difícil de ser cliente de Drucker	49
A metodologia de Drucker na contratação de consultoria	50
O cérebro serve para pensar – use-o!	51
O cuidado de Drucker ao aplicar ideias "revolucionárias"	51
A ênfase de Drucker no predomínio da "sensibilidade" sobre os "números" no processo decisório	53

Capítulo 3: **O que aprender com a formação de Drucker como consultor de gestão**

Será que Drucker sempre pensou em tornar-se consultor de gestão?	57
A formação fortuita de Drucker no início da carreira de consultor	58
Drucker perdeu oportunidades na faculdade, mas aprimorou-se com uma educação séria	60
Hitler leva Drucker a abandonar tudo	61
Atividades de Drucker na Inglaterra e seu primeiro livro	62
A influência da Segunda Guerra Mundial e de Marvin Bower	64
A grande chance de Drucker	67

Capítulo 4: **Como Drucker estabeleceu-se como consultor de primeira linha**

Por que consultores se tornam consultores?	71
Focar nas preferências	72
A vantagem do controle sobre sua vida	74
A questão da remuneração	74
Localização, localização, localização	75
Negócio arriscado	75
A importância das metas, e mais serendipidade	76
Consultoria em tempo parcial	76
Consultoria em tempo parcial pelos alunos	77
Quando fazer a transição do tempo parcial para o tempo integral	77
Mais uma história de consultor	78
O que torna um consultor excepcional?	80
A capacidade de interagir com todos os participantes na contratação de uma consultoria	80
A capacidade de diagnosticar com exatidão o problema	81
A capacidade de encontrar soluções eficazes	81
Competência técnica e conhecimento	82
Boas habilidades de comunicação	82
Eficácia em marketing e habilidade em vendas	83
Capacidade gerencial	83

Capítulo 5: **O marketing da consultoria de Drucker ou de qualquer outro profissional**

O marketing básico de Drucker	87
A primazia do marketing sobre todas as outras funções de negócios	89
A distinção fundamental entre marketing e vendas	90
Não ler Drucker	90
Em teoria, o marketing perfeito dispensaria vendas	91
A possibilidade de marketing e vendas não serem complementares, mas antagônicos	92
Foco nos clientes e no que os clientes valorizam	93
Marketing como tema difuso, que impregna toda a organização	95
Drucker teria tomado seu próprio remédio?	98

Capítulo 6: **Os fundamentos de ética e integridade em Drucker**

As "mentiras" de Drucker e a licença para matizar as narrativas a bem da ênfase	101
A ética de Drucker *versus* escrúpulos convencionais	102
As decisões éticas podem ser mais complexas do que se imagina	103
Do que estamos falando?	103
Distinção entre o que é legal e o que é ético	105
Extorsão e suborno, segundo Peter Drucker	105
A análise de Drucker das abordagens éticas	107
Ética da prudência	108
Ética do Lucro	109
Ética confuciana	110
Conclusões de Drucker	111

Capítulo 7: **O modelo de consultoria de Drucker consistia em fazer perguntas**

As três grandes empresas de consultoria e como chegaram a esse ponto	115
O diferencial básico do modelo de consultoria de Drucker	117
O cliente é o verdadeiro especialista	119

Fazendo as perguntas ao seu próprio cérebro 119

Por que essa técnica estranha funciona 120

O poder da distração na solução de problemas 121

As cinco perguntas básicas de Drucker 122

Qual é a missão do cliente? 123

Quem são os clientes de seu cliente? 124

O que os clientes do cliente valorizam? 124

Que resultados o cliente está alcançando? 126

Qual é o plano de ação do cliente? 126

Como desenvolver boas perguntas 127

Capítulo 8: Desconsiderando o que todos "sabem" para chegar à verdade

Drucker estava certo de novo 131

O que todos sabem geralmente está errado 132

Muitas coisas que todos "sabem" hoje também estão erradas 133

Os antigos sabiam que a unanimidade é suspeita 134

A importância da sabedoria de Drucker em gestão e, portanto, em consultoria 136

Qual foi a contribuição mais valiosa de Drucker? 138

Por que o treinamento em Krav Maga provoca poucas contusões 138

Drucker a respeito do valor do cliente 139

Como alguém de 61 anos ganhou a ultramaratona mais difícil do mundo 140

Aplicando a lição como consultor 140

Análise das premissas 141

Rastreando a origem 142

A fonte é válida? 142

Capítulo 9: Como Drucker usava a própria ignorância para dar consultoria em qualquer setor

A ignorância tem valor 149

Analisando a alegação de ignorância de Drucker 151

A beleza da ignorância na solução de problemas 152

Solução de problemas com o lado esquerdo do cérebro 152

Construção de navios em alta velocidade 153

Definição do problema 155

Fatores relevantes	157
Cursos de ação alternativos	158
Análise	158
Conclusões e recomendações	159
A solução do lado direito	160
Ajudando o subconsciente a resolver problemas de consultoria	162

Capítulo 10: **Drucker diz aos clientes o que fazer com o risco**

Até tentar reduzir o risco pode ser manobra errada	167
Um dos poucos erros de Drucker foi desse tipo	168
O caso do general azarado que assumiu o risco errado	168
Escolher o risco certo é crucial	170
Controle de riscos e suas características	171
A quase impossibilidade de ser objetivo e neutro ao lidar com seres humanos	171
Focando nos resultados reais	172
Focando nos resultados certos	173
Quando as condições mudam, os resultados reais também podem mudar	174
Os eventos não mensuráveis também podem mudar	175
As sete especificações do controle	175
A limitação final	176
O que tudo isso significa	177

Capítulo 11: **Como pensar à maneira de Drucker, Einstein e Sherlock Holmes**

O desenvolvimento da teoria da relatividade	181
Einstein revelou o processo comum	182
Entra em cena o maior detetive do mundo da ficção	182
A pesquisa acadêmica é um processo analítico, mas...	183
Insights inesperados numa conferência acadêmica	184
Mais insights na conferência	185
As ideias e os métodos de Drucker daí resultantes	186
O elo perdido do pensamento de Drucker no desenvolvimento de teorias	187
Examinando o que, por intuição, parece óbvio	187
A motivação do lucro	188
Será que a maximização do lucro é uma falácia perigosa?	190

O propósito de um negócio ... 191
Virando os "fatos" de ponta-cabeça ... 192
Discernindo na hora o que é imperceptível para os outros ... 193
Modelando o pensamento de Drucker ... 194

Capítulo 12: **Desenvolvendo a autoconfiança dos clientes e também a própria**

A resposta é autoconfiança ... 199
Os segredos de Drucker ... 200
Nascer com autoconfiança ... 200
Você engatinha antes de andar ... 201
Um olhar mais atento sobre quem nasce com autoconfiança ... 202
Conquiste a autoconfiança aos poucos, à medida
que supera as dificuldades ... 204
Assuma o controle da própria autoconfiança ... 204
Saia da zona de conforto ... 205
A autoconfiança decorre de saber-se capaz de alcançar o sucesso ... 206
Como os militares constroem a autoconfiança ... 207
Pequenas coisas significam muito ... 208
Imagens mentais positivas ou negativas podem
produzir efeitos cruciais ... 209
Imagens positivas podem reforçar em muito sua autoconfiança ... 210
Ensaios mentais turbinam a autoconfiança ... 211
Com autoconfiança, sua visão não tem limites ... 212

Capítulo 13: **Inovação, abandono, ou, sem mudança, a certeza do fracasso final**

Inúmeros exemplos de fracassos no sucesso ... 215
Quanto maior, pior ... 218
Evitando que o sucesso resulte em fracasso ... 220
Inovação é algo diferente ... 221
Atitude revolucionária: abandonar produtos lucrativos ... 221
O automóvel mais conhecido do mundo deveria
ter sido abandonado? ... 222
Abandone com elegância e lógica ... 222
Repensar é examinar o que a organização está fazendo ... 223
Descobrir um critério específico para o abandono ... 225
É preciso ter um plano... mas também é preciso seguir o plano ... 226

Sonhar ou não sonhar, eis a questão 227
O que recomendar aos clientes 227

Capítulo 14: **Como Drucker ajudava os clientes a inovar**

A Fazenda de Formigas – a mais notável inovação
em brinquedos do século XX 231
Lampejos de inovação 232
"Meu filho, músico" vendeu muito, mas saiu do mercado 233
"Ideias brilhantes" com análise incompleta ou
deficiente perdem dinheiro 234
Inesperado, mas mesmo assim analisado 235
Algumas inovações de sucesso são tachadas de "incongruências" 236
Inovação por necessidade 237
Inovação do setor e da estrutura do mercado 238
Mudança demográfica e potencial de inovação 240
Drucker, solução pela educação, e previsões 241
Oportunidades de inovação e mudanças de percepção 242
Percepção é tudo 244
Se conhecimento é poder, novo conhecimento é novo poder 245

Capítulo 15: **A consultoria em grupo de Drucker e o IATEP™**

A consultoria em grupo de Drucker 249
Teoria de Aplicação Imediata para a Melhoria do
Desempenho (IATEP)™ 251
O toque romano 251
O que é IATEP™? 252
A "sala de aula invertida" e as implicações do modelo básico 253
O Método Thayer 255
Mais que maximizar o tempo 258
O que torna eficaz o Método Thayer? 258

Capítulo 16: **Pessoas sem fronteiras! Conceito crucial para a maestria em consultoria**

Peter (ou seja, Drucker) disse: "Não!" 264
Os perigos do Princípio de Peter para a organização 266
O homem que perdeu US$ 1 milhão mal fora
promovido na IBM 266
A pressão oculta do Princípio de Peter 266

Mais um prego no caixão	267
Desmentindo o Princípio de Peter	267
O que foi para os consultores a denúncia por Drucker do Princípio de Peter?	270
A pessoa certa na posição certa	271
Especificações do cargo	271
Definição das especificações essenciais	272
Recrute vários candidatos antes da seleção criteriosa	273
Discuta a escolha com os colegas	275
Depois da nomeação do escolhido	275
Este é um trabalho em andamento?	276
A abordagem de Drucker a pessoas	276

Capítulo 17: **Dez coisas a considerar**

Apêndice

Como a consultoria e a filosofia de Drucker
funcionaram para mim 287
*Frances Hesselbein, Presidente e CEO do Frances Hesselbein Leadership
Institute (ex-Peter F. Drucker Foundation for Non-Profit Management)*

Tornando-se um "mestre questionador" como Drucker 289
*Ping (Penny) Li, Diretora de Admissões no California Institute of Advanced Management e participante de 11 contratos de consultoria utilizando os
métodos de Drucker*

A experiência de consultoria de Drucker 294
*Eric McLaughlin, chefe da assessoria acadêmica do presidente do California Institute of Advanced Management, e PhD pelo Peter F. Drucker and Masatoshi
Ito Graduate School of Management, da Claremont Graduate University*

Minha experiência como cliente de Peter Drucker 297
*Minglo Shao, fundador da Peter Drucker Academy e presidente do Conselho
do California Institute of Advanced Management*

A consultoria de Drucker continua firme 302
*Edna Pasher, PhD, fundadora e CEO da Edna Pasher PhD & Associates
Management Consultants e da empresa de consultoria internacional sem fins
lucrativos The Israeli Smart Cities Institute*

Minha experiência com o diferencial
da consultoria de Drucker 307
*C. William Pollard, presidente da Fairwyn Investment Company e ex-CEO
e presidente, durante 12 anos, da The ServiceMaster Company, empresa da
Fortune 500*

Peter Drucker: a consultoria e a vida multidimensional 310
*Bruce Rosenstein, autor de livros sobre Drucker e editor do premiado Leader-
to-Leader Journal do Frances Hesselbein Leadership Institute*

O consultor chamado Peter Drucker 313
*Rick Wartzman, diretor executivo do Drucker Institute e editor de livros e colu-
nas sobre Drucker*

PREFÁCIO

Gostaria de expressar a minha mais profunda gratidão ao Dr. William Cohen por seu gentil convite para escrever o prefácio de seu novo livro, por sua amizade ao longo dos anos, e pela honra de servir como membro do conselho do California Institute of Advanced Management (CIAM). Também quero manifestar minha admiração por seu inabalável espírito empreendedor, sobretudo em face dos muitos desafios que ele superou para fundar o CIAM em 2011. Menciono CIAM porque essa instituição baseia-se nos princípios e valores de Peter F. Drucker, que formam os pilares deste livro.

William Cohen, amigo e colega, foi diretamente inspirado por Peter Drucker. Como representantes da primeira geração dos PhDs de Drucker, do Peter F. Drucker e Masatoshi Ito Graduate School of Management of Claremont Graduate University, aprendemos muito sobre Drucker através dos olhos de Cohen.

Ambos, William Cohen e Peter Drucker, têm em comum visão poderosa, energia fecunda e disposição inesgotável, qualidades necessárias para realizar grandes coisas. Na verdade, estamos muito felizes por ter a oportunidade de prosseguir com as ideias e os sonhos de Drucker, possibilitando que cresçam e se multipliquem em escala mais ampla. Através deste livro, o Dr. Cohen compartilha conosco a ideologia e a filosofia de Drucker. Ele honra e relembra os princípios de consultoria de Drucker, ao recordar suas conquistas e contar suas histórias, que são facilmente aplicáveis tanto em nossos empreendimentos quanto em nossa vida pessoal. No processo, aprendemos a usar as ferramentas e a desenvolver as habilidades para capacitar as organizações e empresas a construir os pilares fundamentais para a criação de valor econômico, social e ambiental.

Sou grande admirador desses dois homens. O trabalho do Dr. Cohen me aproxima das lições e princípios extraordinários de Drucker, que são tão fáceis de ler e entender, mas muitas vezes tão difíceis de implementar no nosso dia a dia. Todos esses princípios são inestimáveis para muitas pessoas que têm inspirado jovens profissionais ao longo de décadas, em empresas no mundo todo.

Mas quem é Peter Drucker? Muitos o conhecem como "o homem que inventou a administração". Drucker influenciou diretamente grande número de líderes, de vasta gama de organizações, em todos os setores da sociedade, como General Electric, IBM, Intel, Procter & Gamble, Girl Scouts dos Estados Unidos, Exército da Salvação, Cruz Vermelha, e United Farm Workers. Também assessorou vários presidentes americanos.

Ao longo de sua obra, Drucker chamou a atenção para o equilíbrio saudável entre as necessidades de curto prazo e a sustentabilidade a longo prazo; entre a rentabilidade e outras obrigações; entre a missão de cada organização e o bem comum da sociedade; e entre liberdade e responsabilidade. Este livro explica a metodologia de Drucker como consultor e descreve suas aplicações práticas nas organizações dos clientes.

Tudo se resume em aprender com os erros – como fazer coisas diferentes para obter os resultados almejados. Quando se quer a resposta certa, deve-se aprender a formular a pergunta certa. Drucker fazia perguntas diretas sobre cada uma das atividades e problemas dos clientes (este era o seu *modus operandi*, ele apenas fazia perguntas). As perguntas suscitavam outras, que acabavam levando o cliente a determinar o que precisava ser feito. Drucker, em seguida, apresentava opções sobre como realizar esse trabalho, e obtinha o acordo do cliente para prosseguir.

É por isso que ele dizia aos clientes: "Continue fazendo o que contribuiu para o seu sucesso no presente e no passado, e você acabará fracassando". Aplicado corretamente, o gênio de Drucker prevenirá o desperdício de milhares de horas e evitará muita frustração. Dessa forma, você gerará novas ideias para o sucesso e oferecerá melhores conselhos aos clientes, subordinados, chefes e colegas, que os ajudará a serem bem-sucedidos. Neste livro, você encontrará princípios, conceitos e experiências de centenas de clientes de Drucker, juntamente com outras pessoas que praticam seus ensinamentos.

Drucker via a si mesmo como um cientista que investiga as atividades e os ambientes humanos. É por isso que ele costumava chamar seus relacionamentos com os clientes de trabalho de "laboratório". Ele oferece uma perspectiva muito diferente e exclusiva do que deve ser a consultoria em gestão, e esses ideais e princípios se expressam neste livro, juntamente com o seu trabalho. A metodologia de Drucker é diferente da convencional; e isso é o que a torna realmente especial e interessante para estudar, compreender e aplicar nas empresas de uma nova era. Este livro fornece as ferramentas que permitirão que os leitores conheçam com mais profundidade os princípios de Peter Drucker, de maneira didática e com mais facilidade, aprendendo a prestar consultoria profissional para novos negócios, pequenas empresas, grandes conglomerados e organizações sem fins lucrativos.

Graças ao trabalho e ao esforço do Dr. Cohen, assim como a seu conhecimento, em primeira mão, da vida e da obra de Peter Drucker, este livro não só proporciona compreensão mais nítida e objetiva das lições do pai da gestão moderna, mas também mantém vivo o seu sonho – guiar-nos por todo o seu legado.

"Sem ação, nada é feito" – Peter Drucker.

Dr. Francisco Suarez Hernandez
Francisco Suárez Hernández é o vice-presidente de assuntos corporativos da Coca-Cola FEMSA. A FEMSA é uma das maiores empresas do México, a maior empresa de bebidas da América Latina e a maior empresa de engarrafamento da Coca-Cola do mundo.

Introdução

Meu encontro com Peter Drucker, o pai da gestão moderna

Por Philip Kotler

Embora nos conhecêssemos e eu já tivesse visitado Drucker na casa dele, inclusive mantendo-me em contato com ele e com Frances Hesselbein, não participei das sessões de consultoria em seu escritório doméstico, com Doris, em Claremont. Lembro-me de Peter salientando que a ferramenta mais importante da investigação é fazer as perguntas certas. As Cinco Perguntas de Peter sobre uma empresa são o melhor conjunto de tópicos iniciais. Nas conversas sobre os problemas das empresas, Peter preferia enfatizar o longo prazo e desenvolver uma visão estratégica de como o negócio responderia às novas forças demográficas, tecnológicas, econômicas, sociais e políticas, mas não se importava de falar sobre problemas táticos. Ele fora muito influenciado pelo conceito schumpeteriano de "destruição criativa" no capitalismo. Via todas as empresas enfrentando descontinuidades (mais tarde chamadas de "disrupções" por Clayton Christensen) e insistia em que imaginassem as descontinuidades com que talvez tivessem de lidar.

Escrevi sobre minhas experiências pessoais com Peter no livro anterior de Bill, *Marketing segundo Peter Drucker*, as quais descreverei com mais detalhes quando publicar meu livro *Adventures in Marketing*. Bill acha que minha história diz muito sobre o caráter e os valores de Drucker, certamente de primordial importância para qualquer consultor. Assim sendo, e como homenagem a Peter, autorizei-o a incluir essa narrativa também neste livro.

Tudo começou com um telefonema. Ouvi um homem falando, no outro lado da linha, com um sotaque alemão. Enquanto eu escutava com atenção, ele disse: "Aqui é Peter Drucker". Fiquei surpreso e tentei manter a calma. Já havia lido atentamente seus livros, cheios de novas ideias, e tinha grande respeito por ele, embora ainda não o conhecesse em pessoa. Um telefonema de Peter Drucker significava mais para mim que uma ligação do presidente dos Estados Unidos. Ele perguntou: "Você viria para Claremont [na Califórnia] conversar comigo sobre várias coisas?". Pulei a bordo do primeiro avião, na manhã seguinte. Foi na segunda metade da década de 1980.

Peter não é apenas o pai da gestão moderna. Também é um grande pioneiro na disciplina do marketing moderno. Havia mais que 40 anos, Peter vinha explicando aos gestores que os clientes eram o âmago da empresa. Tudo na empresa deveria girar em torno de conhecer e satisfazer as necessidades dos clientes. Criar valor para os clientes é o propósito do marketing.

Fui muito influenciado por quatro perguntas que Peter fazia às empresas:

- Qual é o principal negócio da empresa?
- Quem é o cliente?
- Em que o cliente encontra valor?
- Qual deve ser o seu negócio principal?

Mais tarde, como se sabe, ele acrescentou uma quinta pergunta, formulada, de início, como "O que fazer a respeito?", que acabou sendo abreviada para "Qual é o seu plano?".

Sempre que se defrontava com o CEO de empresas como P&G ou Intel, ele fazia essas perguntas. Os CEOs testemunhavam que tinham muitos insights na tentativa de responder às indagações de Peter. Faço perguntas semelhantes a muitas empresas em que presto serviços como consultor.

Os livros e os ensinamentos de Peter estão cheios de referências apropriadas sobre marketing e clientes. Gostaria de mencionar algumas delas, juntamente com o que sugerem.

Por exemplo, ele dizia: "o propósito de um negócio é criar clientes". Essa afirmação se opunha à opinião da maioria dos gestores, na época, segundo a qual o propósito de um negócio era gerar lucro. Para Peter, essa ideia, então predominante, era uma teoria vazia, que carecia da definição de como gerar lucro, ou seja, criando clientes. E para criar clientes, a empresa precisa oferecer aos clientes mais valor (benefícios menos custos) que seus concorrentes. A única fonte de lucro são os clientes.

Peter também afirmava: "As empresas têm apenas duas funções básicas – inovação e marketing; todo o resto são custos". Apesar de estar plenamente consciente de que todas as funções das empresas são necessárias e contribuem para os resultados, ele destacou somente essas duas. Inovação significa que as empresas não podem ficar paradas quando as tecnologias e as preferências dos consumidores estão mudando. E o marketing deve ser intenso para que os clientes aprendam sobre o produto e conheçam seus atributos, preço e locais de compra. A empresa não alcançará o sucesso se for eficaz apenas em inovação ou em marketing; ela deve ser boa nas duas áreas.

Ele também esclareceu a diferença entre marketing e vendas. E surpreendia os gestores ao afirmar que "o propósito do marketing é dispensar vendas". Ele considerava importante conhecer em profundidade as necessidades dos clientes e criar produtos para cuja compra os clientes façam fila, sem qualquer esforço de vendas.

Peter criticava as empresas que primeiro projetavam um produto, como um carro, e só depois tentavam decidir a que clientes se destinava e o que dizer a respeito do produto. Faz mais sentido para a empresa começar com um conceito completo do cliente-alvo e da finalidade do produto para, em seguida, projetar o carro para atender e satisfazer esse cliente-alvo.

De volta ao telefonema de Peter e ao meu voo para encontrar-me com ele, em Claremont, Califórnia. Peter me pegou no aeroporto e fomos direto para a Claremont Graduate University, onde ele lecionava. Ele era professor de Arte, bem como de Gestão. A universidade deu a Peter uma galeria privada onde ele armazenava sua coleção de biombos japoneses e pendurava rolos de pergaminho.

Peter abriu e desenrolou sucessivos pergaminhos. Enquanto os apreciávamos, falamos sobre cada obra de arte. As horas passaram rapidamente. Discutimos o fato de os japoneses terem uma maneira diferente de interpretar e avaliar a arte. Gostam do que denominam "sabi", a aura de serenidade que deve caracterizar a obra de arte. Também valorizam "wabi", o sentimento de que a obra de arte tem história e vivência. O senso de beleza do Japão é bastante diferente dos padrões ocidentais. Peter e eu, em seguida, deixamos a galeria e almoçamos em um restaurante próximo.

Peter, então, me convidou para ir à casa dele. Conheci Doris, sua esposa, formada em Física e ótima tenista, embora já com 90 anos. Ela me cumprimentou com um sorriso. Surpreendi-me com a modéstia da casa. Fiquei ainda mais perplexo ao pensar que Peter recebera naquela sala de estar, não muito espaçosa, altos executivos das maiores empresas do mundo. Provavelmente Peter e Doris não sentiam necessidade de se exibirem.

À noite, Peter me levou a um estúdio de gravação perto da sua casa. Ele, como eu, estava fazendo uma pesquisa sobre organizações sem fins lucrativos. No silêncio daquele estúdio de gravação, ele me pediu para falar sobre como o marketing pode ajudar os líderes de organizações sem fins lucrativos a melhorarem o seu desempenho.

As perguntas de Peter abrangeram vários temas e foram instigantes. Suas indagações sobre museus e orquestras me levaram a fazer mais pesquisas sobre essas instituições culturais. Peter resumiu a nossa discussão, em Claremont, sobre organizações sem fins lucrativos, em seu livro *Administração de organizações sem fins lucrativos: princípios e práticas,* publicado em 1990.

Quando a Peter F. Drucker Foundation for Nonprofit Management foi constituída, em 1990, fui convidado a me tornar membro do seu Conselho Consultivo. O objetivo da fundação era ajudar essas entidades a aprenderem umas com as outras, além de motivar gestores e acadêmicos a melhorarem as respectivas organizações. Compareci a várias reuniões anuais do Conselho Consultivo e fiz apresentações sobre como as organizações sem fins lucrativos podem desenvolver soluções instigantes e criativas para problemas sociais.

Peter e eu trocamos cartas com frequência. Impressionava-me o fato de Peter manuscrever as cartas. Não usava nem máquina de escrever nem computador. Evidentemente, é provável que usasse esses recursos em outras ocasiões, mas nunca o fez para escrever as cartas pessoais a mim dirigidas.

Durante algum tempo, a Drucker Foundation operou sob a denominação Leader to Leader Institute. Mais recentemente, o Conselho de Administração pediu a Frances Hesselbein, presidente e CEO, que desse à fundação seu próprio nome. Sei que ela o fez sob pressão. De início, Peter também relutou em constituir uma fundação epônima, mas, por fim, concordou, desde que a entidade fosse renomeada anos depois. Sua modéstia se revelava em tais gestos.

Sempre que eu conversava com Peter, sentia-me estimulado por seu profundo conhecimento de história e por suas epifanias proféticas sobre o futuro. Não consigo atinar com a maneira como adquiriu conhecimentos tão vastos sobre tamanha variedade de campos.

Lembro-me de Peter Drucker como um raro exemplar de Homem da Renascença, decerto uma das pessoas mais notáveis que tive o prazer de conhecer.

Sobre Philip Kotler

Philip Kotler é professor emérito de marketing internacional na Kellogg School of Management, da Northwestern University. Escreveu mais de 58 livros sobre marketing, entre eles *Administração de marketing, Princípios de marketing, Marketing de crescimento: estratégias para conquistar mercados, Boas ações: uma nova abordagem empresarial,* e *Marketing para o século XXI: como conquistar e dominar mercados.*

O professor Kotler recebeu numerosos prêmios, inclusive 23 títulos honorários e outras honrarias. Foi a primeira pessoa a receber o prêmio Leader in Marketing Thought, da American Marketing Association. Em pesquisa abrangendo mil executivos, realizada em 25 países, sobre os Most Influential Business Writers/Management Gurus (Os mais influentes escritores de negócios/gurus de administração), promovida pelo *Financial Times,* Kotler ficou em quarto lugar, depois de Peter Drucker, Bill Gates e Jack Welch.

O MAIOR CONSULTOR DE GESTÃO DE TODOS OS TEMPOS 1

Q UANDO PETER DRUCKER era meu professor – e até mais tarde, quando se forjou uma amizade inesperada –, nunca pensei que escreveria sobre os seus princípios e conceitos, nem alguma coisa sobre ele. Também não queria que ele fosse meu mentor, no sentido tradicional do termo. Realmente não sei por quê. Talvez tenha sido pela minha própria teimosia ou por algum desejo de "fazer-me por mim mesmo", sem a ajuda de ninguém. No entanto, mesmo depois de alcançar alguma notoriedade profissional, muitas vezes (quase de maneira subconsciente) citava Drucker nos meus discursos, falava sobre Drucker na sala de aula, e aplicava suas ideias a toda hora. Mas eu evitava o que para mim seria aproveitar-me de ter sido seu aluno e, mais tarde, seu amigo.

Meu primeiro livro sobre Drucker

Só em 2007, dois anos depois da morte de Drucker, finalmente me sentei pela primeira vez para escrever especificamente sobre o que eu aprendera com ele. Dessa profunda introspecção resultou *Uma aula com Drucker: as lições do maior mestre de administração*. Essa experiência deflagrou em minha mente um poderoso *insight*, ao perceber, talvez pela primeira vez, quanto eu devia a Drucker intelectualmente ao me dar conta do forte impacto que suas ideias exerciam sobre o meu próprio pensamento.

Certa vez ele escreveu ao chefe da comissão de recrutamento de uma grande universidade, que se dispunha a contratar-me, que ele e outros membros do corpo docente tinham aprendido comigo pelo menos tanto quanto me haviam ensinado. Não sei ao certo se aquilo foi de fato um elogio. Talvez ele se referisse mais à minha teimosia e resistência em aprender o que tentavam me ensinar, em vez de a qualquer tipo de informação ou inspiração de que eu tivesse sido fonte, para ele e outros professores, por me aturarem em suas aulas.

Não me considerava, de modo algum, aluno brilhante. O parceiro de Peter no desenvolvimento de um dos primeiros – se não o primeiro – programa de PhD para executivos foi o reitor da universidade, Paul Albrecht. A esposa de Paul, Bernice, e a minha esposa, Nurit, ficaram amigas logo que se conheceram, e Bernice começou a falar mais do que devia. Depois de uma festa em minha casa, Nurit me disse: "Paul falou que você é brilhante, mas preguiçoso". Respondi imediatamente que ela ou Bernice talvez tivessem interpretado mal as palavras de Paul. Muito mais provável, retruquei, é que Paul tenha afirmado exatamente o contrário: que eu trabalhava muito, mas não era nada de mais.

Só quando comecei a escrever esse primeiro livro (*Uma aula com Drucker*), percebi a enorme extensão das dádivas intelectuais que Peter me oferecera. Ao meu primeiro livro sobre Drucker logo se seguiram vários outros: *A liderança segundo Peter Drucker, Marketing segundo Peter Drucker* e *A teoria aplicada de Drucker*.

Daí sempre resultaram numerosas entrevistas e infindáveis perguntas. Muito ainda se desconhecia e se distorcia sobre esse gênio prodigioso da gestão e de como ele fora capaz de tantas realizações e de tantos acertos em suas recomendações aos clientes de consultoria, acarretando tamanho sucesso para os negócios deles e tamanha fama para Drucker. Na tentativa de responder a essas questões, é importante entender que Peter Drucker era não só um grande professor de administração. Embora seja conhecido como o "pai da gestão moderna", ele também foi o mais célebre consultor independente de todos os tempos. No entanto, pouco foi publicado sobre esse aspecto das suas contribuições – sua atividade de consultoria e como eram conduzidas. Nem mesmo, nesse contexto, o que ele recomendava e contestava. Como ele mesmo insistia para todos que quisessem ouvi-lo, praticamente todas as suas ideias vieram da prática de consultoria. Ele sempre dizia que seus clientes e suas organizações eram seus laboratórios, evocando imagens de Drucker, vestindo um jaleco branco, cheirando a compostos químicos pungentes e em meio a centelhas elétricas ao fundo – nada muito diferente das cenas do filme clássico *Frankenstein*. Apesar da atração e do mistério dessas imagens, esse aspecto de consultor do legado de Drucker é pouco explorado. Mas a história do trabalho de Drucker como consultor não é o objetivo deste livro. O que Drucker mais almejava era a aplicação prática de seus ensinamentos, e este livro trata exatamente das aplicações e dos resultados de suas recomendações como consultor.

Como ser um grande consultor

How to Make it Big as a Consultant [Como ser um grande consultor] é o único livro que já escrevi sobre consultoria. Ele teve quatro edições (1985, 1991, 2001 e 2009) e foi publicado em muitas línguas. Também foi eleito o "Melhor Livro de Negócios do Ano", em 1985, pelo Library Journal. Esse livro não omite Drucker. Na verdade, a última edição inclui numerosas referências a ele. O objetivo da obra, porém, não é aplicar especificamente os princípios e métodos de consultoria de Drucker. Entretanto, o mais extraordinário desempenho de Drucker foi no papel de consultor. Jack Welch, eleito "O Executivo do Século" pela revista Fortune, em 1999,[1] é um dos CEOs mais famosos a reconhecer as contribuições de Drucker para o seu sucesso.

Drucker entra em ação como consultor

O lendário CEO da General Electric (GE), Jack Welch, conversou com o consultor de gestão Drucker, logo após Welch ter sido promovido a CEO da GE, em 1981. Drucker fez apenas duas perguntas, mas elas mudaram o curso da história da GE. Essas duas perguntas geraram bilhões de dólares durante a gestão de Welch como CEO. A primeira pergunta foi: "Se a GE ainda não operasse em seus atuais negócios, você entraria neles hoje?". Formulou, então, a segunda pergunta: "E se a resposta for não, o que você fará a respeito?". Welch decidiu, então, que qualquer negócio da GE que não fosse o número 1 ou o número 2 no mercado seria consertado, vendido ou fechado.[2,3] As iniciativas de Jack, daí decor-

---

[1] GE's Jack Welch Selected Manager of the Century. *Fortune*, Nova York, 1 nov. 1999. Disponível em: <http://www.timewarner.com/newsroom/press-releases/1999/11/01/Fortune-seleciona-Henry-Ford-empresário-of-the-century>. Acesso em: 22 nov. 2015.

[2] BYRNE, John A. The Man Who Invented Management. *Business Week*, 28 nov. 2005. Disponível em: <http://www.bloomberg.com/bw/stories/2005-11-27/the-man-who-inventedmanagement>. Acesso em: 22 nov. 2015.

[3] RATHER, Dan. Jack Welch: I Fell in Love. Nova York: *60 Minutes*, 24 mar. 2005. Entrevista. Disponível em: <http://www.cbsnews.com/news/jack-welch-i-fell-in-love/>. Acesso em: 22 nov. 2015.

rentes, nos anos seguintes, renderam-lhe o epíteto nada lisonjeiro de "Jack Neutron", por eliminar funcionários e deixar os prédios intactos. Todavia, como foi confirmado por Welch, aquela estratégia – baseada na consultoria e nas perguntas de Drucker – foram as principais causas do fantástico sucesso da GE sob a liderança de Jack Welch como CEO. Aí se inclui a valorização de 4.000% das ações da empresa no período.

Drucker como consultor independente não se limitou a dar consultoria apenas a grandes empresas. Também assessorava pequenos negócios, organizações sem fins lucrativos, governos mundo afora, Forças Armadas, e muitas igrejas. Ao contrário de muitos outros consultores, todavia, ele não constituíra uma grande empresa de consultoria nem tinha muitos funcionários. Era profissional autônomo, na verdadeira acepção da palavra, e, mesmo como guru de fama mundial, continuava a atender o próprio telefone. Quem ligava para a casa de Drucker logo ouvia uma voz com sotaque vienense: "Aqui é Peter Drucker". Drucker não tinha secretária e seu escritório de consultoria era em casa.

Nem sempre aceitava serviços de consultoria. Ele escreveu a respeito do seu conselho a uma organização que lhe pedira ajuda sobre liderança. Drucker recomendou-lhes que recorressem à sabedoria antiga e lessem os textos de Xenofonte, com mais de 2.000 anos, que, disse ele, foram "os primeiros livros sistemáticos sobre liderança, e ainda os melhores". Drucker nem sempre cobrava por seus serviços. Minglo Shao, rico empreendedor chinês, dono de numerosos negócios no mundo todo e cofundador do California Institute of Advanced Management (do qual sou presidente), viajava para Claremont, Califórnia, várias vezes por ano para se aconselhar com Drucker. Mas, apesar da insistência de Shao, Drucker se recusava a aceitar um centavo pelos seus conselhos. Queria somente que Shao usasse o conhecimento que ele lhe transmitira para ajudar a China a se desenvolver como democracia.

Muitas das minhas técnicas e conceitos se originaram das ideias de Peter Drucker. Só me dei conta disso quando me sentei com minhas anotações da época de estudante e refleti sobre os ensinamentos de Drucker. Minha dívida pessoal para com Peter – era assim que ele queria que os alunos o chamassem – por me haver empurrado na direção certa e me envolvido com sua sabedoria, ideias, e amizade é incomensurável. Essa afirmação é tão ou mais verdadeira em relação a tudo que ele ensinava na escola de pós-graduação, que ele fundou como organização sem fins lucrativos, com o objetivo específico de oferecer cursos de MBA acessíveis, baseados em seus conceitos.

Como Drucker se tornou consultor de gestão

Drucker não planejou ser consultor. Sei disso porque ele disse aos alunos que sua primeira experiência em consultoria começou não muito depois de sua chegada aos Estados Unidos. Antes, Drucker fora correspondente e jornalista, além de analista econômico de um banco e de uma seguradora. Entretanto, tendo doutorado (não em gestão, mas em direito internacional e público), os talentos intelectuais de Drucker foram mobilizados para a Segunda Guerra Mundial, em 1942.

Disseram-lhe que ele trabalharia como "consultor de gestão", embora, como narrou depois, não tivesse ideia do que fazia um consultor de gestão. Drucker até consultou um dicionário, mas não encontrou o termo. Disse também que foi a bibliotecas e livrarias. "Hoje", observou ele, "você encontra prateleiras de livros sobre gestão. Naqueles dias, não havia quase nada. Os poucos livros existentes não incluíam o termo, muito menos o explicavam". Perguntou a vários colegas e não teve melhor sorte. Eles também não sabiam o que era um consultor de gestão.

No dia e hora marcados, Drucker se apresentou ao coronel, a quem tinha sido encaminhado, perguntando-se, o tempo todo, em que havia se metido. Da forma como ele contou a história, imaginei uma recepcionista carrancuda, pedindo para ele esperar, e, depois, um sargento de cara fechada chegando, provavelmente armado, para escoltá-lo até o coronel. A experiência deve ter sido intimidadora para um jovem imigrante nos Estados Unidos, que não muitos anos antes tinha fugido da Alemanha Nazista, onde grande parte da população andava fardada.

Ele foi introduzido no escritório por outro assistente, também de rosto severo. O coronel olhou para os papéis de Peter e o convidou a sentar-se. Pediu-lhe que falasse sobre si próprio. Fez muitas perguntas a Drucker sobre sua formação e educação. Embora tivessem conversado durante muito tempo, Drucker não sabia sobre que área o coronel era responsável, nem recebeu qualquer orientação sobre suas atribuições como consultor de gestão. Parecia que estavam dando voltas sem nenhum propósito.

Drucker se sentia muito pouco à vontade diante do coronel. Torcia para que ele logo chegasse ao ponto e lhe explicasse exatamente qual seria o seu trabalho. Estava cada vez mais frustrado. Finalmente, Drucker não aguentou mais. "Por favor, senhor, o que faz exatamente um consultor de gestão?", perguntou respeitosamente.

O coronel olhou para ele durante o que pareceu muito tempo, mas provavelmente não passou de poucos segundos, e respondeu: "Jovem, não seja impertinente".

"E, assim", disse-nos Drucker, "descobri que também ele não sabia o que fazia um consultor de gestão".

Mas Drucker sabia que a pessoa que incumbira o coronel dessa missão árdua sabia o que esperar de um consultor de gestão. E, ao ler sobre Sherlock Holmes, personagem de Arthur Conan Doyle, quando morava na Inglaterra, também sabia o que fazia um "detetive consultor". Dotado desses conhecimentos e da suposição de que o coronel não sabia nada sobre consultoria de gestão, Drucker começou a lhe fazer perguntas sobre suas atribuições e dificuldades. Até certo ponto, esses eram os fundamentos do *modus operandi* singular de Drucker em todo o seu trabalho, inclusive consultoria: fazer perguntas. As perguntas levaram a outras, e, finalmente, o próprio coronel justificou o que devia ser feito. Drucker, então, apresentou algumas opções sobre como o trabalho seria executado, e, por fim, obteve a aprovação do coronel para prosseguir. Mais do que satisfeito, o coronel estava, de fato, aliviado. Aceitou completamente as propostas de Drucker. Esse veio a ser o primeiro trabalho de consultoria bem-sucedido de Drucker. Assim, Peter Drucker foi não só o pai da gestão moderna[4], mas, talvez, também o pai da moderna consultoria de gestão independente, pelo menos no que concerne a esse coronel.

Depois, Drucker me disse que o homem no escritório (ou no cubículo) ao lado do dele era Marvin Bower, que mais tarde se tornou diretor de Gestão da McKinsey & Company, na fase de maior crescimento. O *The New York Times* chamou a McKinsey & Company de "a mais prestigiosa empresa de consultoria", com

---

[4] DRUCKER, Peter F. *The Practice of Management.* Nova York: Harper & Row Publishers, 1954.

9.000 consultores em todo o mundo. Drucker estabeleceu conexões diretas com a profissão de consultor, desde o início, mesmo que, a princípio, não o soubesse.

Os conselhos peculiares de Drucker sobre quase tudo

Talvez pareça estranho, mas Drucker não acreditava em ética de negócios. Ele exortava seus clientes a serem éticos, mas deixava claro que os critérios de ética variavam entre as culturas, e que não havia o que se denominava "ética de negócios" – somente ética. "Contratar prostitutas para acompanhar executivos não é antiético", afirmou. "Mas, sem dúvida, quem age assim é cafetão".[5]

Uma vez ele contou a história de uma grande empresa japonesa que queria construir uma fábrica nos Estados Unidos. Após a análise de muitas localidades, em vários estados da Federação, escolheu-se um local adequado. Tão importante era essa operação, que planejou-se cerimônia especial, para a qual se convidara o governador, muitas outras autoridades estaduais e o CEO da empresa no Japão.

O inglês do CEO japonês era bastante razoável; entretanto, para garantir que tudo seria bem entendido e ficaria bem claro, a empresa contratou uma nissei americana, descendente de japoneses, de segunda geração, que traduziria para inglês o discurso em japonês.

Com dignidade e em tom comedido, o CEO japonês começou a falar, enfatizando a grande honra que foi para a sua empresa abrir uma nova fábrica naquele estado americano, com benefícios mútuos para a empresa e para os cidadãos. Ele também falou sobre os benefícios para a economia local e para a amizade entre os dois países. Então, acenando em direção ao governador e às demais autoridades, acrescentou: "Além disso, senhor governador e altos funcionários, por favor, entendam que nós conhecemos o nosso dever. Quando chegar a hora de vocês se afastarem de suas eminentes posições, minha empresa não se esquecerá de suas contribuições e os recompensará por seu empenho em nos oferecer essa oportunidade". A intérprete nipo-americana ficou horrorizada. Na hora, tomou a decisão de omitir essas observações de sua tradução para o inglês. O CEO japonês, que entendia inglês o suficiente para perceber a lacuna,

---

[5] DRUCKER, Peter F. *Management: Tasks, Responsibilities, Practices*. Nova York: Harper & Row: 1973. p. 367.

mas conhecia muito pouco a cultura americana para compreender a situação, continuou o discurso, como se nada tivesse acontecido. Mais tarde, quando os dois estavam sozinhos, o executivo perguntou à intérprete: "Como você ousou excluir da tradução minhas garantias éticas ao governador e às outras autoridades? Por que você extraiu do discurso logo essa parte tão importante?". Só então ela pôde explicar ao CEO, para a grande perplexidade dele, que aquela atitude, tão correta – e até obrigatória – no Japão, era considerada antiética e corrupta nos Estados Unidos.[6]

Consultoria e o California Institute of Advanced Management

Em 2010, como cofundador, no mesmo ano, fui nomeado presidente do California Institute of Advanced Management (CIAM), organização sem fins lucrativos. O CIAM é uma universidade de pós-graduação que concede um único grau: MBA em Gestão Executiva e Empreendedorismo. Recentemente, porém, criamos um programa on-line intercambiável e estamos desenvolvendo um doutorado com as mesmas características. Em todos os casos, o CIAM cumpre o mandamento de Drucker, de aprendizado pela prática. Por exemplo, os estudantes aprendem a aplicar a teoria, prestando serviços reais de consultoria, em cada uma das 12 disciplinas obrigatórias – de Contabilidade a Marketing e Administração Geral. Equipes de quatro alunos, e atendimentos individuais por um único aluno, oferecem consultoria a pequenas empresas, organizações sem fins lucrativos, grandes empresas privadas e órgãos públicos. Todos esses trabalhos de consultoria são gratuitos.

Logo começamos a prestar consultoria a distância, usando recursos audiovisuais eletrônicos. Agimos assim com pequenos negócios, no Canadá, e com uma grande empresa, no México. Quando o CIAM realizou a sua segunda graduação, o Dr. Francisco Suarez voou 2.500 km, de Monterrey, México, para falar em El Monte, perto de Los Angeles. Na época, o Dr. Suarez era diretor de Sustentabilidade da FEMSA. A FEMSA é uma das grandes empresas do México, a maior do setor de bebidas da América Latina, e a maior engarrafadora de

---

[6] Esta história foi contada em sala de aula. Esta versão é de: COHEN, William. *How to Make it Big as a Consultant*. 4. ed. Nova York: AMACON, 2009. p. 168-169.

Coca-Cola do mundo. Um dos comerciais de televisão da FEMSA para a cerveja Dos Equis mostrava "o Homem mais Interessante do Mundo" acenando solenemente no final e dizendo "Eu nem sempre bebo cerveja, mas quando bebo, bebo Dos Equis. Fiquem com sede, meus amigos". Se você viu esse anúncio, isso é FEMSA.

O Dr. Suarez agora é vice-presidente. Uma equipe de quatro alunos do CIAM concluiu um trabalho de consultoria para a organização dele muitos meses atrás. Tudo foi feito com base em teleconferências semanais. Outro quarteto executou novo trabalho de consultoria a distância, prestando serviços a uma organização em Israel, a mais de 12 mil quilômetros, enquanto o cliente estava sujeito a possíveis ataques de foguetes da Faixa de Gaza, durante a guerra de 2014. Além disso, outra equipe recentemente fez uma apresentação eletrônica no Líbano. Outros serviços de consultoria remota estão agendados para clientes na África, China, e outras partes do mundo.

Tudo isso está sob a responsabilidade do Instituto de Consultoria do CIAM, que, até há pouco, era assessorado por um homem que, como Drucker, tem um Juris Doctor (JD), doutorado profissional em Direito, por Harvard, e é também ex-consultor da McKinsey & Company. Todos os nossos alunos e professores têm experiência com as ideias de Drucker em consultoria.

Como aplicar e dominar as técnicas e conceitos de Drucker

Este livro se baseia na consultoria de Peter Drucker, mas também se inspira nas suas ideias e métodos, pois, como Drucker mesmo disse, "Continue fazendo o que contribuiu para o seu sucesso no presente e no passado, e você acabará fracassando". Aplicado corretamente, o gênio de Drucker o poupará de enorme desperdício e de muita frustração. Você não somente evitará erros e criará ideias novas para o sucesso, mas também oferecerá melhores conselhos aos clientes, subordinados, chefes e colegas, o que os levará ao sucesso. Os princípios, conceitos e experiência de centenas de clientes de Drucker, e de outros que praticam seus ensinamentos, estão todos aqui. O objetivo é compreender o pensamento de Drucker, entender as razões que o levaram a pensar assim e, além disso, aplicar suas ideias originais no seu próprio negócio, como gestor ou consultor praticante.

Como Drucker ensinou e, acredito, teria aprovado, *Peter Drucker: melhores práticas* não é teórico – é prático. Você compreenderá sua maneira de pensar e as ferramentas que ele usou para construir talvez a mais bem-sucedida prática de consultoria independente já desenvolvida, assim como os princípios e conceitos que ajudaram centenas de seus clientes a alcançar grande sucesso. Como Drucker escreveu, e exortou aqueles que, como nós, tiveram a sorte de ser seus alunos, "Sem ação, nada é feito". A parte da ação é essencial, e essa parte é com você. É preciso explorar as ideias de Drucker e aplicá-las na solução de seus próprios problemas. A partir daí, não há limites para o que você pode fazer. Então, vamos começar!

O DIFERENCIAL DA CONSULTORIA DE DRUCKER 2

OS MÉTODOS DE CONSULTORIA de gestão de Drucker eram muito diferentes dos métodos de outros gigantes do setor e, de fato, dos de praticamente qualquer outro consultor de gestão. Essas diferenças incluíam a organização básica da prática de consultoria; seus serviços; o que ele exigia dos clientes; seu foco em pensar nas soluções em vez de adotar abordagens mais rígidas e estruturadas; a ênfase no questionamento de clientes em vez de no fornecimento de respostas; o foco no gerenciamento de decisões instintivas, em vez de no simples uso de números e métodos quantitativos; o uso de análise histórica; e muito mais.

A aplicação dos métodos de Drucker requer compreensão

Para compreender e praticar os métodos de Drucker, é necessário primeiro compreender como ele se educou e como se tornou consultor, além de entender que a consultoria de gestão se integrou em suas atividades de professor e escritor. De acordo com ele, a consultoria não era sua profissão. Na verdade, segundo seu relato, tampouco o eram as atividades de professor e escritor. Talvez, se fosse consultado, ele fizesse uma pausa para considerar a adequação do título do Capítulo 1, "O maior consultor de gestão de todos os tempos"; e, com muita relutância, é até possível que o abonasse. Mas ele provavelmente teria me lembrado de que não era nem consultor, nem professor, nem mesmo escritor, mas sim "ecologista social".

O que é ecologista social?

Um dicionário que consultei define ecologista como "alguém que investiga as interações entre organismos e ambientes".[7] Se procurarmos

---

[7] CAMBRIDGE Dictionaries Online. Disponível em: <http://dictionary.cambridge. org/us/dictionary/american-english/ecologist>. Acesso em: 1 mar. 2015.

por "social", veremos que o termo designa "de ou em relação a pessoas ou à sociedade em geral".[8] Combinando as duas definições, concluímos que Drucker via-se como alguém que estuda e investiga as interações humanas e os ambientes.

Precisamos incluir um adendo na definição do que Drucker considerava sua profissão: "cientista". Raramente ele usava essa palavra na conceituação básica de suas atividades, mas ela decerto estava implícita. Cientista é "uma pessoa que está envolvida em e tem conhecimento especializado de uma ciência, em geral, com mais frequência, uma ciência biológica ou física".[9] Lembre-se disso ao examinarmos o diferencial da consultoria de Drucker. Drucker considerava-se um cientista que investiga as ações humanas e os ambientes.

A estranha organização de não consultoria de Drucker

Anos atrás, um escritor especulou sobre por que, entre os consultores de "grife", celebridades mundiais, somente Drucker não constituiu uma grande organização de apoio nem expandiu suas atividades. Não houve nem há um "Grupo Drucker de Consultoria", nem "Drucker e Associados", tampouco "Drucker S.A. ou Ltda.".

A McKinsey and Company, a maior empresa de consultoria do mundo, com 9.000 consultores no total, foi fundada por um ex-professor de contabilidade da Universidade de Chicago, James O. McKinsey, em 1926. Sua fase de maior crescimento foi sob a liderança de Martin Bower, que, como foi dito no capítulo anterior, ocupava um cubículo contíguo ao de Drucker, quando ambos trabalhavam como consultores de gestão do governo americano, durante a Segunda Guerra Mundial. Bower e Drucker eram amigos, mas Drucker não seguiu o exemplo de Bower, que construiu uma organização de consultoria de âmbito global. Quem ligava para Drucker não era atendido por uma recepcionista ou secretária, a menos que discasse para a universidade. Na prática de consultoria, ele dispensava esse apoio. Drucker viveu até 2005, época em que as tecnologias de informação e comunicação já estavam bastante

---

[8] MERRIAM-WEBSTER Dictionary. Disponível em: <http://www.merriam-webster.com/dictionary/>. Acesso em: 2 mar. 2015.

[9] MERRIAM-WEBSTER Dictionary. Disponível em: <http://www.merriam-webster.com/dictionary/scientist>. Acesso em: 2 mar. 2015.

avançadas. No entanto, nunca teve um site na internet. Quem quisesse falar com Drucker tinha de ser aluno, cliente, ou alguém que o procurou na lista telefônica. Na verdade, é provável que tenha rejeitado mais do que aceitado clientes potenciais. Lembre-se, porém, de que Drucker não era, antes de tudo, um consultor, mas sim, na essência, um cientista e um ecologista social, embora muita gente, inclusive eu, ainda ache que ele foi o maior consultor de gestão de todos os tempos.

E Drucker considerava-se cientista, mesmo que jamais tenha usado esse termo para descrever-se. Retratou-se, em autoimagem vívida, como alguém trabalhando num "laboratório", que ele comparava a uma organização. E mesmo que, de fato, não usasse jaleco branco, o autorretrato por ele projetado talvez o incite a vê-lo nessas condições. É assim que eu o imagino.

Essa percepção explica muita coisa. Uma vez que Drucker via-se a si mesmo como cientista, nunca almejou grande riqueza. Em vez de cobrar dos clientes US$ 10.000 por dia, pedia, nos anos mais recentes, que doassem US$ 10.000 por dia à sua fundação. Morava em uma casa modesta, em Claremont, Califórnia. Seu carro era relativamente barato. Ele mesmo cuidava do jardim. Não vestia ternos caros nem ostentava relógios de grife. Seus sapatos também eram populares. Ele agia exatamente como vivia.

Em certa ocasião, enquanto cortava a grama, Drucker foi abordado por um jovem ativista social, que lhe pediu para assinar uma petição em favor de uma causa havia muito esquecida. Doris, a esposa dele, correu para o jardim e o socorreu. "Peter não vai assinar nada", afirmou, e arrancou a caneta da mão dele. O incidente foi lembrado pelo prefeito da cidade, em 2009 – ele era o jovem ativista social. Contou essa história quando rebatizou a rua adjacente ao escritório de Drucker, na Claremont Graduate University, como "Drucker Way", quatro anos depois da morte de Peter.

Como a conversão de Drucker em consultor ajudou a construir seu diferencial

Vale a pena rever o modo como Drucker tornou-se consultor. Preparou-se bem, mas não foi uma preparação consciente. Explicarei esse processo em um capítulo posterior, porque seus métodos podem ser adotados com sucesso por qualquer um que também pretenda tornar-se consultor de gestão independente, à maneira de Drucker, ou de qualquer outra maneira. Lembre-se, porém, que, de acordo com a história que ele nos contou em sala de aula, ele, já nos Estados Unidos, nem mesmo sabia o que era consultor de gestão, até ser nomeado para essa função, pelo governo americano, durante a Segunda Guerra Mundial. Findo o conflito, Drucker começou a lecionar, mas não em alguma das famosas escolas de negócios do país – não foi em Harvard, nem em Wharton, nem em Chicago. Drucker iniciou sua carreira docente em duas escolas para meninas, Bennington College e Sarah Lawrence College. Ele não lecionava negócios nem administração; lecionava política e filosofia. Só depois da publicação de seu livro, *Concept of the Corporation*, em 1946, com base em suas experiências na GM, Drucker passou a oferecer serviços remunerados de consultoria de gestão a muitas organizações.

O livro de Drucker era uma obra-prima, mas suscitou controvérsias. Embora reze a lenda que Drucker tinha pleno acesso a tudo na GM e que, na verdade, até participava de reuniões ao lado de Alfred P. Sloan, presidente da General Motors, que se tornou celebridade mundial, poucas evidências se encontraram na GM que confirmassem essas alegações. Há quem diga que, como Sloan e outros não gostaram do livro, não só ignoraram a obra, mas também ocultaram as provas de que Drucker exercera papel importante na análise das operações da empresa. Anos mais tarde, depois que Drucker já se tornara conhecido como o pai da gestão moderna, a própria GM divulgou essa narrativa. O livro de Drucker, contudo, transmite uma imagem muito favorável da administração da GM, pois ele, de fato, ficara muito impressionado com a organização e com as operações da empresa. Sem dúvida, o livro funcionou como veículo de marketing, e Drucker foi procurado por muitas outras organizações para vários serviços de consultoria.

Vários são os portais para se tornar consultor de gestão independente. Alguns se juntam a consultorias já estabelecidas; outros conquistam posições de gerência em diversas organizações empresariais, para, algum tempo depois, se desligarem e se estabelecerem por conta própria. Ainda outros prestam serviços de consultoria independente por terem sido demitidos de seus empregos e precisarem de nova fonte de renda. Também há quem, ainda na universidade, é contratado para atuar em sua área de especialização. Outra categoria é aquela em que Drucker se encaixa. Alguém escreve um livro ou um artigo que atrai a atenção de algum empregador e é contratado para trabalhar em área afim. Esse foi o meu portal de acesso à consultoria independente. Drucker, provavelmente, se envolveu com a GM da mesma maneira. Escrevera vários livros, lecionava história, e também era articulista de revistas populares, como The Saturday Evening Post e outras. Antes de The Concept of the Corporation, Drucker lançara The Future of Industrial Man, publicado em 1942. É possível que Donaldson Brown, alto executivo da GM, na época, tivesse lido o livro, investigado o autor, e inquirido-o sobre sua disponibilidade e interesse em trabalhar para a GM. Foi Brown quem recrutou Drucker para fazer a auditoria da gestão na GM. Daí resultou The Concept of the Corporation.[10] Depois de escrever esse livro e de se tornar professor de Administração na Universidade de Nova York, a procura por seus serviços de consultoria decerto aumentou muito.

Não importa como tenha ocorrido o ingresso de Drucker na área de consultoria; o caminho tem pouco a ver com a qualidade de seu trabalho, mas pode muito bem afetar tanto o nível quanto o tipo de consultoria, além de influenciar várias decisões sobre a natureza e o método dos serviços prestados. É importante notar que *The Concept of the Corporation* não era um livro sobre "como prestar consultoria". Descritivo por natureza, falava muito sobre a estrutura multidivisional da GM. Também sugeria algumas ideias inovadoras, inclusive descentralização, e propunha um reexame de algumas das políticas tradicionais da GM, de âmbito geral.

Segundo a lenda, Alfred Sloan ficou tão aborrecido com o livro que "simplesmente o tratou como se não existisse, nunca o mencionando e jamais permitindo que fosse mencionado em sua presença".[11] Mesmo assim, porém, de qualquer maneira, esse portal, em especial, rendeu muitos serviços de consultoria para Drucker, como proferir palestras para grandes empresas e outras organizações. Essa é uma lição importante para quem quiser seguir os passos de Drucker. Além disso, preparou o terreno para a prática de consultoria de Drucker nos 60 anos seguintes: ele daria consultoria sobre o que fazer.

---

[10] PETER DRUCKER. In: Wikipedia. Disponível em: <http://en.wikipedia.org/wiki/Peter_Drucker>. Acesso em: 2 mar. 2015.

[11] DRUCKER, Peter F. *Adventures of a Bystander.* Nova York: Harper Collins, [1978, 1979] 1991. p. 288.

Drucker se preocupava com "O que fazer", não com "Como fazer"

Na condição de ecologista social, Drucker se preocupava com "O que fazer", não com as instruções passo a passo sobre "Como fazer". Por isso, nunca escreveu um livro sobre consultoria. Não me surpreendo. Livros sobre consultoria, se não forem descritivos e específicos a respeito de determinado setor, sempre descem a detalhes sobre como executar certas atividades do objeto da consultoria, como tecnologia, vendas, apresentações ou relações com clientes. Esse tipo de trabalho não se situa no nível mais elevado de "O que fazer", tão enfatizado pelo cientista Drucker. Sei do que estou falando. Meu livro, *How to Make it Big as a Consultant* [Como ser um grande consultor] vendeu cerca de 100.000 exemplares em quatro edições nos Estados Unidos e em muitas traduções, desde seu lançamento em 1985. No entanto, se eu tivesse aconselhado aspirantes a consultores a atenderem os próprios telefonemas e a receberem honorários para tratar apenas dos fundamentos da gestão, duvido que o livro tivesse passado da primeira edição ou mesmo que houvesse sido publicado.

Os textos de Drucker sobre "O que fazer", quase nunca explicando como executar suas ideias, foi maldição e bênção para mim e para muitos dos clientes de consultoria de Drucker. Isso significava que eu precisava ser uma espécie de detetive para determinar como Drucker chegava às suas conclusões e também para converter essas informações nas ações que Drucker recomendava aos clientes. Algumas dessas interpretações demoraram anos. Por exemplo, somente depois da morte de Peter compreendi o que ele queria dizer ao afirmar que marketing e vendas, além de não serem complementares, de fato podiam ser antagônicos. Explicarei esse ponto mais adiante, por ser essencial em consultorias sobre vendas ou marketing, e até sobre qualquer outro aspecto da gestão. Em todo caso, esses mistérios foram a maldição de que falei. A bênção foi que, quando finalmente decifrei o raciocínio de Drucker, senti-me como se tivesse encontrado ouro. Também comecei a suspeitar que talvez essa fosse exatamente a intenção dele. Fazer com que os clientes, leitores e alunos refletissem, em vez de apenas engolirem recomendações a serem executadas.

Lembro-me do comentário de um cliente: "Isso nos levava a examinar as questões mais a fundo e a encontrar nossas próprias maneiras de implementar as soluções. Suas perguntas nos orientavam na busca das respostas, que ele nos tinha ajudado a desenvolver, com base em nossas próprias discussões e análises. No entanto, foi necessário algum tempo para nos acostumarmos ao processo. Não me lembro de Peter, em nenhum momento, oferecendo exposições sofisticadas nem relatórios quantitativos.

O aspecto mais difícil de ser cliente de Drucker

Ouvi, certa vez, que a maneira como ele prestava consultoria era o aspecto mais difícil de ser cliente de Drucker. Um cliente de Drucker com quem falei se expressou nos seguintes termos:

> Estávamos acostumados a contratar consultores aos quais expúnhamos nossas dúvidas ou apresentávamos um problema específico. Os consultores, então, iam embora e voltavam tempos depois com montanhas de dados e relatórios. Antes do PowerPoint, eles apresentavam suas soluções e sugestões detalhadas em pilhas de transparências, projetadas em uma tela. Recebíamos instruções expressas sobre como executar as recomendações. Se não as entendêssemos, eles pareciam felizes em se explicar com mais detalhes e em responder às nossas perguntas. Drucker, por outro lado, não se detinha em nada disso. Ele começava nos fazendo perguntas a serem respondidas. Se a contratação envolvesse um evento de dia inteiro, ele podia falar sobre vários tópicos, que pareciam não ter nada a ver com o problema. No processo, éramos levados a raciocinar com lógica para chegar a soluções que, do contrário, jamais nos teriam ocorrido.

O filantropo chinês Minglo Shao, que contribuiu com os recursos financeiros necessários para a criação de uma escola de pós-graduação fora do comum, sem fins lucrativos, baseada nos ensinamentos de Drucker, da qual tenho a honra de ser presidente, disse-me que todos os anos ele visitava Drucker em sua casa e Drucker lhe fazia perguntas sobre vários assuntos relativos à evolução de suas numerosas empresas e fundações. No entanto, embora lhe fizesse perguntas e falasse generalidades sobre *o que* fazer, Drucker nunca disse a Minglo *como* fazer – inclusive em relação à Peter Drucker Academy of China, que Minglo fundara. Essa é provavelmente a única escola no mundo – além da minha *alma mater*, a Drucker School, em Claremont, onde Peter lecionou – que tem autorização legal para usar o nome Drucker. Até hoje, ela atua em 32 cidades chinesas, além de Hong Kong, e já formou 60.000 alunos, em diversos cursos e programas.

A metodologia de Drucker na contratação de consultoria

Drucker não conduzia sua consultoria à maneira dos demais consultores. E poucos são os consultores que conheço a quem eu recomendaria imitar Drucker, porque, para seguir o exemplo dele, é preciso ter a estrutura de um Drucker como consultor, e, embora eu conheça muitos gestores e acadêmicos excelentes, nenhum teria a pretensão de ser Drucker. Quase 20 anos atrás, Jack Beatty, então editor da revista *The Atlantic Monthly*, que tinha editado muitos dos artigos de Drucker, realizou excelente investigação sobre como Drucker percebia as situações, e agiu com base nesses insights. Daí resultou o livro *O Mundo Segundo Peter Drucker*. Ao entrevistar muitos dos clientes de consultoria de Drucker, ele descobriu que, seja em entrevistas individuais, seja para grupos de altos executivos, as palestras de Drucker não recorriam a gráficos e pareciam tratar de tudo, menos do tema específico para o qual ele havia sido contratado. Depois de um dia inteiro de palestras, Drucker por fim focava no tema em que o público de fato estava interessado, e ainda sem solução, só que agora sob uma perspectiva totalmente nova. Essa nova perspectiva, no entanto, possibilitava que o cliente resolvesse o problema, com o mínimo de orientação expressa de Drucker. De acordo com Beatty, a metodologia de Drucker era uma forma de ensinamento.[12]

Essa conclusão tocou em algum ponto sensível em meu âmago. Não raro Drucker respondia a uma pergunta de um aluno ou a uma questão que ele próprio propusera, e, em seguida, entabulava um longo discurso, com muitos volteios e floreios, que, na melhor das hipóteses, parecia apenas tangenciar a questão inicial. Depois de um longo monólogo, porém, ele de repente unia os pontos e propunha uma solução incrível, quase sempre inesperada, para qualquer questão que tivesse sido suscitada. Somente depois de retroceder e revisar suas anotações sobre a palestra era possível entender como tudo se encaixava, e era fácil imaginá-lo conduzindo sua consultoria dessa maneira.

Também se especulou que esse processo permitia a Drucker integrar tudo o que compunha seu próprio raciocínio. E, assim, ele era capaz de retornar ao ponto de partida, de maneira a oferecer ao cliente uma abordagem totalmente diferente ao assunto.

---

[12] BEATTY, Jack. *The World According to Peter Drucker*. Nova York: Free Press, 1998. p. 182.

A eficácia do método podia ser surpreendente. Dudley Hafner, ex-presidente da Associação Americana de Cardiologia, disse a Beatty que Drucker os levara a reformular todo o seu campo de atuação e se redefinir como organização da informação.[13]

O cérebro serve para pensar – use-o!

Embora Drucker estivesse bem ciente do uso de diversas metodologias inovadoras, desenvolvidas ao longo dos anos, para analisar situações e definir estratégias, ele quase não as usava, preferindo, em vez disso, refletir sobre cada caso, com base em suas características específicas. Ele nunca lecionou "análise de portfólio", com os famosos quadrantes "vacas leiteiras", "estrelas", "interrogações" e "abacaxis", matriz desenvolvida pela Boston Consulting Group (BCG), nem a versão de nove células da GE/McKinsey, nem qualquer outra estratégia de negócios ou gestão, com base em modelos predeterminados. Ele foi um dos primeiros a observar que os principais insumos da matriz BCG induziriam as organizações a crescerem por meio de aquisições, sem assegurar-se, primeiro, de que a empresa adquirente agregaria valor, por meio da incorporação dos ativos da empresa adquirida. Ao mesmo tempo, muitas empresas se expandiam e se tornavam mais lucrativas, concentrando recursos nos produtos e nos negócios mais rentáveis, mesmo quando seu tamanho se mantinha estável. Até que, por fim, muitos dos enormes conglomerados, que cresciam por meio de aquisições, acabaram falindo, o que comprovou o acerto de Drucker. Não que Drucker se opusesse a aquisições ou ao crescimento em si. Ele era totalmente favorável às aquisições, quando a adquirente tinha algo a oferecer à adquirida, e também se a adquirente abandonasse outros negócios, de modo a disponibilizar recursos para viabilizar a nova aquisição.

O cuidado de Drucker ao aplicar ideias "revolucionárias"

Drucker conhecia bem as novas ideias ditas revolucionárias, mas era muito cauteloso e não as aplicava de maneira atabalhoada, sem muita reflexão, ou seja, sem analisar cada situação em profundidade.

---

[13] BEATTY, Jack. *The World According to Peter Drucker*. Nova York: Free Press, 1998.

Embora as ligações de Drucker com os métodos gerenciais japoneses, inclusive de aprendizado, fossem muito valorizadas e os clientes dele no Japão também não hesitassem em aplicar as ideias dele, Drucker não embarcou de imediato no trio elétrico da "gestão japonesa". A moda pegou nos Estados Unidos, no início da década de 1980, e culminou com modismo da Gestão da Qualidade Total (Total Quality Management), que se alastrou pelo mundo como um incêndio. Vale a pena observar que os aspectos básicos desse estilo de gestão, tais como sentimento de dono, descentralização e, sobretudo, liderança, havia muito já eram enaltecidos por Drucker. Entretanto, ele desconfiava de todos os modismos em gestão e sabia que, quase sempre, eram corruptelas grosseiras das reais intenções dos autores.

As organizações também surfaram na onda da gestão participativa, com base na pesquisa de Douglas McGregor e seu conceito de Teoria X versus Teoria Y, ou seja, gestão impositiva versus gestão participativa. Drucker salientou que McGregor estava apenas observando que a Teoria Y – gestão com participação expressiva dos gerenciados – era simplesmente uma alternativa ao estilo mais impositivo ou autoritário, que, naquela época, preponderava com quase exclusividade. E destacou o que a maioria dos adeptos não percebia: o próprio McGregor tinha escrito que a sua intenção fora descrever um estilo de gestão alternativa, que poderia produzir melhores resultados em determinadas circunstâncias. Drucker sugeriu que se deveriam fazer mais pesquisas para descobrir exatamente quais eram essas circunstâncias, que a gestão participativa não era resposta universal aplicável a todas as situações, e que o estilo de gestão impositiva deveria ser abandonado em todas as instâncias.

Mesmo sendo amigo e defensor resoluto de Drucker, Warren Bennis, eminente especialista em gestão, por seus próprios méritos, não ouviu os conselhos de prudência de Drucker, no sentido de não adotar a gestão participativa da Teoria Y como panaceia para todos os problemas de gestão, em todas as organizações. Bennis, na época presidente da Universidade de Buffalo, abraçou e adotou a gestão participativa em um ambiente totalmente inadequado. De acordo com Drucker, "o resultado foi uma tremenda empolgação, mas também um fracasso retumbante".[14] Esse foi um dos poucos grandes erros de Bennis, como gestor ou como acadêmico. Daí resultou, provavelmente,

---

[14] DRUCKER, Peter F. *Management: Tasks, Responsibilities, Practices.* Nova York: Harper & Row: 1973, 1974. p. 235.

um grande benefício: levou Bennis a finalmente retornar à carreira de teórico, autor e professor de liderança. Muitos foram os seus livros, e antes de morrer ele ganhou muitos prêmios. Também fundou o Leadership Institute [Instituto de Liderança], na Universidade do Sul da Califórnia. Sobre sua experiência na má aplicação da Teoria Y, ele escreveu: "No final, eu não era um presidente muito bom".[15]

A ênfase de Drucker no predomínio da "sensibilidade" sobre os "números" no processo decisório

Drucker insistia em medir quase tudo, mas os resultados deveriam ser considerados apenas informativos. Ele evitava tomar decisões com base em números, quando o gestor decidia simplesmente introduzindo certos dados essenciais em um programa de software, ligando o computador e aguardando o processamento da resposta, até que ela aparecesse como por magia nos dispositivos de saída. Ele destacou que era possível reunir dados sobre milhares de empresas, inclusive referentes a fatores primários, até mesmo o clima e alguns elementos considerados insignificantes, para finalmente produzir os resultados almejados. Seria possível, então, desenvolver software para processar vasta quantidade de dados. Até se poderia alegar que, ao introduzir dados situacionais, havia como prever os resultados do projeto com alta precisão, digamos 92,5%. O resultado é expressivo, mas talvez seja de pouca ajuda em determinadas situações.

Drucker afirmava que era melhor usar o próprio cérebro, analisar em profundidade todos os fatores e decidir "por instinto", com base nas informações disponíveis, na experiência, e no próprio conhecimento da natureza das pessoas e da organização. Ele observou que o conhecimento ou a sensibilidade em relação a um fator vital pode muito bem ser decisivo e que o computador jamais teria essa acuidade. Ele lembrava aos alunos e aos clientes que, embora certo programa de computador fosse capaz de, em 92,5% das vezes, oferecer resultados 100% precisos, outros programas de computador, em 7,5% das vezes, geravam resultados 100% imprecisos. Em outras palavras, fracasso ou sucesso era o que se pretendia prever, e se o resultado final se en-

---

[15] BENNIS, Warren, *apud* Warren Bennis 1925-2014: An Appreciation. *Thinkers 50*. Disponível em: <http://www.thinkers50.com/blog/warren-bennis-1925-2014-appreciation/>. Acesso em: 1 mar. 2015.

quadrasse nos 7,5% de imprecisão total, a resposta era 100% errada. Drucker recomendou que os gestores tomassem decisões instintivas só depois de considerar todas as informações disponíveis. Essas decisões instintivas, no entanto, deviam envolver o cérebro. Para ele, o cérebro humano era mais eficaz que o computador, e dispunha de "software" próprio para tomar decisões.

Assim, Drucker lecionou gestão e prestou consultoria de gestão, exercendo ambos os papéis ao mesmo tempo e abordando a gestão como artes liberais. Na Antiguidade Clássica, "artes liberais" era o conjunto de disciplinas e habilidades consideradas "dignas de pessoas livres", para ter participação ativa na vida cívica. Na essência, incluía envolver-se nos debates públicos, defender-se nos tribunais, servir como jurado, e, talvez o mais importante, prestar serviço militar.[16] Embora poucos o saibam, Drucker foi estudioso contumaz da história militar e dos métodos militares. Como consultor, aglutinou conhecimentos interdisciplinares de linguística, história, sociologia, psicologia, filosofia, cultura, religião e de outras áreas. No entanto, também levou a sério o mandamento clássico sobre o serviço militar e, embora nunca tenha mencionado nem ensinado o chamado "marketing de guerra", suas recomendações e escritos na área de consultoria estão cheios de exemplos militares. Ao promover o livro de Frances Hesselbein, de 2004, Be, Know, Do: Leadership the Army Way, baseado no Manual de Liderança do Exército dos Estados Unidos, Drucker escreveu: "O exército treina e desenvolve mais líderes que todas as outras instituições reunidas – e com menor incidência de baixas".[17]

Esse é o "Diferencial de Drucker em consultoria". Nos próximos capítulos, veremos como Drucker aplicava tudo isso na prática.

---

[16] LIBERAL ARTS EDUCATION. In: Wikipedia. Disponível em: <http://en.wikipedia.org/>. Acesso em: 1 mar. 2015.

[17] HESSELBEIN, Frances; SHINSEKI, Eric K. *Be-Know-Do*. San Francisco: Jossey Bass, 2004. Contracapa.

O QUE APRENDER COM A FORMAÇÃO DE DRUCKER COMO CONSULTOR DE GESTÃO

3

TEM-SE A NOÇÃO EQUIVOCADA de que quem é bem-sucedido em muitas atividades é de alguma forma talentoso e já começa no topo, sem muita capacitação. Essa crença não se aplica a ninguém nem a nenhuma atividade que me venha à mente, e, como este capítulo demonstra, tampouco é verdadeira no caso de Drucker. Daí não se conclui que inexistam fatores ou condições que, sem dúvida, abreviaram não só a preparação de Drucker para o sucesso, mas também seu progresso de "bom para ótimo", tomando de empréstimo as palavras de Jim Collins em seu best-seller *Empresas feitas para vencer: good to great!*. No entanto, mesmo com a capacitação adequada, não devemos esperar êxito imediato, que logo nos leva ao topo em consultoria, ou em qualquer outra área. Os retrocessos são inevitáveis, como no caso de Drucker... e nós os superaremos, da mesma maneira como Drucker os superou.

Será que Drucker sempre pensou em tornar-se consultor de gestão?

Certa vez, li um artigo de um autor de quem não me lembrava já havia muito tempo. Dizia ele ter vindo da Inglaterra para os Estados Unidos, em 1937, no mesmo navio que também trazia Drucker. Segundo essa narrativa, Drucker e ele conversaram muito, e Drucker lhe disse que pretendia seguir carreira e fazer fortuna como escritor e consultor de gestão. Segundo esse relato, tudo fora bem planejado com antecedência. Duvido. Primeiro, isso não parece coisa de Drucker. Ele não falava assim de si mesmo nem se gabava do que já tinha feito ou viria a fazer. Além disso, o primeiro livro de Drucker, *The End of Economic Man*, já estava pronto, em 1937, mas ainda não fora publicado. Por tudo o que ele sabia, o livro poderia ter "bombado".

Às vezes, certos livros fazem sucesso repentino. Assim foi com alguns de meus livros, bem como com alguns dos livros de Drucker. Além disso, o primeiro livro de Drucker tinha pouco a ver com negócios ou gestão. E, claro, fosse como fosse, Drucker, naquela altura da vida, ainda não tinha ideia do que era um consultor de gestão. Já vimos isso no Capítulo 1.

O sonho de Drucker era lecionar. Desde o início, era o que queria fazer. Se tivesse alguma intenção de escrever, provavelmente seria sobre política, algo mais ou menos no estilo de *The End of Economic Man*, enquanto se preparava para a carreira acadêmica. No entanto, a vida já o havia encaminhado para a carreira de consultor, como, de várias maneiras, acontece com muita gente. Só que não paramos para pensar sobre esses antecedentes, nem para explorar os dons que já acumulamos ou podemos desenvolver em caso de necessidade. E esse é um dos objetivos deste capítulo: levá-lo a reconhecer seus recursos já acumulados, que lhe serão úteis como consultor, e a usar esses recursos para alcançar o sucesso, se for esse o seu desejo.

A formação fortuita de Drucker no início da carreira de consultor

Formação fortuita, casual, acidental ou aleatória, na carreira de consultor ou em qualquer outra, é a que se desenvolve sem premeditação e planejamento, meio a esmo, movida por eventos inesperados e venturosos, que ocorrem ao acaso. Talvez até pudéssemos dizer "formação serendipitosa", usando um neologismo poético, derivado de "serendipidade", que se aplica sob medida ao caso de Drucker.

O vocábulo "serendipity", traduzido como "serendipidade" ou "serendipitia", foi cunhado por um autor inglês do século XVIII, Horace Walpole, que, ao escrever seus livros, descobriu, por acaso, vários fatos desconhecidos sobre numerosos temas. Folheando ao acaso livros antigos, teve boas ideias inesperadas. Impressionado com esses sucessos fortuitos, persistiu na prática, como processo formal de descoberta, e criou o termo "serendipity" para designá-lo. Walpole se inspirou em um conto de fadas persa, The Three Princesses of Serendip [As três princesas de Serendip], que narra as aventuras de três princesas que faziam todos os tipos de descobertas inesperadas e venturosas. Mas "serendip" não é uma palavra sem sentido. Trata-se do antigo nome de Sri Lanka, ex-Ceilão, de onde vinham as personagens da história.[18] Parabéns! Você acabou de descobrir a esmo, por acaso, ou por serendipidade, um fato não muito conhecido.

O primeiro passo na formação casual de Drucker como consultor foi a insistência do pai para que o filho, ainda jovem, participasse de conversas de adultos, inclusive com ilustres convidados que frequentavam a casa deles. Drucker nem mesmo tinha entrado na adolescência, quando foi empurrado nessa direção. De acordo com Drucker, entre esses convivas havia pessoas do calibre de Sigmund Freud. Drucker escreveu que o pai se referia a Freud como "O homem mais importante da Europa", e que o conhecera quando tinha 8 ou 9 anos de idade.[19] As lembranças de Drucker sobre sua infância talvez não sejam perfeitas, mas isso não importa. O pré-adolescente que convive com adultos e até participa de suas conversas com regularidade desenvolve autoconfiança, oratória e fluência verbal, o que facilita o relacionamento no futuro com adultos de todas as origens. Essas habilidades reforçam, mais tarde, a autoconfiança, a capacidade de falar em público e, certamente, a arte de conversar com pessoas importantes e humildes, seja Freud ou um simplório. Se o indivíduo de quem ele se recordava era realmente Freud, esses encontros devem ter deixado forte impressão em Drucker.

Mas não fique pensando "tarde demais, tarde demais – eu sabia que meus pais fizeram algo errado na minha educação", se você, quando criança, não teve a sorte de ter sido apresentado a Freud ou a qualquer outra celebridade. Não se preocupe com isso. Não sei sobre seus pais, mas os meus sempre murmuravam algo do tipo "crianças são para serem olhadas, não para serem ouvidas", e eu nunca me atrevi a fazer um comentário ou uma pergunta em conversas de adultos. Acho que não fui apresentado a alguém como Freud, nem tive conversas sérias com adultos até a adolescência, ou talvez mais tarde. Drucker, porém, desfrutou dessa vantagem acidental.

---

[18] WHAT IS THE ORIGIN OF THE WORD "SERENDIPITY"? In: Oxford Dictionaries. Disponível em: <http://blog.oxforddictionaries.com/2012/03/what-is-the-origin-of-serendipity/>. Acesso em: 20 mar. 2015.

[19] DRUCKER, Peter F. *Adventures of a Bystander*. Nova York: Harper Collins, [1978, 1979] 1991. p. 84.

Drucker perdeu oportunidades na faculdade, mas aprimorou-se com uma educação séria

Os pais de Drucker queriam que ele cursasse a faculdade, mas vivia-se o pós Primeira Guerra Mundial, e a Áustria estava no lado perdedor. Com dificuldade para encontrar trabalho em Viena, ele convenceu os pais a deixá-lo passar uma temporada em Hamburgo, Alemanha, onde foi admitido como aprendiz em uma empresa de comércio de algodão. Também matriculou-se numa escola noturna da Universidade de Hamburgo, e se formou em Direito.

Essa foi a sua primeira experiência com o que é hoje denominado "educação executiva", que oferece cursos de pós-graduação, geralmente noturnos, a quem trabalha durante o dia. Tratava-se de inovação que, depois, ele considerou fundamental para o desenvolvimento de gestores, mais importante que o curso de graduação em si – este, na opinião dele, mais útil para as relações sociais. Ele também iniciou um regime de leituras vorazes, devorando livros de ficção e não ficção sobre ampla variedade de assuntos. As consequências foram boa formação e conhecimentos gerais para sua futura carreira como consultor. Também despertou o interesse dele por história e por todas as lições que dela se extraem, as quais, de acordo com Drucker, poderiam e deveriam ser aplicadas ao presente e ao futuro.

Quando indagada sobre os livros de administração que Drucker costumava ler, sua viúva, Doris, respondeu: "Nenhum, mas ele os digitalizou". De acordo com Doris, Drucker lia principalmente jornais e muitos livros de história. Os leitores dele podem ver os resultados em seus escritos, nos quais ele descreve, em cada página, acontecimentos históricos, em vários campos, não só para reforçar seus conceitos e conclusões, mas também, suspeita-se, para ajudar a compreendê-los. Ele sempre cultivou a capacidade de usar a história para ilustrar suas lições em sala de aula, e, embora nem sempre fosse 100% exato em suas lembranças, ele era, sem dúvida, 100% instigante. Quando se aproximava o fim de seu aprendizado na empresa de comércio de algodão, conseguiu encontrar pelo menos um emprego em tempo parcial como jornalista, provavelmente devido tanto às suas leituras quanto à sua formação jurídica.

Ao completar o aprendizado, foi aceito na Universidade de Frankfurt como aluno de doutorado, mas continuou trabalhando como jornalista. Na condição de seus alunos, uma vez lhe perguntamos em sala de aula por que ele escolhera o doutorado em direito internacional, uma vez que já nos havia dito que nunca pretendera seguir a carreira jurídica, pela qual pouco se interessava. "Porque era o doutorado mais fácil e mais rápido que eu podia conseguir", respondeu sem hesitação. Drucker não recorria a eufemismos. Depois de concluir o doutorado, passou a se corresponder com um tio da Universidade de Colônia, na esperança de vir a exercer uma função de magistério lá. Contudo, antes de receber a resposta positiva, Hitler chegou ao poder na Alemanha, em 1933.

Hitler leva Drucker a abandonar tudo

Drucker partiu para a Inglaterra quase imediatamente. Embora fosse descendente de judeus, por parte de pai e mãe, ambas as famílias já se tinham convertido, o que o levara a ser criado como cristão. Isso era bastante comum na Áustria, desde meados da década de 1850, depois que os judeus foram emancipados. Como Drucker, por vezes, observava, muitos oficiais profissionais do Exército austríaco eram judeus, inclusive alguns de alto escalão. De fato, na década de 1860, o chefe de pessoal do Exército austríaco, general Alfred von Henikstein, era judeu batizado.[20]

A decisão de Drucker de partir de pronto para a Inglaterra é importante tanto para analisar sua formação como consultor quanto para compreender sua capacidade de interpretar situações, tirar conclusões e agir sem hesitação. Grande parte, se não a maioria dos judeus étnicos na Alemanha – convertidos ou não para o cristianismo –, não fugiu da Alemanha Nazista com tanta rapidez. Drucker deixou o país antes da promulgação de qualquer lei antissemita e até antes da morte de Hindenburg, presidente da Alemanha, e da ascensão de Hitler ao protagonismo. Ele saiu na hora certa. Em breve, os emigrantes judeus enfrentariam muito mais do que os desafios de uma nova língua, de um novo emprego e de um país desconhecido. Sair ficava cada vez mais difícil, até tornar-se impossível. Drucker encarou a situação com realismo, avaliou as prováveis consequências – e, usando uma técnica que desenvolvera e que explicarei mais adiante, por ser muito útil para

---

[20] ALFRED VON HENIKSTEIN. In: Wikipedia. Disponível em: <https://en.wikipedia.org/wiki/Alfred_von_Henikstein>. Acesso em: 23 nov. 2015.

consultores, tomou a difícil decisão e logo partiu para o exílio, no intuito de ficar o mais longe possível de Hitler, o mais cedo possível. Ele não se arriscou, reconhecendo que, como Hitler era austríaco, a Áustria não era nem mesmo uma possibilidade.

Atividades de Drucker na Inglaterra e seu primeiro livro

Drucker não teve vida fácil na Inglaterra, como estrangeiro, sobretudo como alemão, durante a Grande Depressão. Os sonhos dele de ser professor da Universidade de Colônia, na verdade, de ser professor em qualquer lugar, logo se esvaíram, pelo menos durante algum tempo. O inglês dele não era perfeito. Não podia exercer a advocacia, mas conseguiu emprego numa seguradora, não se sabe em que função. Anos depois, disse que trabalhara como economista sênior de um banco privado. Não é difícil supor que, em qualquer dos casos, ambas as atividades exigiam qualificações muito inferiores às de seu doutorado e muito aquém das competências que, conforme já demonstrara, ele já dominava na Alemanha ou na Áustria. E ele ainda não era Peter Drucker, o teórico da administração de fama mundial, muito menos o ecologista social, o que, por fim, viria a ser a sua profissão. Não passava de um estrangeiro de 24 anos que quase não tinha experiência de trabalho e falava com um sotaque vienense pesado, do qual, a propósito, nunca se livrou de todo.

No entanto, Drucker tinha sido jornalista, e sabia que, se escrevia bem o suficiente para ser publicado em alemão, também seria capaz de, um dia, dominar o inglês, para ser publicado em inglês. Por que não? Outros conseguiram. Esse é o tipo de pergunta a ser feita a si mesmo, de tempos em tempos. Ele sabia que, "se persistisse, conseguiria". De mais a mais, também fez um balanço do que lhe restara. Além de ter boa educação, conhecera o fascismo em primeira mão. Nessas condições, passou os quatro anos seguintes explorando todos os seus recursos e dedicando-se laboriosamente ao aprendizado das nuances da língua inglesa, ao mesmo tempo em que escrevia o seu primeiro livro sobre as origens do totalitarismo e analisava os males do Estado totalitário, com insights propiciados por suas experiências em primeira mão. Da mesma maneira como detectara a iminência da guerra, em 1937, com base nas ações de Hitler, mais uma vez decidiu ficar o mais longe possível da tempestade que avançava célere. Ele e Doris Schmitz, que também emigrara para a Inglaterra fugindo de Hitler, fizeram as malas e partiram para os Estados Unidos. O casal se conhecera na Universidade de Frankfurt, também ela filha de judeus não praticantes, e contraiu matrimônio na Inglaterra, embora a mãe de Doris tivesse depreciado o pretendente, o futuro "pai da administração moderna", como "aquele austríaco bonachão, Peter Drucker".

O livro de Drucker foi publicado quase dois anos depois, às vésperas da guerra, já que ingleses e americanos procuravam respostas quanto à possibilidade de alguma conciliação com Hitler, para evitar a guerra. Quem leu o livro de Drucker, inclusive Winston Churchill, o recomendava de bom grado. Por puro acaso, Churchill pouco depois se tornou primeiro-ministro, mas aposto que Churchill não comprou o livro no aeroporto. Alguém, talvez o editor, ou o próprio Drucker, enviou para Churchill o manuscrito, que ele endossou satisfeito. Na época, pouco mais de 20 anos depois do final da Primeira Guerra Mundial, muita gente estava cansada de guerra e queria "paz para o nosso tempo" ("Peace for our time", palavras de Neville Chamberlain, primeiro-ministro britânico). Hitler prometeu que a anexação e destruição da Tchecoslováquia seria a sua última demanda territorial na Europa. Muita gente altamente qualificada convenceu-se de que tudo o que Hitler queria era justiça para os alemães e discordava frontalmente de Churchill e de seus alertas de que a Inglaterra precisava reagir e se preparar para a guerra. Drucker não tinha esses antolhos e advertiu no mesmo sentido. Daí a acolhida calorosa de Churchill a Drucker e ao livro.

A publicação desse best-seller, entretanto, não rendeu para Drucker um emprego como professor de pós-graduação, em uma escola de prestígio nos Estados Unidos, onde ele residia quando o livro foi publicado. O melhor que Drucker conseguiu naquele tempo foi lecionar em cursos de graduação ou bacharelado, em duas escolas para meninas: primeiro em tempo parcial, como professor de economia na Sarah Lawrence College, em Nova York, e depois em tempo integral, como professor de filosofia, na Bennington College, Vermont, também em curso de graduação. Drucker continuou a progredir e a explorar suas habilidades em inglês, até mesmo escrevendo para revistas populares americanas sobre vários tópicos, para complementar o que talvez fosse uma renda insuficiente como professor em início de carreira, em estabelecimentos de nível bem inferior ao de escolas de pós-graduação de alto nível.

Peter Drucker: melhores práticas

A influência da Segunda Guerra Mundial e de Marvin Bower

Você leu sobre a mobilização de Drucker como consultor de gestão no Capítulo 1. Marvin Bower e Drucker ocupavam cubículos próximos, quando ambos foram convocados para prestar serviços ao governo dos Estados Unidos durante a Segunda Guerra Mundial. Tornaram-se amigos. Hoje, Marvin Bower é conhecido como o "pai da moderna consultoria de gestão", e não se pode desprezar a influência de Bower na consultoria de Drucker.

Bower acabou tornando-se diretor da McKinsey & Company. Como já dissemos, essa famosa empresa de consultoria foi fundada pelo professor de Contabilidade da Universidade de Chicago, James O. McKinsey (admitindo possíveis vieses, a Universidade de Chicago é onde eu mesmo fiz meu MBA). Marvin Bower assumiu a diretoria da McKinsey depois da Segunda Guerra Mundial, em 1950. Já havia muito tempo, bem antes da guerra, começara a consolidar os princípios de direção da empresa e a impregná-los na cultura organizacional. Entre eles se incluíam atribuir mais importância aos interesses dos clientes que à receita financeira; não se intrometer nos assuntos dos clientes; sempre dizer a verdade aos clientes, sejam quais forem as consequências; e só prestar serviços de consultoria de fato necessários, não cedendo às demandas supérfluas dos clientes.

Sob o mandato de Bower, as vendas cresceram em ritmo acelerado e as atividades se expandiram, nos Estados Unidos e no exterior. Depois da aposentadoria de Bower, no entanto, alguns anos mais tarde, as vendas retrocederam, mas reconhece-se que a cultura organizacional que ele promoveu continua vigorosa, tanto tempo depois. Além de recuperar-se de seu declínio temporário, a empresa ainda se destaca como a mais prestigiosa de todas as organizações de consultoria. Hoje, a McKinsey & Company possui mais de 9.000 consultores, distribuídos por mais de 100 escritórios, em 60 países.[21,22]

A proximidade das salas de Bower e de Drucker nas instalações do governo dos Estados Unidos contribuiu para que o coleguismo

---

[21] HISTORY OF OUR FIRM, McKinsey & Company. Disponível em: <http://www.ckinsey.com/about_us/who_we_are/history_of_our_firm>. Acesso em: 19 mar. 2015.

[22] MCKINSEY & COMPANY. In: Wikipedia. Disponível em: <http://en.wikipedia.org/wiki/McKinsey_% 26_Company>. Acessso em: 19 mar. 2015.

se convertesse em amizade. O processo foi espontâneo, quanto mais não seja pela semelhança dos antecedentes profissionais, pois ambos tinham formação em Direito. No entanto, depois de comprometer-se com a McKinsey, em 1933, Bower atuara como consultor durante alguns anos, antes de "entrar no exército", enquanto Drucker, por outro lado, nem sequer sabia o que era consultor de gestão, quando começou a trabalhar em consultoria, na época da guerra. Além disso, Bower se formara, não em qualquer escola, mas na mais notável Faculdade de Direito dos Estados Unidos, a da Universidade Harvard, e, em seguida, ainda se graduou pela mais notável escola de negócios do país, a Harvard Business School. De mais a mais, era seis anos mais velho que Drucker. É muito provável que Bower exercesse alguma liderança no relacionamento e que Drucker tenha sido muito influenciado pelas ideias dele sobre consultoria, como sugerem fortes indícios.

Anos mais tarde, em sua carreira, Drucker descreveu como foi procurado por uma organização de grande porte para fazer um discurso sobre os últimos avanços em liderança. Na época, Drucker estava cobrando US$ 20.000 por palestra de uma hora. No entanto, considerava que o modismo mais recente – "liderança servidora" – era totalmente supérfluo, e que uma apresentação sobre os assim denominados "últimos avanços" era perda de tempo absolutamente contraproducente. Seguindo os princípios de Bower, rejeitou o convite, com a advertência: "Não há nada de novo em liderança que já não fosse conhecido na Antiguidade, dois mil anos atrás", e aconselhou os clientes potenciais, perplexos, a lerem textos os clássicos, sobretudo de Xenofonte. Essa atitude decerto foi influenciada pelos preceitos que Bower incutira na McKinsey e, sem dúvida, repassara a Peter.

Marvin Bower também causara *frisson*, em 1963, época em que outros consultores faziam fortuna, abrindo o capital de suas consultorias e, ao se aposentarem, vendendo suas participações acionárias a preços de mercado, com enorme valorização sobre o valor contábil. Bower fez algo inédito, que ninguém fizera antes, ao revender suas ações para a McKinsey pelo valor contábil, renunciando ao lucro de milhões de dólares, decorrentes do ágio de mercado. De acordo com um autor, ao agir assim, ele demonstrou com exatidão o tipo de lealdade que esperava de qualquer pessoa que almejasse o sucesso na McKinsey. E, assim, reforçou a mensagem de que trabalhar na

McKinsey era como ingressar numa ordem de adeptos dispostos a pôr a causa da organização acima dos interesses próprios".[23]

Mesmo depois de alcançar grande sucesso, conquistar fama internacional e fazer fortuna, Drucker continuou morando numa casa modesta, num bairro modesto, em Claremont, Califórnia. Não vestia roupas caras nem dirigia carros elegantes. A exemplo de Bower, parecia estar passando o recado de que, embora pudesse ser conhecido em todo o mundo como cientista e ecologista social, ele pertencia a uma categoria especial de pessoas dispostas a pôr os interesses dos alunos, da profissão, dos clientes e da sociedade bem à frente de seus interesses próprios. Os US$ 20.000 que cobrava por um discurso de abertura com a duração de uma hora eram doados à sua fundação.

Uma prova final da influência de Bower. Drucker tinha 94 anos de idade e ainda estava no auge da fama, menos de dois anos antes de seu falecimento. Conhecia os autores de negócios que mais vendiam em todo o mundo: Tom Peters, Jim Collins, Charles Handy, Phil Kotler, Rosabeth Moss Kanter, Theodore Levitt, e a lista continua. Seu amigo próximo e também autor de best-sellers, Warren Bennis, foi professor na Universidade do Sul da Califórnia, a apenas alguns quilômetros da casa de Drucker, em Claremont.

Esses autores tinham escrito numerosos livros, não raro vários best-sellers, e todos tinham fama mundial. Qualquer um deles poderia ter aproveitado a chance e estaria ansioso para passar algum tempo com Drucker e escrever a biografia dele. E, como a idade avançada já afetava os seus escritos, Drucker passou a trabalhar com um colaborador e coautor em vários de seus livros, Joe Maciariello, colega de magistério na Claremont Graduate College.

No entanto, embora muitos autores estivessem disponíveis, Drucker escolheu alguém relativamente inexperiente e desconhecido para escrever a sua biografia: Elizabeth Haas Edersheim, que havia escrito um único livro, a biografia de Marvin Bower, da McKinsey. Drucker iniciou o contato e Edersheim passou a visitar Drucker com certa frequência, para fazer pesquisas sobre o livro. Ela, contudo, viajava bem mais que apenas alguns quarteirões ou alguns quilômetros para as entrevistas de trabalho, que se prolongaram por cerca de 16 meses. Voava de Nova York até a Califórnia. Do esforço resultou

---

[23] MARVIN BOWER. In: Wikipedia. Disponível em: <http://en.wikipedia.org/wiki/Marvin_Bower>. Acesso em: 19 mar. 2015.

A essência de Peter Drucker: uma visão para o futuro (Elsevier, 2007, tradução de Afonso Celso da Cunha Serra), publicado após a morte de Drucker. Mais que uma biografia, o livro descreve como Drucker via o desenvolvimento passado e as perspectivas futuras da administração no final de sua longa carreira.

A origem de tudo remonta à época em que Drucker serviu como consultor de gestão militar, ao lado de Bower, durante a Segunda Guerra Mundial. Sem dúvida, ao menos algumas das ideias de Drucker sobre a prática de consultoria são produtos da influência de Bower.

A grande chance de Drucker

Nesse meio-tempo, Drucker escreveu outro livro, *The Future of Industrial Man*, publicado nos Estados Unidos, em 1942. Este e outros livros lhe renderam a atenção de Donaldson Brown, executivo sênior de uma das empresas mais conhecidas nos Estados Unidos, a General Motors (GM). De acordo com a história, Brown interessou-se por Drucker em virtude do interesse comum de ambos por autoridade. Por força da influência de Brown, ao que tudo indica, Drucker foi contratado para, houve quem assim a denominasse, "uma auditoria de dois anos" na GM, em 1943. Daí resultou o livro, *Concept of the Corporation*, publicado em 1946, que alcançou grande popularidade e logo se incluiu entre os mais vendidos sobre negócios. Em muitos outros casos, quando acadêmicos escrevem um best-seller, logo jorram em profusão convites para palestras, contratos editoriais, convites para o magistério e, evidentemente, pedidos de consultoria. Como a tentação é grande, pois escrever livros e artigos, proferir palestras e dirigir seminários são atividades muito gratificantes e compensadoras, não é incomum que o professor universitário desista do magistério e das pesquisas para se dedicar em tempo integral a essas produções menos rotineiras. Como disse Drucker, até Albert Einstein, talvez o maior físico teórico, desistiu de tudo para tornar-se "celebridade profissional". Drucker, porém, não agiu assim. Em vez disso, aproveitou a fama incipiente para garantir uma posição como professor de gestão na Universidade de Nova York, mas continuou a escrever, a palestrar e, claro, a prestar consultoria.

O livro *Concept of the Corporation* não foi concebido com o objetivo de falar de tudo o que estava errado em grandes empresas ou na GM, em especial. Pelo contrário, Drucker considerou as práticas da

GM dignas de serem imitadas por outras empresas. Ele, no entanto, publicou suas ideias como sugestões para melhorar ainda mais a GM, recomendando práticas então consideradas heterodoxas e avançadas, como a descentralização. Isso o deixou em apuros com Alfred P. Sloan, o lendário CEO da GM, que, como já foi explicado no Capítulo 2, ficou tão aborrecido com as recomendações de Drucker, que foi à forra, ignorando o livro e agindo como se ele não existisse. Seria Sloan demasiado sensível ou seria Drucker sobremodo agressivo? Quem sabe? O que sabemos é que Drucker poderia ter seguido o conselho de seu mentor, Marvin Bower, desistindo de escrever o livro ou pelo menos nele não se referido às atividades de um cliente. Talvez Drucker não tivesse entrado nessa enrascada.

COMO DRUCKER ESTABELECEU-SE COMO CONSULTOR DE PRIMEIRA LINHA

4

ACHO QUE NINGUÉM TEM DÚVIDA de que Drucker desenvolveu uma prática de consultoria extremamente inusitada, mas de primeira linha. Seus serviços de consultoria eram procurados e ele recebia pedidos quase todas as semanas, sem propaganda. Rejeitava com frequência negócios potenciais, porque não considerava, no caso, seus serviços realmente necessários, ou porque, na opinião dele, outro profissional faria melhor trabalho, ou porque estava muito ocupado na época para aceitar a incumbência. Acredito que ele nunca tenha estado em situação de penúria a ponto de não poder rejeitar trabalho nem que se sentisse obrigado a aceitar um compromisso para aumentar a receita. A importância de compreender as realizações de Drucker no desenvolvimento de sua prática de consultoria não é apenas de interesse geral. O exemplo dele pode ajudar os profissionais da área a aplicar as ideias de Drucker aos próprios métodos de consultoria, a usar serviços de consultores ou a aproveitar os conselhos de Drucker na direção de organizações e na execução de tarefas. Para entender como Drucker foi capaz de criar valor e de produzir resultados significativos para os clientes, primeiro precisamos analisar como e por que os consultores se tornam consultores.

Por que consultores se tornam consultores?

O general William Tecumseh Sherman, que sucedeu Ulysses Grant como comandante da região ocidental durante a Guerra Civil americana, uma vez disse: "Ouvi falar de homens sobremodo dotados das características necessárias para ser um general, mas nunca encontrei um deles". A afirmação também se aplica a consultores de gestão e às suas razões para entrarem na profissão. Alguns anos atrás, o reitor de uma grande escola de negócios relatou que uma pesquisa recente revelara que a maioria dos seus alunos queria ser consultores de gestão.

Há sem dúvida certo glamour em ser consultor. Além disso, como negócio, a consultoria independente é considerada uma das formas mais atraentes de ganhar a vida. Ela oferece certas vantagens inexistentes em outras profissões. Reflita sobre a produtividade do trabalho ao longo do dia. Você, provavelmente, como a maioria das pessoas, trabalha melhor em certas horas do dia. Há quem seja mais produtivo no início da manhã, ou tarde da noite, e uns poucos felizardos que são muito produtivos 24 horas por dia. Drucker também preferia trabalhar nas horas em que era mais produtivo e podia produzir os melhores resultados para os clientes.

Focar nas preferências

Conhecendo Drucker e sabendo como ele dedicava atenção especial às preferências e aptidões individuais para melhorar o desempenho em trabalhos do conhecimento, tenho certeza de que ele sugeria que os consultores identificassem seus horários de trabalho mais produtivos.

Outras preferências também eram importantes, dizia. Aconselhava todos os gestores a definir a maneira como seus chefes preferiam receber informações. E seguia seus próprios conselhos, sempre que possível, ao trabalhar com os clientes. Alguns gostavam mais de receber as recomendações por escrito, observou ele, enquanto outros achavam melhor receber informações verbais. Também salientou a extrema importância de os novos empregados identificarem essas escolhas. Recomendava que se investigassem e se descobrissem essas preferências o mais cedo possível, quando se começava a trabalhar para um novo chefe, porque a eficácia e os resultados do trabalho dependiam, acima de tudo, desse fator isolado. Evidentemente, isso se aplica a consultores recém-admitidos. Infelizmente, o chefe ou o cliente raramente oferece essas orientações de maneira espontânea; o mais provável é que nem saibam responder, se alguém lhes fizer essa pergunta. Só a observação e a experiência dão a resposta certa.

Minha observação e experiência ao lidar com Drucker como seu aluno revelavam que ele preferia a comunicação por escrito, embora tivesse facilidade em interagir face a face, verbalmente, às vezes até mesmo por iniciativa própria, com a mesma eficácia. Assim, talvez ele tenha sido um dos poucos privilegiados polivalentes.

Outra questão girava em torno de seus horários de trabalho preferidos. Suspeito que era durante o dia, não à noite. Na consultoria independente, isso não faz qualquer diferença, porque, exceto nos casos específicos de alguns contratos de consultoria, em especial, o consultor pode definir o próprio regime de trabalho, conforme suas preferências pessoais. Além disso, o consultor pode ausentar-se do trabalho, se não houver necessidade de interações com os clientes.

Eu às vezes ligava para o Peter e conversávamos por cerca de uma hora ou mais, o que me deixava com sentimento de culpa, porque eu só precisava de uma resposta rápida e não queria desperdiçar o seu tempo valioso. No entanto, quando lhe dizia isso, ele logo se referia à necessidade de se afastar do trabalho contínuo e intenso com um cliente ou com um livro, para facilitar o distanciamento crítico e a visão retrospectiva, e dizia que tinha gostado do meu telefonema, pois realmente precisava de uma pausa. O importante aqui é que, em se tratando de consultoria independente, dar uma parada e passar algum tempo falando sobre administração, estratégia de guerra ou educação era decisão de Drucker, não de alguém acima dele, a quem devia agradar – com exceção, é claro, de sua esposa Doris.

Não precisa dizer que certas obrigações e compromissos, como contas a pagar, prazos de entrega, reuniões com clientes e muitas outras, devem ser cumpridas para o bem da organização, e tenho certeza de que Drucker levava em conta tudo isso quando eu, ou qualquer outra pessoa, o procurava sem agendamento prévio e interrompia o seu trabalho. No entanto, poucas são as profissões que oferecem tanta flexibilidade. Na consultoria independente, você é o chefe e o responsável pelas decisões. Uma vez ouvi um consultor, que não foi Drucker, dizer a um cliente: "Vamos fazer isso do meu jeito, ou não faremos". Para mim, a afirmação pareceu grosseira; afinal, obtêm-se melhores resultados como consultor de gestão, e, aliás, em tudo o mais, lidando com os clientes da maneira como os bons médicos tratam os pacientes.

Por várias razões, Drucker não aceitava todos os pedidos de consultoria. Não estou falando de indisponibilidade na agenda nem de problemas de saúde. Todos, vez por outra, estamos sujeitos a esses impedimentos. Como mencionei no último capítulo, lembro-me de que, certa vez, ele rejeitou um trabalho ao constatar que as soluções almejadas pelo cliente já estavam disponíveis na literatura, o que deveria ser do conhecimento dele como interessado. Drucker deu essa resposta ao cliente e indicou as fontes onde encontrar as informações.

Até pode ter indicado livros e artigos, quer de sua autoria, quer de outros autores. Esses tipos de decisões competiam a Drucker, não a qualquer outro gestor (exceção feita talvez à sua esposa, Doris).

A vantagem do controle sobre sua vida

A exemplo de Drucker, você, como consultor independente, pode decidir que trabalhos aceitar ou rejeitar. Você não é só consultor, você é consultor independente; você é o chefe! E isso não é pouca coisa. Para avaliar a importância dessa vantagem, pergunte-se: Você gosta da pessoa que é seu chefe? Você está cercado de gente, no ambiente de trabalho, de quem não gosta? Se você for consultor independente, também aqui a decisão será sua. Você decide com quem quer e não quer trabalhar, escolhe os clientes a que prestará e não prestará serviços, assim como selecionará os prestadores de serviços que o ajudarão em um projeto.

Esse controle sobre sua vida profissional é valioso de muitas maneiras. Se você não aceitar trabalho em excesso, ele geralmente reduz o estresse. Li em algum lugar que quem controla o próprio ritmo de trabalho e o equilíbrio entre vida profissional e vida pessoal tende a ser mais longevo e mais saudável, em comparação com as pessoas que se encontram na situação oposta, ou seja, estão sujeitas a controle externo. Drucker faleceu poucas semanas antes de seu aniversário de 96 anos. Eu não sei se o fato de ter sido consultor independente teve algo a ver com isso, mas a longevidade em si e a duração da vida profissional decerto são fatos correlacionados.

A questão da remuneração

Na condição de consultor independente, você, sob muitos aspectos, exerce maior controle até sobre seus rendimentos do trabalho. Você está insatisfeito com o seu atual nível de renda? Você acha que a sua remuneração é inadequada? Seus rendimentos já se congelaram por causa da recessão ou já lhe disseram que seu salário seria reduzido? Em consultoria independente, você define seus próprios honorários; você próprio julga o quanto vale e, nesse sentido, o quanto quer receber. Se agora você vale mais ou sua empresa se expandiu, nada impede que você aumente sua própria remuneração, cobrando mais dos clientes. Não precisa esperar que a comissão de salários avalie seu desempenho e, se for o caso, melhore o seu salário. A qualquer momento em que você conclua estar sendo mal remunerado, você tem o poder de corrigir a situação imediatamente. No caso de Drucker, quando se sentia disposto a prestar serviços de graça, podia fazê-lo sem dar satisfações a ninguém. Muitos consultores gostariam de estar em situação idêntica.

Localização, localização, localização

Você prefere trabalhar em casa? Em consultoria independente, você pode auferir renda muito elevada em seu escritório doméstico, sem se preocupar com o trânsito, com o estacionamento, com a alimentação, nem com as despesas de um escritório externo. Além disso, as despesas com o escritório doméstico são dedutíveis no imposto de renda. Drucker certamente fez isso. Drucker trabalhou em casa – exceto quando visitava clientes, dava aulas ou proferia palestras – durante toda a sua carreira. Essa é uma lição importante para quem se deixa iludir pelo prestígio de um endereço de grife, com instalações elegantes, paredes revestidas e sala de espera com poltronas de couro, em um prédio moderno. Mesmo depois de tantos anos, é difícil acreditar que Drucker não tivesse secretária – até antes da era do computador –, muito menos recepcionista, e atendesse o próprio telefone. Além disso, acho que Drucker nem usava computador, o que não estou, de modo algum, recomendando.

Negócio arriscado

Finalmente, você está preocupado com os riscos associados à prática de consultoria de tempo integral? Sim, existem riscos. Drucker até ensinou os clientes a lidar com os riscos nos negócios próprios, como veremos em capítulo posterior. Na verdade, você pode minimizar os riscos, seguindo algumas recomendações de Drucker. Não é necessário arriscar tempo, carreira ou capital. Você pode começar prestando consultoria em tempo parcial e facilitar seu ingresso na profissão. Foi o que Drucker e outros fizeram, prestando consultoria em tempo parcial, depois da jornada no emprego em tempo integral, à noite e nos fins de semana. Não é preciso demitir-se do emprego em tempo integral, até sentir-se seguro e bem-sucedido. Na essência, e talvez involuntariamente, Drucker agiu assim, sem tirar nem pôr.

A importância das metas, e mais serendipidade

Na análise de por que alguém se torna consultor independente, não se pode ignorar a importância dos objetivos. Drucker ganhou muito dinheiro como consultor. Optou, porém, por não adotar o estilo de vida dos "ricos e famosos", e, a certa altura, decidiu que seus altos honorários como consultor deveriam destinar-se à sua fundação, em vez de serem depositados em sua conta bancária. E, como relatei antes, nem sempre ele cobrava honorários. Daí se conclui que o principal objetivo de seu trabalho de consultoria não era fazer fortuna. Evidentemente, muitas são as razões para trabalhar em consultoria, além de ficar rico. Mais tarde, ele explicou que, a não ser quando se precisa muito de dinheiro — como nas recessões, em que o risco de desemprego é alto e encontrar trabalho é difícil — todos os trabalhadores são voluntários, porque, se não gostam do que fazem, podem mudar de emprego sem muita dificuldade.

Não tenho dúvidas a esse respeito. Tempos atrás, tive uma conversa com um de nossos diretores sobre uma viagem dele ao exterior, como representante de nossa escola de pós-graduação, com o propósito de desenvolver algum tipo de programa de intercâmbio, envolvendo os alunos de graduação de outra escola e os alunos de MBA da nossa escola. Esse diretor não recebe remuneração, mas permitimos que parentes de nossos administradores e de nossos professores se matriculem em nosso programa como bolsistas. Cumprimentei-o pelo sucesso da viagem e lhe disse que em breve passaríamos a remunerá-lo. Coronel aposentado da Força Aérea dos Estados Unidos, com muitas condecorações, ele respondeu: "Bill, não se preocupe com isso. Não preciso de dinheiro. Quando você se diverte com o trabalho, isso já é suficiente". Assim, Drucker talvez estivesse certo. Vou acabar remunerando esse diretor, mas, seja como for, agradeci-lhe por dizer "Não se preocupe com isso", porque eu me preocupava.

Consultoria em tempo parcial

No entanto, alguns voluntários e alguns consultores praticam consultoria independente para complementar rendimentos de outras fontes. Até certo ponto, foi o que aconteceu com Drucker. Ele ganhava dinheiro como escritor autônomo e como professor em tempo parcial, no Sarah Lawrence College, em Nova York. Seus trabalhos sobre política e sociedade foram compilados no livro *The Future of Industrial Man*, e o levaram primeiro para a Bennington College, em Vermont, como professor em tempo integral de Política e de Filosofia, em 1942, e no ano seguinte para a General Motors, onde faria uma auditoria gerencial de alto nível. Foi um trabalho de auditoria importante, com a duração de dois anos, que resultou no livro *Concept of the Corporation*, rendeu-lhe outros contratos de consultoria e, em 1950, propiciou-lhe uma posição acadêmica, em administração, na Universidade de Nova York. Assim, a consultoria independente complementou seus rendimentos como escritor e professor.

Consultoria em tempo parcial pelos alunos

Quem acha que alunos de administração não trabalham bem como consultores em tempo parcial comete grave erro de julgamento. Nossos alunos no California Institute of Advanced Management aprendem, executam e praticam consultoria, em equipes de quatro membros, e, às vezes, sozinhos, para empresas grandes e pequenas, como atividade extracurricular, em todas as disciplinas. O principal objetivo aqui é a aplicação da teoria pelo aluno, para demonstrar o aprendizado. Ao final, reúnem depoimentos sobre o seu trabalho, de clientes satisfeitos, como se estivessem ficando superados.

Todos os nossos clientes têm direito a uma segunda consultoria gratuita, depois de seis meses. Recentemente, prestamos essa segunda consultoria a um cliente incomum. Era uma empresa de consultoria internacional, antiga, mas de pequeno porte, e bem-sucedida, com cerca de uma dúzia de consultores-funcionários com pós-graduação. Ao conversar comigo, o cliente disse: "Seus alunos de MBA são excelentes consultores. Posso contratá-los para trabalhos remunerados?". Agradeci-lhe, mas recusei. Achei que a possibilidade de um conflito de interesses era grande demais. No entanto, fizemos um acordo pelo qual nossos alunos de MBA seriam contratados para trabalho remunerado, sem que recebêssemos um tostão.

Quando fazer a transição do tempo parcial para o tempo integral

Quando o consultor em tempo parcial começa a ganhar no "trabalho complementar" tanto ou mais que no "trabalho principal", ele passa a dispor de duas opções totalmente diferentes. O charme da consultoria pode atrair irresistivelmente o consultor independente, em tempo parcial, para a consultoria em tempo integral, a ponto de levá-lo a abandonar completamente a academia ou a profissão anterior. Outra hipótese é a consultoria continuar como trabalho complementar, como fonte de renda adicional. Essa segunda hipótese é a que ocorreu no caso de Drucker. A prática de consultoria de Drucker era renomada e de alto nível; no entanto, por mais que tenha crescido – e ela de fato se tornou muito grande – ou por mais famosa que tenha sido, continuou sendo apenas uma faceta da atividade principal de Drucker, que ele dizia ser a de ecologista social.

Mais uma história de consultor

Eu deveria entrar aqui com a minha própria história, que ocorreu antes de eu conhecer Drucker. Afastei-me da Força Aérea americana durante algum tempo, para trabalhar no exterior, Israel, onde nascera minha esposa. Quando voltei, consegui um emprego como chefe de pesquisa e desenvolvimento de uma pequena empresa, Sierra Engineering Company, em Sierra Madre, Califórnia. Em Israel, porém, eu escrevera um artigo, publicado nos Estados Unidos, sobre um produto com que me envolvera antes de sair da Força Aérea americana e ir para Israel: armadura corporal pessoal para tripulações. Sem que eu soubesse, o artigo despertou o interesse de um vice-presidente de uma empresa aeroespacial, a Garrett AiResearch, localizada na área de Los Angeles, que produzia turbocompressores e turbopropulsores, bem como outros produtos relacionados com a indústria de defesa. Ela acabou se fundindo com outra, foi adquirida, voltou a fundir-se, e, por volta de 1999, passou a denominar-se Honeywell.

Vários anos antes de conhecê-lo, quando a empresa dele ainda era Garrett AiResearch, esse vice-presidente tinha sido incumbido de um programa para substituir os capacetes de aço do Exército dos Estados Unidos – usados na Segunda Guerra Mundial, na Coreia e no Vietnã – por capacetes de titânio. Titânio é mais leve, mais resistente e mais protetor que o aço; como se sabe, porém, é muito mais caro. Embora esse executivo tenha sido promovido a vice-presidente, em algum momento ao longo do caminho o seu projeto de estimação fora abandonado, embora ele sentisse que a ideia ainda era promissora.

Até que ele leu meu artigo na *Ordnance* e concluiu que tinha encontrado o homem certo para fazer algumas pesquisas e recomendar que ele continuasse o projeto ou o abandonasse de vez. Ele me escreveu e me perguntou se eu estava interessado. Enviou a mensagem para meu endereço, em Israel, ao qual chegara com base em informação do editor da revista *Ordnance*. Infelizmente, eu já havia deixado Israel meses antes e tinha voltado, entre todos os lugares do mundo, logo para Los Angeles, exatamente onde se situava a empresa dele. A história, contudo, não termina assim tão de repente.

Em Israel, a carta dele, cujo destinatário não havia sido encontrado, foi reenviada para meus sogros, que moravam em outra cidade. Naquela época, não era possível remeter cartas extraviadas para endereços no exterior. Meus sogros só falavam, liam e escreviam em hebraico, e as cartas postadas por via aérea eram escritas em papel muito leve e fino, especial para correio aéreo. Pacotes de papel maiores, como aquele, eram postadas por navio e levavam cerca de seis a sete semanas para chegar ao destino. Era possível remetê-los por via aérea, como fizera o vice-presidente da AirResearch, mas naqueles dias isso custava uma fortuna. Israel ainda era um país em desenvolvimento, no início dos anos 1970, e os meus sogros não podiam se dar ao luxo de desperdiçar dinheiro. Nessas circunstâncias, eles guardaram a carta, na esperança de que, mais cedo ou mais tarde, minha esposa e eu voltássemos dos Estados Unidos para visitá-los.

E eu voltei, mas sem a minha esposa, sob circunstâncias muito inesperadas. Em 1973, a Síria e o Egito lançaram um ataque de surpresa contra Israel, no que é conhecido hoje como a Guerra do Yom Kipur. Quando morei em Israel, sob a lei israelense, servi nas Forças Armadas israelenses, e, em face de minha experiência militar anterior, fui admitido como major na Força Aérea israelense. Voltei a Israel por causa da guerra. Depois do armistício, tive alguns dias de folga e decidi visitar meus sogros, onde finalmente me entregaram a carta, que tinha sido escrita vários meses antes. De volta aos Estados Unidos, procurei o remetente, que me contratou como consultor para fazer algumas pesquisas. Esse foi meu primeiro trabalho de consultoria. Minha motivação foi uma mistura de complementação de renda (como diretor de pesquisa e desenvolvimento de produtos de suporte à vida para aviação) e de curiosidade intelectual sobre consultoria e sua natureza.

Esse meu primeiro projeto não foi tão extenso quanto o de Drucker na GM e durou apenas alguns meses. Descobri que o novo capacete Kevlar do Exército, o que está em uso hoje, estava em desenvolvimento e era mais leve, mais protetor, e acima de tudo menos caro do que o capacete de titânio que eu tinha examinado. Assim, a minha recomendação foi abandonar o projeto, o que foi feito. Essa experiência aguçou de uma vez por todas o meu interesse por consultoria, e eu era agora um consultor experiente, se não muito experiente. Foi também uma advertência de que qualquer carta que chegasse para mim em Israel deveria ser enviada por via aérea, cuja tarifa correria por minha conta, para o meu endereço nos Estados Unidos. E ainda continha uma lição para todos que quisessem começar hoje como consultor independente. A conexão entre nossas experiências aleatórias, a de Drucker e a minha, na carreira de consultor não deixava dúvidas: escrever livros ou artigos era um método indireto, mas poderoso, de marketing para serviços de consultoria.

O que torna um consultor excepcional?

Ser apenas um consultor e ser um consultor excepcional são duas coisas diferentes. Depois de observar Drucker por mais de 30 anos, além de conversar com muitos consultores altamente respeitados em todo o país, identifiquei sete áreas que fazem diferença. Elas foram extraídas de meu livro, *How to Make It Big as a Consultant* [Como ser um grande consultor]. Drucker foi exemplar em cada uma dessas sete áreas.

A capacidade de interagir com todos os participantes na contratação de uma consultoria

Não é tanto *o que* você diz quanto *como* você diz. Médicos com grande conhecimento de medicina, mas que são grosseiros com os pacientes, muitas vezes descobrem que as pessoas preferem médicos com muito menos experiência, mas que se mostram muito mais habilidosos no relacionamento humano. Portanto, desenvolver "boas maneiras" cativantes, e ao mesmo tempo preservar a integridade, transmite confiança aos clientes e a outros usuários de seus serviços, sobre o que você diz e faz. Esses fatores podem ser tão importantes quanto o seu conhecimento técnico. Drucker considerava essencial a cortesia na interação com os outros, sobretudo os clientes, e embora às vezes discordasse deles, com todo o respeito, e até preferisse rejeitar o pedido de consultoria, ele sempre esbanjou cortesia nos relacionamentos.

A capacidade de diagnosticar com exatidão o problema

Prosseguindo com a analogia médica, sabemos que o médico tem acesso a todos os tipos de medicamentos para curar o paciente. No entanto, se o diagnóstico estiver errado, o medicamento pode:

> ➤ Não ajudar o paciente e, no contexto da consultoria, ser desperdício de tempo, dinheiro e recursos.
> ➤ Prejudicar ainda mais o paciente. Drucker enfatizava o mandamento de Hipócrates, aplicando-o aos consultores de gestão: *Primum non nocere* [Primeiro, não fazer mal].

Sua capacidade de diagnosticar o problema corretamente em um contexto de consultoria é extremamente importante. Caso contrário, suas ações podem prejudicar a organização, em vez de ajudá-la. Prescrever o medicamento certo, ou seja, dar os conselhos corretos, é um dos critérios mais importantes para a avaliação de um consultor excepcional. Conheci consultores que se empolgavam tanto com o uso de suas próprias metodologias sofisticadas, que se esqueciam da questão central, a ser analisada, pesquisada e solucionada. Em consequência, agravam a situação dos clientes e deles próprios, por não prescreverem o medicamento correto e por fazerem mal sem promoverem a cura, apesar de toda a ostentação de conhecimento.

A capacidade de encontrar soluções eficazes

Evidentemente, depois de diagnosticar o problema, espera-se que você recomende ações adequadas para corrigir a situação. Os métodos de Drucker para lidar com problemas podem ser encontrados neste livro. Talvez a sua estratégia mais inovadora seja fazer sucessivas perguntas aos clientes, induzindo-os a encontrar suas próprias soluções potenciais. Essa metodologia singular, por si só, já diferenciava Drucker de outros consultores, que logo apregoavam seus métodos exclusivos, quase sempre analíticos e quantitativos, mal ouvindo os clientes. Mais adiante, voltarei a esse tópico.

Competência técnica e conhecimento

Talvez você esperasse que essas fossem as habilidades mais importante para um bom consultor, e é verdade que competência técnica e conhecimento são relevantes em qualquer campo.

A competência decorre da educação, da experiência e das habilidades pessoais que se desenvolvem ao longo do tempo. Estão presentes em todas as áreas e se desenvolvem de várias maneiras.

G. Gordon Liddy, conhecido antes de tudo por suas ligações com o escândalo de Watergate, na década de 1970, nos Estados Unidos, que culminou com a renúncia do presidente Richard Nixon, auferia renda de seis dígitos como consultor, depois de ter sido libertado da prisão. Isso tem pouco a ver com a sua condenação e encarceramento, é claro, exceto talvez pela publicidade em torno da invasão do conjunto de edifícios comerciais de Watergate, em Washington. Entretanto, conheço alguns consultores tão ambiciosos que provavelmente estariam dispostos a passar alguns anos na cadeia para de lá saírem com a capacidade de receber honorários de centenas de milhares de dólares. Entretanto, o que quero salientar aqui é que até antecedentes desabonadores não inibem a capacidade dos consultores de explorar sua competência técnica e conhecimento para cobrar honorários astronômicos.

Além disso, Drucker reiterava que suas contribuições para a solução de problemas decorriam não só de seu conhecimento e experiência, mas também de sua ignorância, confirmando que sua metodologia em si é que era de primordial importância para ajudar os clientes.

Não que essa metodologia fosse, necessariamente, de alta sofisticação, mas sim que ela era a fachada para os resultados almejados.

Boas habilidades de comunicação

Charles Garvin, do conhecido Boston Consulting Group (BCG), desenvolveu amplo trabalho de consultoria na área de estratégia de negócios desde princípios da década de 1960. Com 30 anos de experiência, Garvin identificou três importantes atributos a serem cultivados pelos bons consultores. Talvez você se surpreenda, mas para ele a principal qualidade era uma excelente capacidade de comunicação. Capacidade analítica era a segunda, e capacidade de trabalhar sob pressão era a terceira. Para enfatizar esse último ponto, um bom amigo meu, que já foi sócio principal da McKinsey & Company, a maior e talvez a mais prestigiosa empresa de consultoria do mundo, descreveu a extensão e a intensidade do trabalho naquela organização. Certa vez, a pressão era tamanha que, dirigindo o carro a caminho do aeroporto, teve um acesso de choro convulsivo e teve de parar no acostamento da estrada, para superar a crise. Situações como essa não parecem muito divertidas!

Eficácia em marketing e habilidade em vendas

Não importa a área técnica em que você esteja interessado, numa empresa ou em algo totalmente diverso, é preciso aprender a ser bom profissional do marketing e bom vendedor. Os dois atributos são diferentes.

Marketing se situa em nível estratégico, mais alto e mais amplo, enquanto vendas se situa em nível tático, mais baixo e mais restrito. Marketing tem mais a ver com dispor do produto certo para vender no mercado certo, enquanto vendas tem a ver com persuadir outras pessoas a adquirir o seu produto. Os consultores devem vender não só um produto intangível – a consultoria, mas também a si próprios – o consultor. Drucker disse que se o marketing fosse perfeito, as vendas seriam desnecessárias.

Capacidade gerencial

Por último, mas não menos importante, destaca-se a capacidade (a) de gerenciar uma organização e (b) de supervisionar projetos. Na minha opinião, consultores excelentes também devem ser ótimos gestores. Tal como acontece com outras habilidades, a capacidade de gestão pode ser aprendida, mas está longe de ser automática. Essa é a razão fundamental pela qual Drucker enfatizava a educação. Para ele, conhecer a teoria era primordial, mas nada se fazia até converter-se a teoria em trabalho árduo. No California Institute of Advanced Management, desenvolvemos todo um sistema em torno desse conceito e o denominamos IATEP. O significado da sigla, em inglês, é **I**mmediately **A**pplied **T**heory for **E**nhanced **P**erformance, ou Teoria de Aplicação Imediata para o Desempenho Aprimorado.

Resumindo, Drucker desenvolveu a prática de consultoria altamente bem-sucedida, não só por fazer direito as coisas, mas também por fazer as coisas certas. Ele era ao mesmo tempo gestor e líder. Decerto teve alguns golpes de sorte, mas não os desperdiçou.

O MARKETING DA CONSULTORIA DE DRUCKER OU DE QUALQUER OUTRO PROFISSIONAL

5

DRUCKER ENSINOU QUE O MARKETING era uma das duas funções essenciais na empresa. Quando Drucker passou a prestar mais atenção às organizações sem fins lucrativos e a outros tipos de organizações, ele ampliou esse conceito para todas as organizações. Na opinião dele, o marketing deveria permear tudo na organização, em qualquer organização. Para mostrar até que ponto as ideias de Drucker ampliaram o papel do marketing ao longo dos anos, basta lembrar que o presidente Truman certa vez repreendeu os Fuzileiros Navais dos Estados Unidos por se autopromoverem demais em público. Cinquenta anos depois, não só todas as organizações militares dos Estados Unidos praticavam algum tipo de autopromoção, mas também os Fuzileiros Navais eram elogiados pelo sucesso na autoexaltação. Ouvi declarações de áreas de apoio das Forças Armadas chamar ostensivamente de "clientes" os combatentes que usavam seus "produtos", como "treinamento militar", por exemplo.

Este capítulo contém o que Drucker aconselhou aos clientes para garantir a necessária ênfase no marketing. Entretanto, embora Drucker tenha salientado a preeminência do marketing e sempre tenha ensinado aos clientes a valorizar esse papel de destaque em suas organizações, questiona-se se ele próprio fez o marketing adequado de sua prática de consultoria, como tanto recomendava. Teria ele de fato feito o marketing de sua prática de consultoria, e, se o fez, como o fez? Aqui também responderemos a essas duas perguntas.

O marketing básico de Drucker

Para começar, Drucker dizia que todas as empresas têm duas funções básicas: inovação e marketing. Qualquer empresa – e, na interpretação dele, qualquer organização – deve zelar pela execução eficaz dessas duas funções. Há quem diga que a inovação é um dos componentes do marketing, uma vez que, no nível tático, a inovação é fator crucial para o sucesso dos produtos e serviços. No nível estratégico, a inovação gera vantagem competitiva, trunfo essencial na conquista de novos clientes.

Em numerosas ocasiões, já tive estreitas ligações com consultorias especializadas em prestação de serviços a pequenas empresas e a startups promissoras. De fato, importante diferencial da escola de pós-graduação em MBA hoje sob minha liderança é que os alunos devem prestar consultoria voluntária, em equipes de quatro membros ou em atividade individual, como tarefa de cada disciplina, para que experimentem e demonstrem sua capacidade de aplicar o aprendizado em sala de aula a situações práticas de clientes reais. Muitos desses clientes, como já disse, são pequenas empresas e startups promissoras. Seria difícil exagerar a quantidade de empresários e empreendedores que, de alguma forma, imaginam que o simples ato de criar ou entrar em um negócio resulta automaticamente em angariar clientes. Quando lhes perguntamos "Qual é o diferencial dos seus produtos e serviços em relação aos dos concorrentes tradicionais?", a resposta mais comum é um olhar de dúvida e perplexidade, como se o cliente surgisse por geração espontânea: "Estou oferecendo ao mercado a oportunidade de comprar meus produtos e serviços. Não é suficiente?" Na opinião deles, basta lançar os produtos e serviços. Quanto aos clientes? Ora, eles virão como consequência inevitável, de acordo com essa mentalidade.

Essas pessoas se esquecem de que o cliente, real ou potencial, precisa de alguma razão para comprar o produto ou serviço, além da simples existência do fornecedor. Normalmente, outros fornecedores, já estabelecidos, oferecem o mesmo produto ou serviço. Ainda que o novo produto ou serviço seja revolucionário, os clientes potenciais ainda estão comprando os produtos e serviços tradicionais de outros fornecedores. Convencer os clientes potenciais a mudar de fornecedor ou a substituir os produtos e serviços já conhecidos por sucedâneos desconhecidos não é automático nem fácil. Os clientes potenciais querem saber quais são as vantagens oferecidas pelo novo fornecedor, inclusive se o preço justifica a mudança de fornecedor.

O ensaísta e poeta do século XIX, Ralph Waldo Emerson, salientou a importância desse requisito básico em palavras que ressoam até hoje: "Produza uma ratoeira melhor e o mundo abrirá uma trilha até a sua porta".[24] No entanto, faltou esclarecer que apenas a inovação, sem o marketing, seria insuficiente para atrair a multidão capaz de desbravar o caminho, por maior que tenha sido o valor adicionado à nova ratoeira. Daí a necessidade do marketing. O que dizer, porém, do "Marketing de Drucker" e qual era o seu valor agregado? "O Marketing de Drucker" compõe-se de vários princípios fundamentais, dos quais decorrem numerosos corolários. Os princípios e os corolários são:

- ▸ A primazia do marketing sobre todas as outras funções de negócios.
- ▸ A distinção fundamental entre marketing e vendas, na medida em que, teoricamente, o marketing perfeito dispensaria vendas.
- ▸ A possibilidade de marketing e vendas, além de não complementares, serem de fato antagônicos.
- ▸ Foco no cliente e no valor para o cliente, em vez de em especulações sobre os desejos do cliente e sobre como avaliam nossas ofertas.
- ▸ Marketing como tema difuso que impregna toda a organização e cada departamento.

A primazia do marketing sobre todas as outras funções de negócios

Para Drucker, o marketing, mais que apenas uma das funções de negócios, devia ser considerado a *principal* função de negócios. Isso não significa que não valorizasse as demais funções de negócios – finanças, contabilidade, engenharia, produção, ou qualquer outra –, nem

---

[24] As palavras reais de Emerson foram, ao que se sabe: "Se um homem tem bom milho ou madeira, ou placas, ou porcos, para vender, ou pode fazer melhores cadeiras ou facas, cadinhos ou órgãos da igreja do que qualquer outro, então, você encontrará uma estrada larga até a sua casa, mesmo que seja na floresta". Até a citação falsa é mal transcrita hoje. Originalmente, era: "Se um homem pode escrever um livro melhor, pregar um sermão melhor, ou fazer uma ratoeira melhor que seu vizinho" (CONSTRUA UMA RATOEIRA MELHOR E O MUNDO BATERÁ À SUA PORTA. In: Wikipedia.). Disponível em: <http://en.wikipedia.org/wiki/Build_a_better_mousetrap,_and_the_world_will_beat_a_path_to_your_door>. Acesso em: 26 abr. 2015.

que não admitisse que fossem até mais importantes que o marketing em diferentes fases e situações. Mas, na perspectiva dele, o marketing é, em si, a função isolada mais importante da empresa, porque, sem marketing eficaz, a empresa, por melhor que execute as outras funções, seria insustentável e acabaria falindo.

A distinção fundamental entre marketing e vendas

Drucker foi um dos primeiros estudiosos de negócios a reconhecer que marketing e vendas são funções nitidamente diferentes, até com objetivos diversos. O marketing foca no cliente e nos desejos do cliente. Portanto, o profissional de marketing precisa descobrir o que o cliente quer, para desenvolver, produzir, estocar, manter e fornecer o que o cliente quer. Esse é o objetivo: foco no cliente para manter e oferecer algo que o cliente quer. Já a venda foca no produto ou serviço disponível e na persuasão do cliente a comprar os itens em estoque.

Essa distinção é tão importante, que Drucker escreveu um artigo a respeito para uma revista acadêmica. Minhas pesquisas não revelaram qualquer outra iniciativa semelhante de Drucker em relação a qualquer outro tema: publicações acadêmicas raramente são lidas por profissionais, por serem, em geral, muito teóricas, metódicas e quantitativas. Em geral, são mais citadas em outras publicações acadêmicas, como periódicos, lidos, em geral, só por acadêmicos e como compêndios lidos (ou não lidos, conforme o caso), quase sempre, só por estudantes. Compare essa situação com a de profissionais que pesquisam a literatura com o intuito de efetivamente aplicar em situações específicas as informações obtidas na *Harvard Business Review* ou em um livro destinado a praticantes, como este que você está lendo. Exceto nesse caso específico, já citado, Drucker tinha pouco interesse em escrever para revistas acadêmicas; além do mais, alguns de seus colegas acadêmicos o desprezavam como consultor, escritor e professor.

Não ler Drucker

Foi em seu aniversário de 80 anos, se bem me lembro, que o *Los Angeles Times* pediu aos mais notórios autores de livros de negócios dos Estados Unidos para escrever um breve ensaio sobre o que haviam aprendido com Peter Drucker. Ele recebeu muitos elogios dos melhores deles, como Tom Peters, cuja coautoria de *Vencendo a crise* (*In Search of Excellence*), na década de 1980, desencadeou uma enxurrada de livros e estimulou numerosas empresas americanas bem-sucedidas a fazerem autoanálises, e Rosabeth Moss Kanter, da Universidade Harvard, bem conhecida como autora de vários livros e como editora da *Harvard Business Review*.

Um deles, acadêmico bem conhecido, autor de um best-seller, baseado em pesquisas, sobre métodos de gestão japoneses, que, durante muitos anos, foram modismo nos Estados Unidos e no mundo, respondeu algo no sentido de que não podia atender ao pedido, porque não havia lido nada de Drucker, uma vez que Drucker não escrevia para publicações científicas. Bem, Drucker o fez, uma vez. Ele escreveu o que é conhecido nesses círculos como "reflexão", esclarecendo a diferença importante entre vendas e marketing, para o *The Journal of Marketing*, uma das principais publicações acadêmicas sobre marketing dos anos 1950, no início da carreira acadêmica de Drucker, e ainda hoje, dez anos depois da morte de Drucker.

No artigo, Drucker aplicou o seu humor mordaz para falar sobre a tendência então muito comum entre presidentes de empresas de rebatizar seus vice-presidentes de vendas como vice-presidentes de marketing, ainda que seus deveres e atribuições continuassem inalterados. Para eles, essa simples mudança formal resolvia o problema. Drucker assim se manifestou a respeito: "Se você parar de chamar alguém de papa-defunto e passar a chamá-lo de agente funerário, o trabalho dele não muda em nada. Ele ainda cava sepulturas para enterrar os mortos".[25]

Em teoria, o marketing perfeito dispensaria vendas

Sobre esse tópico, Drucker falava apenas em teoria, mas a mensagem dele se demonstra com facilidade. Como o objetivo do marketing é desenvolver o produto ou serviço perfeito, almejado pelo cliente potencial, se você já o tem e ele é bem conhecido, os consumidores satisfeitos provavelmente o divulgarão, sem necessidade de uma grande campanha de vendas, para apresentar o produto aos clientes potenciais e para convencê-los a comprá-lo. Digamos que

---

[25] COHEN, William A. *The Grandfather of Marketing*. [S.l.]: M&SB, 2014. Disponível em: <http://www.marketingandsalesbooks.com/en/contribution/114/the-grandfather-ofmarketing?c=4,24>. Acesso em: 24 nov. 2015.

você tenha inventado uma pílula capaz de curar qualquer doença. Você a otimiza para determinado mercado, de modo que não provoque efeitos colaterais negativos, seja fácil de consumir e esteja disponível a preços acessíveis no mercado-alvo. Talvez, para começar, você precise de um pouco de propaganda e de relações públicas, mas, depois da partida, o esforço de vendas seria quase desnecessário. Impossível? Durante 70 anos, a The Hershey Company não fez propaganda de suas famosas barras de chocolate. De acordo com um publicitário, não precisava: "A marca era parte da tradição americana, fora transmitida entre sucessivas gerações e se destacava como componente indispensável das lembranças da infância".[26] O pessoal da Hershey tinha um objeto de desejo e podia entregá-lo direto nos distribuidores – tudo só marketing, sem vendas. Não se precisava de vendas!

A possibilidade de marketing e vendas não serem complementares, mas antagônicos

Drucker muito se afastou de renomados especialistas em marketing, até ao questionar as ligações entre marketing e vendas. A maioria dos livros de marketing reza que vendas é atividade de apoio a marketing, ao lado de publicidade, promoção, distribuição e relações públicas. A maioria a classifica como uma das variáveis promocionais. Peter, porém, sustentou não só que a função de vendas não era complementar a marketing, mas também que até poderia ser antagônica.

Esteja certo de que, durante alguns anos, refleti muito sobre como vendas e marketing seriam antagônicos, mas nunca pedi a Drucker que explicasse como chegara a essa conclusão revolucionária. Um dia, tive uma visão súbita e compreendi exatamente a mensagem de Drucker. Vamos supor que o marketing não seja perfeito. Na verdade, vamos imaginar a hipótese oposta – a do marketing errado para o produto a ser vendido. Talvez o produto também tenha outros problemas, referentes a projeto e preço. Os vendedores, porém, são extraordinários, tão excepcionais e talentosos

---

[26] LUCIEW, John. *Hollywood Gets Hershey's Marketing History Mostly Right In "Mad Men" Finale*. 24 jun. 2013. Disponível em: <http://www.pennlive.com/midstate/index.ssf/2013/06/hollywood_gets_hersheys_market.html>. Acesso em: 7 maio 2015.

que, graças ao esforço sobre-humano e à notável capacidade de vendas, esses gênios maravilhosos conseguem realizar o impossível e até gerar pequeno lucro, vendendo o produto defeituoso para o mercado errado.

Seria essa a prova de que vendas é atividade complementar, não antagônica a marketing? Não necessariamente. Pense no esforço extraordinário desses vendedores. O volume de vendas seria muito maior se a definição do mercado-alvo estivesse certa e se o produto tivesse sido mais bem projetado e estivesse sendo oferecido ao preço justo. Partindo do pequeno lucro, mesmo em condições adversas, imagine qual seria o lucro em circunstâncias mais favoráveis, se o marketing fosse mais adequado. Além disso, o sucesso relativo desses vendedores fantásticos pode ter sido ilusório. Quão melhor seria se as vendas tivessem sido um grande fracasso? Talvez esse produto mal concebido, com preço inadequado e destinado ao mercado errado já tivesse sido abandonado e substituído por outro muito mais promissor. Você já está começando a compreender o raciocínio de Drucker? Nas circunstâncias desses vendedores excepcionais, capazes de gerar lucro marginal com o produto errado, vendas não seria apenas complementar ao bom marketing, como também, e mais importante, até lhe seria antagônico e ainda prejudicial à lucratividade e aos interesses da empresa.

Foco nos clientes e no que os clientes valorizam

Por mais inteligentes que sejamos, não decidimos o que os clientes querem e valorizam. Desse conceito podem resultar aumentos de vendas que jamais imaginamos fossem possíveis. Meu amigo Joe Cossman lançou no mercado de jardinagem mangueiras flexíveis para rega, perfuradas ao longo de sua extensão, como alternativa para os *sprinklers*, e vendeu às pencas. Praticamente todo o mundo que possuía gramado ou jardim comprou pelo menos uma no lançamento. Elas se tornaram mais populares do que as mangueiras ultraleves, que haviam sido lançadas poucos anos antes.

Cossman, gênio do marketing, acompanhou todos os pedidos por atacado de seu produto. Um dia, suas análises revelaram que as lojas de suprimentos e rações para agricultores passaram a encomendar o seu produto em volumes crescentes. Como os jardineiros amadores, que cuidam dos jardins da própria residência, pareciam não se enquadrar entre os clientes regulares das lojas de suprimentos e rações para agricultores, ele procurou os lojistas para descobrir as razões dessa demanda inesperada. Concluiu, então, que os agricultores também criadores de galinhas tinham descoberto que a mangueira de jardim com furos funcionava como excelente condicionador de ar, menos dispendioso que os convencionais, para refrescar os galinheiros durante os meses quentes de verão.

Cossman desbravou um novo mercado até então insuspeito. Drucker não se surpreendeu, como era geralmente o caso. O que o deixou perplexo foi descobrir a frequência com que os profissionais de marketing erram até no básico. Concluiu, então, que o problema era que os fornecedores partiam de suposições incorretas sobre os desejos e necessidades dos clientes potenciais. No entanto, quem define o produto ou o serviço é sempre o cliente, nunca o fornecedor.

Considere a experiência da DuPont com um produto denominado Kevlar. A DuPont lançou o Kevlar no início da década de 1970. Era um superpano com fibras cinco vezes mais resistentes à tração do que o aço. Os engenheiros concluíram que o Kevlar seria excelente substituto para o reforço de aço em pneus destinados a serviços pesados. E assim foi, mas o produto funcionou ainda melhor como armadura contra fragmentos, e, quando enrijecido, como proteção contra traumas fechados, ou contusões sem corte, podendo ser usado como componente básico de capacetes militares em campo de batalha. Assim, as famosas "panelas de aço" do Exército dos Estados Unidos, tão em voga durante a Segunda Guerra Mundial, desapareceram dos combates, substituídas por um superpano destinado de início a pneus de caminhões e ônibus.

Drucker também se surpreendeu ao descobrir que alguns profissionais de marketing não ficavam satisfeitos quando alguém usava o produto para finalidade diferente da que tinham previsto de início. Tamanha foi a angústia do inventor Alfred Einhorn ao saber que os dentistas estavam usando o anestésico Novocaíná para intervenções odontológicas, que percorreu a Alemanha de alto a baixo, na tentativa de dissuadi-los, insistindo com raiva que a sua invenção se destinava a médicos, não a dentistas. A R.H. Macy tentou limitar suas vendas de eletrodomésticos porque, pelos padrões da época, as lojas de departamentos deveriam vender muito mais roupas que esses aparelhos. Ao contrário de Cossman, esses inovadores tentavam promover seus produtos, resistindo ao que consideravam anomalia ou desvio de finalidade, mesmo que fosse do interesse dos clientes e deles próprios aumentar as vendas, explorando outros usos imprevistos e inesperados do produto, muitos dos quais criariam mercados muito maiores do que os planejados.

Drucker advertia que os profissionais de marketing, ao lançarem novos produtos ou serviços, deveriam partir da suposição de que estes poderiam encontrar aplicações e mercados nunca imaginados quando foram concebidos.

Marketing como tema difuso, que impregna toda a organização

Alguns anos atrás, minha esposa e eu visitamos a Turquia. Quando pedimos ajuda para a compra de um daqueles tapetes turcos, de fama mundial, o pessoal do hotel sugeriu vários fabricantes e recomendou que comprássemos de uma das empresas tradicionais, em vez de numa loja de rua ou no Grand Bazaar, onde centenas de vendedores exibiam seus produtos. A diferença era grande. O tapete de rua mais caro ficava por US$ 2.000. Segundo o pessoal do hotel, um tapete de alta qualidade, comprado numa empresa tradicional, custaria pelo menos o dobro. Eles provavelmente recebiam comissão das empresas, mas, ainda assim, a reputação do hotel estava em jogo e parecia uma referência muito melhor. Além disso, disseram que a empresa nos ofereceria uma visita à fábrica. O custo da gentileza decerto estava embutido no preço. Assim, chamaram uma limusine, que nos levou para um passeio na fábrica de tapetes. O marketing, na verdade, começou com o representante da empresa – neste caso, o hotel. Mas prosseguiu na limusine.

O motorista falava inglês com perfeição. Explicou que conheceríamos todo o processo de fabricação, e, no caso dos tapetes de seda, das lagartas em diante. Durante a viagem, também disse que a qualidade do tapete variava muito e que o propósito dessa empresa era preparar os compradores potenciais, para que reconhecessem a diferença entre tapetes de qualidade e tapetes ordinários, vendidos nas ruas. Levou-nos a uma instalação de entrada, onde tudo começava. Um gerente júnior parava o processo em todas as fases, para que compreendêssemos o que estava sendo feito, e por quê. Embora o inglês dele não fosse perfeito, entendíamos tudo o que ele dizia, inclusive as respostas às nossas perguntas, o que não podia ser ensaiado. Avançamos entre os sucessivos estágios, desde a matéria-prima até a tecelagem.

Mesmo quando passávamos para o estágio seguinte e encontrávamos alguém que não falava inglês, o supervisor explicava cada função e por que diferentes tarefas eram importantes e necessárias para a fabricação de um produto superior. O gerente, que foi o nosso guia, também atuou como intérprete, sempre que necessário. Disseram-nos que alguns fabricantes pulavam algumas etapas, o que reduzia os custos de produção, mas onerava, no longo prazo, o comprador. Um engenheiro de controle de qualidade, educado nos Estados Unidos, explicou como asseguravam a qualidade do produto, como se inspecionava cada item e por que alguns eram rejeitados. Todos pareciam felizes em explicar a sua contribuição para a fabricação do tapete.

Em seguida, o motorista da limusine nos levou para outra instalação, onde se armazenavam os tapetes. Mais uma vez, percorremos os sucessivos estágios e recebemos explicações pacientes sobre tipos de tapetes, tecidos, e coloração. No final do passeio, caminhamos para uma grande sala de exposição, onde fomos recebidos pelo vendedor. Ele nos apresentou diversas amostras e perguntou sobre tamanho, material, coloração e padrão de nossa preferência, anotando as respostas. Os mais caros eram de seda pura; os menos caros, de lã; e os intermediários, de ambos os materiais. Os tapetes eram um tanto caros. Pretendíamos adquirir apenas um tapete de tamanho médio e gastar no máximo US$ 4.000. Embora não levássemos conosco tanto dinheiro vivo, tínhamos verificado os preços antes de sairmos do hotel e trouxéramos o suficiente para a compra. Convidaram-nos para sentar num sofá confortável, onde funcionários simpáticos nos serviram chá, sucos e petiscos, enquanto conversávamos com o vendedor.

Minutos depois, dois trabalhadores começaram a trazer tapetes do tipo que tínhamos escolhido. Havia cerca de uma dúzia. Gostamos de dois tapetes de seda, mas estávamos em dúvida sobre o preferido. O preço girava em torno de US$ 6.500 cada. Minha esposa e eu, como turistas, tínhamos muita experiência na compra de produtos em todo o mundo, e eu sabia que deveríamos negociar. Supúnhamos que levaríamos o tapete por cerca de US$ 5.000, acima de nossas estimativas, mas talvez fosse o menor preço possível. Mostramos ao vendedor o tapete escolhido. Ele disse alguma coisa para os trabalhadores, que retiraram os outros tapetes.

Sorri e comecei com uma oferta de US$ 4.000 para um dos tapetes. Ele retribuiu o sorriso, acenou negativamente com a cabeça e reduziu o preço em apenas US$ 500, para US$ 6.000. Pechinchamos um pouco mais, e, depois de várias idas e vindas, ele acabou baixando o preço para cerca de US$ 5.500. Tive, então, uma ideia. Em hebraico expus a ideia à minha mulher (ela é israelense) e confirmei que estávamos com o dinheiro. Ela gostou da ideia e respondeu que sim.

Perguntei ao vendedor: "E se nós comprássemos ambos os tapetes? Qual seria o preço final?". Ele pensou um pouco e respondeu: "US$ 10.000".

Retruquei: "Olha, pagamos US$ 7.500, agora, pelos dois tapetes".

"Não posso aprovar essa proposta", respondeu. "Só o gerente geral tem essa autoridade, mas se você realmente estiver disposto a comprar os dois tapetes, vou ver se ele está disponível".

Minutos depois, um homem bem vestido, de meia-idade, entrou na sala.

"Como você pagará pelos tapetes, Sr. Cohen?", perguntou.

"US$ 4.000 em dinheiro, US$ 3.500 em cheque ou cartão de crédito", respondi. Fechamos o negócio, bebemos chá e conversamos. No caminho de volta para o hotel, o motorista perguntou se tínhamos comprado os tapetes e reiterou a reputação da empresa e a qualidade dos tapetes.

A lição aqui é que o marketing, de uma forma ou de outra, se estendeu do início ao fim do processo, começando no hotel. Será que fizemos um bom negócio? Provavelmente, mas outros fizeram melhores. Afinal, estávamos no Oriente Médio. Mas pense no seguinte: não pretendíamos gastar além de US$ 4.000. Pagamos mais que o dobro. O pessoal do hotel já nos prevenira que os preços seriam muito mais altos que os das lojas de rua ou no Grand Bazaar, então estávamos preparados. No entanto, não teríamos gasto nem US$ 4.000 se não estivéssemos absolutamente convencidos da reputação do fabricante e da qualidade do produto. Estávamos em férias, fazendo turismo em outro país, e propensos a gastar mais do que de costume. US$ 4.000, porém, era muito dinheiro, sobretudo em comparação com os preços das lojas de rua e no Grand Bazaar. O marketing era difuso, impregnava toda a organização, e resultou em grande venda para a empresa, que, em outras condições, não teria sido realizada.

Peter Drucker: melhores práticas

Drucker teria tomado seu próprio remédio?

Drucker, de início, trabalhou como escritor e jornalista. Aos poucos, aprimorou ainda mais suas habilidades literárias, primeiro em alemão e, depois, em inglês. Ao indagar se Drucker aplicava os métodos do Marketing de Drucker em sua prática de consultoria, é preciso primeiro lembrar que Drucker, de início, tornou-se consultor graças a seus artigos e livros, que lhe renderam importante contrato de consultoria com a GM, além de outros livros e artigos. Portanto, ele não precisou vender serviços para prestar consultoria. Os clientes o procuravam espontaneamente porque gostavam de suas ideias. E essa é a entrada perfeita. Ingressei em consultoria da mesma maneira. Essa forma de entrada segue o princípio do Marketing de Drucker, segundo o qual marketing é a principal função de negócios, acima das demais, inclusive vendas. Além disso, também confirma por si só que Drucker oferecia um produto que os clientes potenciais desejavam e valorizavam. Se assim não fosse, não teria sido tão divulgado em livros e revistas. Além disso, todas as áreas da "consultoria de Drucker" participavam desse esforço de marketing – desde seus livros e artigos na *Harvard Business Review* até os áudios, vídeos, seminários e workshops.

Não me entenda mal. Não estou dizendo que Drucker seguiu deliberadamente qualquer estratégia de marketing no desenvolvimento de sua prática de consultoria; mas funcionou como se tivesse sido assim. Além disso, de propósito ou por acaso, Drucker enquadrou o seu negócio na "Síndrome da Hershey". Chegou ao ponto de ser procurado espontaneamente pelos clientes, sem qualquer esforço de vendas. Tenho certeza de que ainda recebia pedidos de consultoria, aos 90 anos, embora já estivesse aposentado havia muito tempo. Exatamente como a Hershey: "A marca era parte da tradição americana, fora transmitida entre sucessivas gerações e se destacava como componente indispensável das lembranças da infância". Bem, talvez eu tenha exagerado um pouco, mas você sabe o que eu quero dizer.

Vejo a prática de consultoria de Drucker como confirmação dos princípios inerentes ao "Marketing de Drucker", expressão que ele nunca usou para descrever o que recomendava aos clientes.

OS FUNDAMENTOS DE ÉTICA E INTEGRIDADE EM DRUCKER

6

PARA DRUCKER, ÉTICA E INTEGRIDADE eram os fundamentos de todas as atividades pessoais e profissionais. Ele, porém, reconhecia as diferenças culturais e as dificuldades funcionais desses pilares em termos de interpretação e aplicação. Evocou, então, todo o seu talento e imergiu na investigação dos diferentes aspectos da ética e da integridade. Não lhe teria sido difícil escrever um livro sobre o tema. Drucker dizia aos clientes que eles poderiam cometer muitos erros e prosseguir incólumes, sem grandes danos, desde que observassem o mandamento de preservar a integridade. Também lhes asseverava inexistir qualquer disciplina que merecesse o nome de "ética de negócios", mas reiterava que sem integridade jamais se alcança o sucesso. Os clientes que cumpriam seu mandamento para resolver o aparente conflito entre ética e integridade na vida privada e na vida pública tendiam a ser mais bem-sucedidos em comparação com os que ficavam só no discurso. É atribuído a ele, com razão, o comentário que ele repetia em sala de aula e nos livros, segregando e distinguindo ética e integridade, de um lado, e lei e moralidade, de outro. A ética de contratar garotas de programa para entreter clientes não é a questão relevante. De acordo com Drucker, não se trata, aqui, de ética, mas sim de estética. A pergunta cabível é: "Quero deparar com um cafetão ao me olhar no espelho quando for fazer a barba?".[27]

As "mentiras" de Drucker e a licença para matizar as narrativas a bem da ênfase

Doris Drucker morreu com a idade de 103 anos, em 2014. Antes de morrer, eu a ouvi dizer muitas vezes: "Eu fui abençoada por ter

---

[27] DRUCKER, Peter F. *Management: Tasks, Responsibilities, Practices.* Nova York: Harper & Row Publishers, 1973. p. 367.

um marido que, além inteligente, era um homem de substância, com valores fortes e ética elevada".

Através de suas histórias e exemplos, Drucker ensinou aos alunos, aos leitores, ao público e aos clientes de consultoria o que havia aprendido, após muito estudo, análise e reflexão. No entanto, vez por outra, ele era criticado pelos exemplos que usava para ilustrar suas conclusões. As histórias que ele contava vez por outra deturpavam os fatos ao exemplificarem seus conceitos. Não havia dúvidas a respeito, e, se questionado, ele não contestava a acusação. Sua resposta sempre era "Não sou historiador; estou tentando salientar certo aspecto".

Já ouvi Drucker ser atacado por quem discordava das conclusões ou soluções que ele propunha. Por exemplo, criticavam a administração por objetivos, metodologia que Drucker promovia como o meio mais justo e mais exato de avaliar o desempenho dos gestores, bem como de assegurar que os executivos focavam os atuais objetivos e metas da organização. Além disso, seus detratores até questionavam se suas soluções, muito práticas, eram mesmo baseadas em pesquisa científica. No entanto, nunca soube que ele tivesse sido atacado por falta de ética ou integridade. Em algumas ocasiões, ele até pode ter sido complacente com a precisão de seus exemplos, mas nunca em relação à própria integridade. Não mentia, não enganava, não roubava, nem tolerava quem o fazia. Ele foi uma das pessoas mais éticas que já conheci – em consultoria, nos negócios e na vida privada. Acredito que sua ética exerceu papel importante em sua prática de consultoria, e deve servir como modelo a ser seguido, como o era para Drucker. Pouca gente recusaria um contrato de milhares de dólares para falar sobre liderança, alegando que nada havia de novo sobre o tema, que os sábios da Antiguidade Clássica já não soubessem, e que toda essa sabedoria estava disponível em livros escritos dois mil anos atrás.

A ética de Drucker *versus* escrúpulos convencionais

A ética de Drucker, porém, nem sempre era a "ética" geralmente rotulada nesses termos. Ele desprezava o termo "ética empresarial" e repetia que isso não existia. Só havia ética, ponto. Se o consultor quiser seguir as pegadas de Drucker em ética, o que eu decerto recomendo, é importante compreender as ideias dele sobre o tema, e seus fundamentos. Só assim é possível aplicar o pensamento de Drucker sobre ética, como guia na profissão e no relacionamento com os clientes.

As decisões éticas podem ser mais complexas do que se imagina

Os desafios éticos são universais e relevantes. Os clientes pagam pela consultoria. Eles terão o direito de pedir que o consultor omita, releve ou "enviese" suas conclusões e recomendações? Até que ponto o pensamento positivo sobre o futuro de um produto, serviço ou negócio se afasta tanto dos fatos que converte em mentiras as afirmações do consultor? A lei não permite que um anunciante alegue que faz "o melhor hambúrguer do mundo", embora a maioria das pessoas perceba que tais afirmações, impossíveis de comprovar, são, na melhor das hipóteses, mera pretensão, não um fato comprovável. Mas há limites, tanto éticos quanto legais. Em que momento uma "mentira trivial", dita para proteger os sentimentos de alguém, vira "mentira deslavada" inaceitável? Essas questões mal arranham a superfície dos dilemas com que frequentemente deparam os consultores.

Do que estamos falando?

Os conceitos de integridade, ética, moralidade, obediência à lei, e mesmo honra estão estreitamente relacionados, mas não são idênticos. Drucker salientava a relevância da integridade. Também levantava questões referentes à ética de negócios. É importante distinguir esses conceitos de outros correlatos. Sei que estou simplificando demais a questão, mas isso ajuda a compreender os pontos de vista de Drucker. Ética é um código de valores. Integridade é a adesão a esse código de valores. Moralidade é a qualidade dessa adesão ao código de valores. Drucker definiu honra como integridade e honestidade comprováveis, acrescentando que a pessoa honrada defende seus princípios.[28]

Os livros e artigos de Drucker demonstram grande preocupação com esses conceitos. O que os torna sobremodo difíceis de compreender é que a maneira de interpretá-los discerne o que é certo e bom do que é errado e mau. Drucker conhecia bem o aforismo de Blaise Pascal, matemático e filósofo do século XVII: "Verdade aquém dos

---

[28] COHEN, William A. *A Class with Drucker*. Nova York: AMACOM, 2008. p. 114.

Pirineus, erro além".[29] Para Drucker, o que uma cultura considerava aceitável e até essencial no comportamento ético talvez fosse encarado de outra maneira e até julgado antiético por outra cultura. Um exemplo que ele citava em sala de aula era o costume das empresas japonesas de recompensar, após a aposentadoria, funcionários públicos mal remunerados que, de alguma maneira, as tivesse favorecido enquanto estavam ativos. Nos Estados Unidos, a mesma prática era considerada antiética e corrupta, embora no Japão fosse ética, justa e necessária. Sempre repito essa história, já narrada no Capítulo 1, para ilustrar o problema do choque de culturas.

Drucker explicou por que as atitudes do CEO japonês, descritas no Capítulo 1, não seriam antiéticas nem ilegais no Japão, mas sim um dever ético. "No Japão," disse ele, "os funcionários públicos recebem salários muito baixos. Só com muita dificuldade conseguem sobreviver com suas aposentadorias. Por conseguinte, ao se aposentarem, espera-se que as empresas beneficiárias de suas ações, enquanto eles estavam na ativa, ajudem esses servidores com recursos financeiros e outros. Em face dessa precariedade, as contribuições das empresas são consideradas corretas". Drucker concluiu que o CEO japonês agira bem ao acenar com a ajuda no discurso; no entanto, como essas contribuições são consideradas "erradas" nos Estados Unidos, os padrões americanos seriam seguidos "além dos Pirineus".

Drucker, porém, não concordava com a chamada "ética situacional" e a condenava em suas preleções. Em outras palavras, não se deve agir de uma maneira em vida privada e de outra maneira nos negócios ou na vida profissional. Ele também acreditava que a responsabilidade social era parte do comportamento ético dos indivíduos e das organizações. Aqui, porém, mais uma vez, ele dava exemplos de empresas que, procurando fazer o bem, causavam prejuízo aos clientes, à organização e à sociedade. Ele advertia que, sob certas condições, o que normalmente seria considerado responsabilidade social das empresas *não* deveria ser realizado e provavelmente seria considerado comportamento antiético. As posições de Drucker sobre

---

[29] ADAMOPOULOS, John; LONNER, Walter J. Absolutism, Relativism, and Universalism in the Study of Human Behavior, citando uma tradução de Padcal por G. Hofstede em seu livro *Culture's Consequences: International Differences in Work Related Values*. Disponível em: <http://eyewitness.utep.edu/3331/Lonner&Malpass1994%20 Chap%2018.pdf>. Acesso em: 25 maio 2015.

ética e integridade podem ser questionadas, mas devem ser entendidas, pois formam a base de suas ideias sobre como lidar com os clientes e sobre como aplicar em consultoria todos os seus conceitos de gestão.

Distinção entre o que é legal e o que é ético

Drucker fez uma distinção importante: a lei tem muito pouco a ver com ética ou integridade. Ele deixou claro que lei e ética não são a mesma coisa, e deu dois exemplos. Até a década de 1860, a escravidão era legal nos Estados Unidos. Além disso, no Caso Dred Scott, no final da década de 1850, a Suprema Corte americana decidiu que os afro-americanos, nem mesmo livres, poderiam tornar-se cidadão dos Estados Unidos. De acordo com a lei, a Declaração de Independência não se aplicava a eles, nem a Constituição dos Estados Unidos lhes ofereceria qualquer proteção. Portanto, sustentar que lei e ética são a mesma coisa implica admitir que quem, naquela época, de alguma maneira, tentasse subverter a lei para conceder direitos constitucionais aos afro-americanos não só estaria transgredindo a lei, mas também teria sido antiético. Contudo, hoje se sabe que as leis da época é que eram antiéticas, não os transgressores.

Seu segundo exemplo referia-se à Alemanha de Hitler. Sob Hitler, a Alemanha promulgou as Leis de Nuremberg, que negaram aos judeus alemães o direito à cidadania alemã e lhes cominou outras restrições. Como cidadão alemão, quem tentasse contornar ou infringir essas leis, diretamente, ou não denunciasse às autoridades os judeus transgressores, seria condenado à prisão ou sofreria penalidades ainda mais graves, por estar violando a lei. Entre as transgressões incluíam-se casar com judeus, oficializar matrimônio com judeus, ajudar um judeu no exercício da profissão e não denunciar transgressões legais cometidas por judeus, como lecionar em escolas ou exercer profissões. Essas eram as leis da terra. Sem dúvida, seus transgressores não eram antiéticos. Mais uma vez, as leis é que eram antiéticas. Todavia, quem não cumpre a lei, boa ou má, é punido, mas isso não tem nada a ver com ética.

Extorsão e suborno, segundo Peter Drucker

Drucker observou que o suborno não era, de modo algum, desejável do ponto de vista da vítima, que sofria a extorsão. No entanto, o pagamento de suborno no exterior acabara de ser considerado ilegal nos

Estados Unidos, por força de lei aprovada havia pouco pelo Congresso americano, The Foreign Corrupt Practices Act, de 1977. Logo depois, uma empresa americana, a Lockheed Aircraft, foi acusada de suborno. Altos executivos da Lockheed tinham pagado propinas a membros do governo japonês, que lhes extorquiram dinheiro em troca de subsídios na compra do jato de passageiros L-1011 para a All Nippon Airways. Em consequência, o presidente e o vice-presidente do Conselho de Administração, Daniel Haughton e Carl Kotchian, este também CEO, foram obrigados a renunciar, humilhados, no início de 1976.[30] Esses executivos, porém, nada ganharam, pessoalmente, com a venda dos L-1011. Por que, então, cometeram ato tão insensato? Em 1972-1973, 25.000 funcionários da Lockheed tinham enfrentado grande ameaça de desemprego, depois de reduções nas encomendas de aviões militares e de mísseis balísticos pelo governo americano. Além disso, as empresas de aviação comercial também haviam cancelado pedidos de L-1011, em consequência de atrasos na entrega, por força de dificuldades com os fornecedores estrangeiros dos motores.

Caso a Lockheed não conseguisse um grande contrato de compra de L-1011, muitos empregados seriam demitidos. Os dois executivos não ganharam um centavo nem qualquer outra vantagem com o ato de suborno, cujo único objetivo foi evitar demissões e preservar empregos, o que estava em absoluta consonância com a tão em voga responsabilidade social das empresas. Além disso, segundo análises da época, se a Lockheed simplesmente tivesse abandonado o L-1011, em vez de pagar suborno, o lucro da empresa e o preço das ações e, portanto, o valor das opções sobre ações e da participação nos lucros dos executivos, teriam sido muito maiores. Todos sabiam que, por causa do atraso na fabricação do motor, o L-1011 era um fracasso financeiro e já não tinha como reverter a situação. Na verdade, o projeto nunca deu lucro, apesar dessas e de outras vendas. Drucker foi muito claro a esse respeito: pagar suborno era estupidez. Ele achava que a melhor decisão teria sido, simplesmente, abandonar o projeto L-1011. Mas, afinal, a transgressão, nesse caso, foi da lei ou da ética?[31] Drucker observou mais

---

[30] LOCKHEED BRIBERY SCANDALS. In: Wikipedia Free Encyclopedia. Disponível em: <http://en.wikipedia.org/wiki/Lockheed_bribery_scandals>. Acesso em: 25 maio 2015.

[31] DRUCKER, Peter F. *The Changing World of the Executive*. Nova York: Truman Talley Books, 1982. p. 242.

uma vez que os dois executivos da Lockheed não tinham nada a ganhar e tudo a perder, ao concordarem em pagar subornos. Eles foram vítimas. Não se punem as vítimas de um assalto ou de qualquer outro crime. Por que, na hipótese de suborno, seria diferente?

A maioria dos países tem leis contra suborno. No entanto, é fato que o suborno, como o definimos, faz parte da rotina de negócios em alguns países. Na percepção de muita gente, a promessa, ou pelo menos o entendimento do CEO japonês mencionado no exemplo anterior de Drucker, de que sua empresa recompensaria os funcionários do governo que a favoreceram, enquanto exerciam cargos públicos, foi uma forma de suborno. Todos no Japão, porém, compreendem a diferença. Outros países que admitem "propina" como forma tradicional de fazer negócios ignoram quaisquer leis que tenham sido promulgadas como mera "fachada" para iludir países em que essa forma de corrupção não é parte da própria cultura, como os Estados Unidos. Um executivo de marketing de uma grande empresa ocidental, exportadora de aviões, reconheceu que subornava para assegurar negócios e admitiu que, certa vez, pagou em duplicidade, quando a autoridade a quem subornaram de início caiu em desgraça.

Drucker também observou que o cidadão forçado a pagar suborno a um criminoso, digamos, para "proteção", deveria ser considerado vítima impotente de intimidação. Decerto a extorsão contra indivíduos ou organizações nunca é desejável. Porém, no caso do indivíduo, pessoa física, que sofre extorsão, o pagamento do suborno não envolve, sem dúvida, juízos éticos. Na opinião de Drucker, as empresas não deveriam ser vistas de maneira diferente, razão pela qual se opunha veementemente a essa "nova ética de negócios", segundo a qual os atos que não são imorais ou ilegais, quando praticados por pessoas físicas, tornam-se imorais ou ilegais quando praticados por empresas. Esses atos podem ser insensatos, podem ser ilegais, podem até ser errôneos; mas nem sempre se incluem no contexto da "ética de negócios", sob cujos critérios serão julgados.

A análise de Drucker das abordagens éticas

Eu disse que Drucker levava a sério a análise da ética, e é verdade. Ele considerava a definição de certo e errado em questões de conduta e consciência à luz de casos que ilustravam as regras gerais de ética. O método poderia ser denominado ética de custo-benefício ou ética para o bem maior. Em essência, os detentores de poder – reis, presidentes e CEOs – também são mais responsáveis ou têm mais deveres, caso se possa argumentar que seus comportamentos conferem benefícios aos outros. Nesse contexto, mesmo sendo errado mentir, às vezes é preciso mentir, no interesse do "país", da "empresa" ou da "organização". Essa abordagem é chamada "casuística". Drucker a denominou "ética da responsabilidade social", que tinha a ver com sua aversão ao termo "ética de negócios".

Recentemente, Hollywood lançou o filme *A ponte dos espiões* (*Bridge of Spies*), estrelado por Tom Hanks, que conta a história das negociações para a libertação do piloto americano de aviões de reconhecimento U2, Francis Gary Powers, capturado pelos russos quando sobrevoava o território da União Soviética, a ser trocado pelo espião soviético Rudolph Abel, preso nos Estados Unidos. Antes de saber que Powers sobrevivera ao abate de seu avião, o presidente Eisenhower mentira em público sobre o fato de que Powers estava em missão de espionagem. Acho que, nesse caso, jamais se questionou a ética do presidente Eisenhower. Ele havia mentido em defesa de bem maior, em favor de uma responsabilidade mais elevada.

Da mesma forma, do ponto de vista casuístico, o suborno pago às autoridades japonesas pelos executivos da Lockheed era um dever maior, uma responsabilidade mais elevada, pois os executivos da empresa estavam cuidando dos funcionários, não de seus interesses próprios. Embora a atitude pareça altruísta, Drucker sustentava que o conceito era muito perigoso para ser parte da ética de negócios, pois poderia converter-se facilmente em ferramenta a ser usada pelos líderes de negócios para justificar o que seria, sem dúvida, comportamento antiético para qualquer pessoa.[32] Drucker prosseguiu na pesquisa.

Ética da prudência

Ser prudente significa ter cuidado ou cautela. É uma filosofia um tanto incomum para uma abordagem ética, mas é preciso reconhecer que ela gera alguns benefícios. Ao me tornar general da Força Aérea americana, fomos inscritos em um curso especial para novos generais. Durante o curso, recebemos preleções e conselhos de militares de alta

---

[32] DRUCKER, Peter F. *The Changing World of the Executive*. Nova York: Truman Talley Books, 1982. p. 245.

patente e de reconhecidos líderes civis. Não me lembro se o que ouvi a esse respeito foi dito pelo secretário de Defesa ou por outro general mais graduado, mas me pareceu um conselho muito bom. "Nunca faça nada que você não gostaria que fosse visto na primeira página do *The Air Force Times*", disse o expositor. A observação foi decerto poderosa motivação para o comportamento ético dos ouvintes.

Drucker deu um exemplo um pouco semelhante. Disse ele que Harry Truman, quando era senador dos Estados Unidos, deu o seguinte conselho a um depoente do exército, perante a comissão do Senado que o ouvia, nos primeiros anos da Segunda Guerra Mundial: "Os generais nunca devem fazer qualquer coisa que precise ser explicada a uma comissão do Senado – não há nada que se possa explicar a uma comissão do Senado".[33]

Essa abordagem, porém, pode ser um conselho muito útil para evitar problemas, mas não serve como fundamento para tomar decisões éticas. De um lado, não diz nada sobre o tipo certo de comportamento. De outro, os líderes precisam tomar decisões que, às vezes, são arriscadas e difíceis de explicar, sobretudo caso se revelem erradas. Nenhum general da Força Aérea em serviço ativo gostaria de ver uma ação controversa associada a seu nome na primeira página do *The Air Force Times*, muito menos de submeter-se a interrogatório por uma comissão do Senado. No entanto, as decisões que levam a essas consequências indesejáveis talvez sejam as decisões corretas.

Ética do Lucro

Drucker também refletiu sobre o que chamou "Ética do Lucro". Não é o que se possa imaginar. Drucker não recomendou que se limitasse o lucro. Falaremos mais adiante sobre as opiniões de Drucker a respeito da maximização do lucro. Drucker, muito pelo contrário, escreveu que seria irresponsabilidade social e desempenho antiético a empresa não gerar lucro pelo menos igual ao custo do capital, pois, nesse caso, estaria desperdiçando recursos da sociedade.[34]

---

[33] DRUCKER, Peter F. *The Changing World of the Executive*. Nova York: Truman Talley Books, 1982. p. 245.

[34] DRUCKER, Peter F.; MACIARIELLO, Joseph A. *The Daily Drucker*. Nova York: Harper Business, 2004. p. 126.

Drucker acreditava que a única base lógica para justificar o "lucro" é o fato de envolver custos. Ele exortava os líderes de negócios nos seguintes termos: "Verifique se você está gerando lucro o suficiente para cobrir o custo do capital e para financiar a inovação. Se não, o que você fará a respeito?".[35]

Drucker afirmava que, do ponto de vista ético, o lucro, como incentivo, apoia-se em fundamentos éticos muito fracos e só se justifica se envolver custos reais e se for a única maneira de manter e preservar empregos.[36]

Achei interessante que o aumento nos preços da gasolina (antes da grande queda) em 2008 tenha suscitado a seguinte resposta do CEO de uma refinaria, quando questionado por uma Comissão de Inquérito do Congresso: "Não há 'lucro'. Todos os dólares vão para as atividades de exploração, pesquisa e desenvolvimento, além de serem indispensáveis para manter o negócio". Se a transcrição estiver certa, Drucker certamente teria concordado com a afirmação. No entanto, alguém fora do negócio de petróleo dificilmente a compreenderia ou a aceitaria (e, sem dúvida, a explicação não satisfez a comissão, validando o conselho de Truman aos generais).

Ética confuciana

Para Drucker, a ética confucionista foi "a mais bem-sucedida e a mais durável de todas". Na ética confuciana, as regras são as mesmas para todos, mas existem regras gerais diferentes, que variam conforme cinco tipos básicos de relacionamento humano, que pressupõem interdependência. Eles são superiores e subordinados, pais e filhos, marido e esposa, primogênito e irmãos, e amigos. O comportamento correto em cada caso é diferente, a fim de otimizar os benefícios para ambas as partes em cada relacionamento. A ética confuciana exige igualdade de obrigações, entre pais e filhos e entre chefes e subordinados. Todos têm obrigações mútuas. Drucker observou que esses conceitos não são compatíveis com a chamada ética de negócios, em muitos países, inclusive nos Estados Unidos, onde um lado tem

---

[35] DRUCKER, Peter F.; MACIARIELLO, Joseph A. *The Daily Drucker*. Nova York: Harper Business, 2004. p. 126.

[36] DRUCKER, Peter F.; MACIARIELLO, Joseph A. *The Daily Drucker*. Nova York: Harper Business, 2004. p. 86.

obrigações e o outro lado tem direitos e prerrogativas. Embora, sem dúvida, admirasse a ética confuciana, que ele chamava de "Ética da Interdependência", não é possível aplicá-la como ética de negócios, pois ela trata de questões entre os indivíduos, não entre grupos. De acordo com a ética confuciana, somente a lei pode regular os direitos e as divergências entre grupos.[37]

Conclusões de Drucker

Drucker concluiu que a ética de negócios, como a conhecemos hoje, não é, de modo algum, o que em geral se supõe. Caso algum dia se venha a codificar a ética de negócios, Drucker sugeriu que os fundamentos sejam os da ética confuciana, com foco no comportamento certo, em vez de em transgressões e em malfeitos. A conclusão é que, para Drucker, os consultores deveriam adotar os seguintes princípios, como base da ética pessoal:

1. A ética da responsabilidade pessoal, inspirada em Hipócrates: "Primum non Nocere", que significa, "primeiro, não fazer mal".[38, 39]
2. O teste do espelho: que tipo de pessoa eu quero ver, quando me olho no espelho todas as manhãs?[40]

---

[37] DRUCKER, Peter F.; MACIARIELLO, Joseph A. *The Daily Drucker*. Nova York: Harper Business, 2004. p. 248-254.

[38] DRUCKER, Peter F.; MACIARIELLO, Joseph A. *The Daily Drucker*. Nova Yor: Harper Business, 2004. p. 366-375.

[39] Apesar de Drucker, e outros, declararem que a *Primum Non Nocere* é parte do Juramento de Hipócrates, isso não é verdade. Veja Wikipedia (http://en.wikipedia.org/wiki/Primum_non_nocere).

[40] DRUCKER, Peter F. *Management Challenges for the 21st Century*. Nova York: Harper Business, 1999. p. 175-176.

O MODELO DE CONSULTORIA DE DRUCKER CONSISTIA EM FAZER PERGUNTAS

7

COMO O MODELO DE CONSULTORIA de Drucker consistia em fazer perguntas, muitas eram as diferenças de seu método em relação aos de outros consultores. Drucker, sem dúvida, era gênio notório. Os consultores, em geral, são tidos como "muito inteligentes", "bons comunicadores", "carismáticos", "inovadores", e, talvez, até "vendedores natos", e, não raro, assim são chamados, mas Drucker era gênio. Ponto final. É provável que essa notoriedade, em si, até certo ponto, tenha contribuído para a formação do diferencial de Drucker como consultor, mas essa não é a única explicação. A maioria dos consultores autônomos de grande sucesso acabam formando sociedades, admitindo associados e contratando empregados. Em suma, eles se expandem. No entanto, quem observasse a prática de consultoria de Drucker perceberia que ela não crescia. O exame das maiores empresas de auditoria ajuda a compreender o que estou dizendo e o que isso significa em relação à consultoria de Drucker e, sobretudo, ao *modus operandi* de Drucker.

As três grandes empresas de consultoria e como chegaram a esse ponto

Muitas empresas de consultoria de grande porte começam com um consultor autônomo. McKinsey & Company, a maior e a mais prestigiosa, com receita anual de US$ 7,8 bilhões, tem 17.000 empregados em todo o mundo. No entanto, tudo começou com um homem, James O. McKinsey, professor de Contabilidade da Universidade de Chicago, que fundou a empresa, em 1926, com a ideia de aplicar os princípios de contabilidade como guia para a administração geral.[41] A história se repete em outras grandes empresas. A Boston

---

[41] MCKINSEY & Company. In: Wikipedia. Disponível em: <https://en.wikipedia.org/wiki / McKinsey_% 26_Company>. Acesso em: 13 jun. 2015.

Consulting Group, ou BCG, foi fundada por Bruce Henderson, ex-vendedor de Bíblias, em 1963. O primeiro faturamento mensal foi de apenas US$ 500.[42] Em 2014, a empresa faturava US$ 455 bilhões e tinha 6.200 consultores, do total de 9.700 empregados.[43] Bill Bain reuniu seis outros parceiros para formar a Bain & Company em 1973. Ele era um pouco diferente dos outros dois fundadores, pois renunciara ao cargo de vice-presidente da Boston Consulting Group para constituir a Bain & Company. Antes, fora diretor de Desenvolvimento na Vanderbilt University. Hoje, a empresa tem 51 escritórios em 33 países.[44] Junto com as outras duas empresas de consultoria aqui mencionadas, ostenta o status de uma das "Três grandes" empresas de consultoria.

Há quem diga que Drucker, facilmente, poderia ter constituído a Drucker and Associates ou a Drucker Consulting Group, alavancando suas habilidades e sua notoriedade, para multiplicar por mil seus rendimentos. Drucker morreu rico, mas muito longe da fortuna dos três consultores já mencionados neste capítulo. Sua prática nunca teve mais que um funcionário, que era ele próprio. Além disso, enquanto McKinsey deixou de lecionar contabilidade, em Chicago, para dedicar-se em tempo integral à sua empresa de consultoria, Bruce Henderson tinha parado há muito tempo de empurrar Bíblias, e Bill Bain tinha deixado o emprego na BCG para fundar sua gigante de consultoria, Drucker continuou atuando como professor de Administração quase até o fim da vida. Sim, Drucker era consultor de gestão, muito bem pago e muito procurado. No entanto, definia-se como cientista, especificamente como ecologista social. Essa persistência no exercício da profissão como consultor autônomo talvez seja a principal causa do diferencial de Drucker, que até os profissionais das "Três Grandes" podem aplicar em proveito próprio. Um único consultor independente dificilmente será capaz de produzir o mesmo que as equipes de consultores alocadas para os projetos de um cliente em uma grande empresa de consultoria. Portanto, Drucker talvez tenha

---

[42] BCG HISTORY. In: Official BCG Website. Disponível em: <http://www.bcg.com/about_bcg/visão/our_heritage/história/default.aspx>. Acesso em: 13 jun. 2015.

[43] BOSTON Consulting Group. In: Wikipedia. Disponível em: <https://en.wikipedia.org/wiki/Boston_Consulting_Group>. Acesso em: 13 jun. 2015.

[44] WORLDWIDE Offices. In: Bain & Company Website. Disponível em: <http://Bain.com/about/>. Acesso em: 13 jun. 2015.

sido induzido a adotar abordagem totalmente diferente por força desse fato isolado.

Tenho notado que, por vezes, um modelo mais otimizado, seja físico ou mental, é o resultado acidental de alguma restrição. Como cadete em West Point, eu estava na plateia quando Walter Dornberger – ex-major-general da Luftwaffe alemã, durante a Segunda Guerra Mundial, e depois funcionário da Bell Labs, nos Estados Unidos, mas que já fora chefe de Werner von Braun, em Peenemünde, as instalações secretas do Centro de Pesquisas do Exército nazista, onde se produzia o foguete V-2 – foi questionado por um colega cadete sobre as dimensões do míssil. "Não tivemos escolha", Dornberger respondeu. "Esforçamo-nos ao máximo para reduzir o tamanho, porque o itinerário dos comboios que os levariam até os locais de lançamento, passando por várias cidades medievais alemãs, para evitar ataques aéreos aliados, com estradas estreitas e sinuosas, limitavam as dimensões dos mísseis. No final, esse fator limitativo acabou gerando importante vantagem, não só no transporte, mas também na armazenagem, na propulsão e em outros fatores. Valeu a pena o esforço para o que a princípio parecia somente um detalhe secundário."[45]

O diferencial básico do modelo de consultoria de Drucker

Os consultores, em geral, procuram resolver sozinhos os problemas do cliente, ou no máximo com o cliente atuando como catalisador.

---

[45] Não me lembro a data desta palestra, exceto que foi realizada em West Point no outono de 1958 ou na primavera 1959. Foi particularmente memorável pela explicação do general Dornberger das dimensões do V-2, mas também por uma pergunta que ele respondeu sobre qual serviço deveria ter a responsabilidade pelos novos Intermediate Range Ballistic Missiles (IRBMs). O Exército, Marinha e Força Aérea estavam todos competindo para essa missão. Dornberger tinha sido um oficial do exército, de fato, na artilharia de campo antes de ter atribuições no desenvolvimento de foguetes militares. West Point era uma academia do Exército, embora também tenha fornecido certo número de oficiais da Força Aérea, como o fez a Academia Naval, porque a Força Aérea ainda não tinha formado sua primeira turma de sua própria academia. Portanto, não foi surpresa quando questionado sobre sua opinião que Dornberger respondeu: "Bem, não deve ser a Marinha, porque não existem oceanos no espaço". Isso provocou aplausos ruidosos de seu público. Em seguida, continuou: "Mas tampouco deve ser o Exército, porque não há qualquer massa terrestre também – isso deve ser claramente uma missão da Força Aérea". Aqueles de nós que queriam ser promovidos na Força Aérea foram os únicos a aplaudir.

Drucker, porém, foi bem além da comunicação frugal e da interação básica com o cliente à medida que avançavam os trabalhos. A maioria talvez concorde que é para isso que se contratam consultores. Conheço duas velhas anedotas a esse respeito. Se você já conviveu com consultores, como profissional ou como cliente, certamente já ouviu uma delas ou talvez ambas. Mas se, por acaso, você não é dado a essas trivialidades, aqui estão elas. A primeira é sobre a definição de consultor. Duas são as versões. Numa, consultor é o cara que pede emprestado o seu relógio para lhe dizer as horas, e depois cobra pela informação.

Na segunda, o consultor contra-ataca e é o protagonista. Um cliente tem um problema na organização, mas não sabe o que e onde está. Contrata um consultor e o deixa numa mesa vazia, junto com os organogramas da empresa. Poucos minutos depois, o consultor se levanta, procura o cliente, mostra-lhe um dos organogramas, com um marcador preto traça um grande "X" em cima de um dos postos de trabalho e diz ao cliente para eliminar essa função. Ao mesmo tempo, apresenta-lhe uma fatura de US$ 1.000.

O cliente fica chocado. "Você gastou menos de cinco minutos examinando nossos organogramas, traz um deles para mim, desenha um único 'X' em cima de um posto de trabalho e nos cobra US$ 1.000. Quero que você discrimine o preço", exige.

O consultor rabisca algumas linhas em um pedaço de papel e o entrega ao cliente. Nele se lê:

Traçar um "X" sobre um posto de trabalho no organograma	US$ 1
Saber onde traçar o "X"	US$ 999
	Total US$ 1.000

A mensagem dessas duas pequenas homilias é que ambas adotam o modelo de consultoria em que o consultor e suas competências resolvem o problema e o cliente é mero espectador. Nenhuma das duas situações descreve o modelo de consultoria de Drucker. Em ambos os casos, o cliente relata o problema ao consultor, em exposição verbal ou, mais provavelmente, por escrito, e, em seguida, entrega ao consultor uma descrição do trabalho a ser executado e dos resultados almejados. O consultor, então, por conta própria, analisa o problema e propõe soluções, seja por simples observação e recomendação, seja mediante processos mais complexos.

O cliente é o verdadeiro especialista

Certa vez fui convidado a participar de uma equipe de quatro consultores, que faria uma apresentação sobre a estratégia para uma grande universidade que os havia contratado. Eles tinham usado uma variação da matriz de nove células da GE/McKinsey para distribuir recursos entre vários departamentos e programas. Percebia-se com clareza que eram muito experientes. Depois de coletar e analisar os dados, eles os enquadraram em várias células da matriz e tiraram conclusões baseadas na interpretação dos dados, inclusive quanto à necessidade e distribuição dos recursos.

Certamente um trabalho confiável, e eu não tinha objeções quanto ao processo básico adotado, embora, de fato, tivesse encontrado falhas na interpretação dos dados em que se baseavam as análises, as conclusões e as recomendações. Assim se comprova uma das vantagens do modelo de consultoria de Drucker: não era o consultor quem fornecia ou interpretava os dados, mas sim o cliente, por ser quem melhor conhecia e compreendia a situação. E, depois de Drucker orientar o processo através de perguntas, também era o cliente quem fornecia os dados corretos. O cliente fazia tudo isso porque Drucker formulava perguntas que estimulavam o seu cérebro e atuavam como catalisadores, resultando em análises e soluções muito melhores, justamente por ser o cliente a pessoa que melhor compreendia os fatos e nuances da situação, mais do que os consultores, como observadores externos, por mais brilhantes e trabalhadores que fossem. Era simplesmente uma questão de fazer as perguntas certas. Havia, porém, algo mais que tornava as perguntas de Drucker ainda mais poderosas. Antes, porém, é preciso ver como o cérebro trabalha para conseguir respostas.

Fazendo as perguntas ao seu próprio cérebro

Anos atrás, li um artigo no qual o autor sugeria que, ao falar consigo mesmo e ao fazer perguntas ao próprio cérebro, como entidade à parte, não raro se é recompensado com respostas eficazes. Na verdade, seu cérebro responderia, ou pelo menos tentaria responder, a qualquer indagação.

Experimentei a técnica e me surpreendi com a facilidade do processo e com a frequência das respostas às vezes imediatas e altamente eficazes para numerosas perguntas que nos assediam todos os dias.

Talvez você esteja pensando que já age assim, espontaneamente, quando está preocupado ou fica obcecado com algum assunto. Não é isso, porém, o que estou recomendando. O que estou sugerindo é que você de fato converse com o próprio cérebro para chegar a uma resposta. Por exemplo, em vez de remoer-se durante longas horas sobre dois diferentes cursos de ação, basta dizer de si para consigo: "Oi, cérebro – o que devo fazer? Isso ou aquilo?". Por incrível que pareça, você ficará admirado com a assiduidade e a qualidade das respostas de seu cérebro, que, muitas vezes, lhe sugerirá a melhor alternativa.

Por que essa técnica estranha funciona

Dizem os psicólogos que uma das explicações para esse fenômeno é o fato de o cérebro já ter armazenado em algum lugar da memória todos os elementos necessários para a solução do problema. Alguns desses fatos, entretanto, não estão prontamente disponíveis, a qualquer momento, para acesso automático e imediato. Ao questionar o cérebro como entidade distinta em situações de grande dúvida, você descarta grande parte do lixo que inibe o funcionamento da mente e elimina os vários bloqueios psíquicos que dificultam o processamento da resposta.

No entanto, por vezes, as pressões e tensões a que estamos suscetíveis são muito intensas. O problema é demasiado grande ou a situação é sobremodo estressante. Nessas circunstâncias, o cérebro, de forma consciente, tem dificuldade em funcionar e não chegará com facilidade a soluções eficazes, mesmo que o questionemos expressamente, como entidade à parte. O cérebro, contudo, pode atuar em modo inconsciente, mesmo quando, em modo consciente, tenda a apagar as informações úteis que emanam do subconsciente. A solução, então, é bipartir a atuação dos dois cérebros. Felizmente, dispomos de numerosas técnicas não invasivas, sem recorrer a cirurgias, para separar a mente consciente da mente inconsciente, o que fisicamente seria impossível.

A resposta é a distração propositada, estado que pode ser alcançado de diversas maneiras. Diz-se que o inventor Thomas Edison recorria à técnica simples de sentar-se em uma sala escura. Outros tiram uma soneca ou simplesmente se rendem a uma noite de sono, para despertarem com o vislumbre da solução. Assim foi comigo, sem qualquer esforço, e pode repetir-se com você.

O poder da distração na solução de problemas

Cientistas da Carnegie Mellon, liderados pelo Dr. John David Creswell, descobriram que todas essas técnicas, com muita frequência, de fato distraem o cérebro consciente, mesmo que por pouco tempo, permitindo que a mente subconsciente faça a sua parte e continue a trabalhar.[46] Para tanto, pesquisaram o cérebro de indivíduos que, em vão, tentavam resolver problemas de difícil solução para a mente consciente. Adotando como caso, na experiência, a decisão sobre a compra de um carro imaginário, envolvendo vários desejos e necessidades conflitantes, os indivíduos foram divididos em três grupos. O primeiro grupo tinha de decidir imediatamente e, portanto, não poderia estender-se na comparação dos prós e contras. O segundo grupo dispunha de mais tempo para resolver o problema de forma consciente e escolher o carro ideal. O terceiro grupo precisava resolver o mesmo problema, mas também foi incumbido de executar uma tarefa dispersiva, como fator de distração. Enquanto essa tarefa distraia a atenção e dispersava o esforço consciente, a mente subconsciente continuava a trabalhar no problema do carro. Esse terceiro grupo que dispersou a atenção saiu-se muito melhor que os outros dois no cotejo dos prós e contras e na decisão de compra do carro ideal. Esse grupo distraiu-se por apenas alguns minutos, mas, sem dúvida, o método revelou-se mais eficaz do que até longas horas de sono.

Encontrei resultados similares em jogos on-line. Por exemplo, Mahjong é um jogo em que se exibem várias peças empilhadas; o jogador deve eliminar, entre elas, as peças iguais no menor tempo possível. Antes, não raro eu empacava na tentativa de identificar as cópias exatas. Mudando de tática, bastava olhar para longe e pensar em outra coisa, por alguns segundos, para, em seguida, voltar ao jogo

---

[46] CRESWELL, John David; BURSLEY, James K.; SATPUTE, Ajay B. Neural Reactivation Links Unconscious Thought To Decision-Making Performance. In: _____. *Social Cognitive and Affective Neuroscience Advance*. 29 maio 2013. Disponível em: <http://www.psy.cmu.edu/people/Creswell,%20Bursley,%20&%20 Satpute%20(2013),%20unconscious%20neural%20reactivation%20in%20decision%20making,%20SCAN.pdf>. Acesso em: 16 jun. 2015.

e localizar de pronto as repetições. David Rock, analisando a pesquisa de Creswell, em *Psychology*, obteve resultados semelhantes em sua própria pesquisa sobre jogos.[47]

O que extrair daí em relação ao método de consultoria de Drucker? Sabemos que fazer perguntas, mesmo a nós mesmos, serve como fator de dispersão ou distração, que propicia respostas melhores e mais rápidas para os problemas que enfrentamos, de consultoria ou outros. Agora estamos em condições de constatar a importância das perguntas de Drucker como método de consultoria e que simplesmente fazendo perguntas Drucker frequentemente era mais eficaz que as maiores empresas de consultoria do mundo, que trabalhavam na solução de problemas semelhantes.

As cinco perguntas básicas de Drucker

Já conversamos sobre o poder das perguntas de Drucker e sobre sua maiêutica ou dialética, já a partir do Capítulo 1. Que melhor recomendação poderiam ter o método de Drucker e sua sucessão de perguntas que a de Jack Welch? Lembre-se, estamos falando do mais aclamado executivo de nossa época, alguém que, durante o período em que exerceu o cargo, aumentou em 4.000% o valor de mercado da empresa sob sua liderança, a GE, que, ao aposentar-se, recebeu nada menos que US$ 417 milhões como indenização, a maior da história, e que, com toda a sua competência e credibilidade, atribui a Drucker e à consultoria dele contribuição significativa para as suas realizações.[48] É, sem dúvida, um elogio e tanto!

As perguntas básicas de Drucker foram até compiladas em um único livro,[49] editado por Frances Hesselbein, ganhadora da Medalha Presidencial da Liberdade, que lhe foi conferida pelo presidente George H. W. Bush; primeira titular da Cátedra de Liderança de West Point; e CEO da Girls Scouts (Bandeirantes) dos Estados Unidos. Hoje, ela é uma de minhas conselheiras no California Institute of Advanced

---

[47] ROCK, David. Your Brain at Work. *Psychology*, 18 set. 2012. Disponível em: <https://www.psychologytoday.com/blog/your-brain-work/201209/stop-trying-solve-problems>. Acesso em: 16 jun. 2015.

[48] JACK WELCH. In: Wikipedia. Disponível em: <https://en.wikipedia.org/wiki/Jack_Welch>. Acesso em: 16 jun. 2015.

[49] DRUCKER, Peter F. *The Five Most Important Questions You Will Ever Ask About Your Organization*. Editado por Frances Hesselbein. San Francisco: Jossey-Bass, 2008.

Management. Drucker disse sobre Frances que ela seria bem-sucedida como CEO de qualquer grande empresa dos Estados Unidos.

Essas são as cinco preguntas cruciais de Drucker, que Frances chamou de "As cinco perguntas mais importantes a serem feitas sobre sua organização":

1. Qual é a nossa missão?
2. Quem é o nosso cliente?
3. O que o cliente valoriza?
4. Quais são os nossos resultados?
5. Qual é o nosso plano?

Para Drucker, cada uma dessas perguntas é uma das cinco mais importantes a ser feita sobre qualquer organização, e todas elas em conjunto são as mais esclarecedoras que você dirigirá a seus clientes como consultor. Portanto, é melhor compreender exatamente a respeito do que Drucker estava falando.

Qual é a missão do cliente?

Drucker aconselhava os clientes a definir qual era o negócio deles, o que decerto envolvia conhecer a missão da organização. A definição de missão favorita de Drucker era a de uma empresa muito antiga. Mas essa definição de missão, embora clássica e muito sucinta, com não mais que uma linha, era a sua preferida por uma razão muito importante: ela transformou a Sears Roebuck, de negócio de reembolso postal em dificuldade, sempre à beira da falência, na principal varejista do mundo, tudo em apenas dez anos. Em poucas palavras, a missão da Sears era atuar como compradora esclarecida e responsável, primeiro para o agricultor americano e depois para a família americana.[50] Como todas as missões, a de uma organização pode mudar. Será, então, que eu faço o que digo? Que ponho a teoria em prática? Teria a minha própria organização, o California Institute of Advanced Management (CIAM), uma missão clara? Pode apostar que sim!

"A missão do CIAM é oferecer educação flexível, acessível, e de alta qualidade, com base nos princípios e valores de

---

[50] DRUCKER, Peter F. *Managing the Non-profit Organization*. Nova York: Harper-Collins, 1990. p. 4.

Peter F. Drucker, o 'Pai da Gestão Moderna', e capacitar os alunos a aplicar imediatamente os seus conhecimentos e habilidades com integridade e sucesso."

Quem são os clientes de seu cliente?

Como observei no capítulo anterior, meu amigo, o empresário Joe Cossman, começou a vender mangueiras flexíveis para rega de jardim, perfuradas ao longo de sua extensão, como alternativa para os *sprinklers*. Ele vendeu principalmente através de supermercados e de varejistas semelhantes. Um dia, leu que sua mangueira de jardim com furos estava sendo usada nas granjas como excelente condicionador de ar, menos dispendioso que os convencionais, para refrescar os galinheiros durante os meses quentes de verão. Isso o levou a redefinir o seu negócio e a abrir um mercado inteiramente novo para o seu produto. Os clientes precisam acompanhar continuamente as vendas para redefinir os próprios clientes.

Marlboro é a maior marca de venda de cigarros no mundo. Ganhou milhões com sua imagem de cigarro do homem másculo, promovido por "O Homem de Marlboro", sempre recorrendo a personagens viris, como lenhadores, lobos do mar e caubóis. Você dificilmente adivinharia, mas o Marlboro foi lançado como cigarro de mulher, com o slogan "Mild as May" [suave como maio], em 1924. Tinha até filtro com ponta vermelha, para esconder as manchas de batom. Mais tarde, porém, a ideia do filtro em si sugeriu a possibilidade de mudança para um mercado mais amplo de homens – um mercado cada vez mais preocupado com o risco de câncer de pulmão, ameaça que poderia ser atenuada com um filtro adequado, não necessariamente vermelho. Depois da identificação desse mercado potencial, os resultados foram imediatos. A participação da marca no mercado disparou de 1% para o quarto lugar na classificação das mais vendidas.[51] Drucker sem dúvida sabia das coisas. Conhecer os clientes é mais que meio caminho andado.

O que os clientes do cliente valorizam?

Em geral, o que os clientes valorizam não é o que supomos. Anos atrás, a Falstaff, então a principal fabricante de cerveja de St. Louis

---

[51] MARLBORO (cigarette). In: Wikipedia. Disponível em: <https://en.wikipedia.org/wiki/Marlboro_ (cigarro)>. Acesso em: 17 jun. 2015.

e uma das marcas mais populares na Costa Leste dos Estados Unidos, tentou expandir-se para o mercado lucrativo da Califórnia. As primeiras tentativas fracassaram, embora testes cegos de sabor confirmassem que a marca era exatamente o que os californianos queriam. Não faltava quem quisesse mudar o produto, por achar que suas características eram inadequadas para o mercado da Califórnia. Os profissionais de marketing mais argutos, contudo, entendiam que o problema não estava no produto, mas sim na percepção do produto e na propaganda da Falstaff, que não conseguia promover de maneira convincente as qualidades da cerveja desejadas pelos clientes da Califórnia.

Claro que, em meados dos anos 1980, a Coca-Cola cometera erro semelhante, talvez até maior, em nível nacional, quando tentou lançar a "New Coke" (Nova Coca), em resposta ao "Desafio Pepsi", que desgastava lentamente o mercado da Coca-Cola. Esta, por fim, lançou a "New Coke", como refrigerante revolucionário, com muita fanfarra. Quase se ouvia o marketing da Coca-Cola gritando: "Então, vocês da Pepsi querem um desafio, não querem? Pois aí está!". A Coca-Cola conduzira com cuidado testes cegos de sabor e formulara um produto que sempre fora o preferido em comparação com o produto original e em relação ao da rival, a Pepsi Cola.

O sabor, porém, nem sempre era a razão pela qual os clientes compravam Coca-Cola, nem o atributo que os clientes mais valorizavam na Coca-Cola. Acima de tudo, eles prezavam a imagem da Coca-Cola. Ela representava a América, era um ícone americano tanto quanto mãe, torta de maçã e John Wayne. Nesse mercado, a campanha anterior da Coca-Cola, "The Real Thing" (Essa é a real), ressoou com sucesso. No entanto, a América se rebelou em massa contra a "New Coke", que parecia *não* ser "The Real Thing". Depois de gastar milhões de dólares em desenvolvimento, testes, publicidade e promoção, e de enfrentar detratores cara a cara nos meios de comunicação, a Coca-Cola por fim se rendeu. De início, a velha Coca foi relançada como "Classic Coke" (Coca clássica). Depois de algum tempo a "New Coke" foi discretamente retirada do mercado.

O estranho é que até os testes de sabor cegos demonstravam que os americanos de fato apreciavam o sabor da "New Coke", embora a maioria dos degustadores não fosse capaz de diferenciar entre marcas específicas. Em um famoso teste cego de sabor, realizado diante de vários milhões de telespectadores, um dos líderes da rebelião e da campanha contra a "New Coke" identificou a Pepsi Cola como a sua primeira e única "Old Coke" (Velha Coca).

Que resultados o cliente está alcançando?

Drucker sabia que, sem medir os resultados, não se fazia qualquer progresso. Na verdade, não se podia dizer nem se o cliente estava ou não vencendo, se estava ou não progredindo. Para avaliar os resultados, Drucker queria os números: "Mostre-me o dinheiro!" não significa apenas grana. Significa resultados. Essa foi uma exceção importante à recomendação de pôr as decisões instintivas à frente das decisões quantitativas.

Qual é o plano de ação do cliente?

É surpreendente a frequência com que os clientes não têm planos de espécie alguma ou têm planos inadequados. Drucker também se surpreendia. No entanto, como em tudo, Drucker fazia perguntas antes de o cliente se sentar para elaborar o plano. Para Drucker, o líder deve começar com três perguntas antes de planejar o futuro da organização. A primeira era a já conhecida: "Em que negócio você atua?". Essa pergunta já estará em grande parte respondida, caso você tenha feito a pergunta referente à missão. Drucker, porém, tinha duas outras perguntas a serem consideradas, sobretudo se o plano fosse mais estratégico do que tático: "Como será o negócio no futuro?". Ou seja, será que o negócio e a missão mudarão? Drucker, porém, ia ainda mais longe. Ele queria saber, naquele momento, se o cliente achava que o negócio ou a missão deveria mudar. Drucker indagava: "Como deveria ser o negócio no futuro?".[52]

Embora se devam formular essas perguntas uma por vez, também é preciso integrá-las, pois o presente está ligado ao futuro. Temos planos de curto prazo para projetos, produtos e iniciativas, que influenciam, queiramos ou não, o futuro imediato do negócio. "O que *deveria ser*" refere-se ao futuro mais distante. Quão distante? Isso é com você e com o cliente. Dez anos não é muito tempo. Já vi organizações planejarem a criação de um futuro de 25 ou mesmo

---

[52] DRUCKER, Peter F. *Management: Tasks, Responsibilities, Practices.* Nova York: Harper & Row Publishers, 1973, 1974. p. 122.

de 50 anos. Qualquer que seja o alcance temporal, as respostas para essas três perguntas devem encaixar-se. Não se salta de repente do negócio do presente sem algumas investidas experimentais no que *deveria* ser o negócio do futuro.

Como desenvolver boas perguntas

Embora "As cinco perguntas mais importantes a serem feitas sobre sua organização" formuladas por Drucker sejam as que receberam mais publicidade, Drucker fazia muitas outras perguntas a seus clientes, que estão espalhadas por todos os seus escritos. Evidentemente, esse método foi componente importante da consultoria de Drucker, e pode beneficiar o trabalho de qualquer consultor e a atuação de qualquer líder, no intuito de melhorar o desempenho do próprio negócio, mesmo se combinado com outros métodos mais tradicionais. No entanto, embora as perguntas de Drucker fossem sempre eficazes, elas não cobriam todo o escopo de qualquer consultoria. O próprio Drucker disse: "Não sou um guru, capaz de imaginar todas as perguntas possíveis, que possam ser úteis ou necessárias". Como consultor, que perguntas você faria? Eis algumas diretrizes para a formulação de perguntas, que, suponho, Drucker teria aprovado:

A pergunta atuará como catalisador de novas discussões com o seu cliente?
A pergunta despertará curiosidade?
A pergunta incentivará a exploração de novas ideias?
A pergunta induzirá os clientes a apresentar sugestões?
A pergunta é aberta a diferentes opiniões e respostas?
A pergunta exigirá que os clientes respondam como e por quê?
A pergunta ajudará a revelar controvérsias sobre o assunto?
A pergunta está diretamente relacionada com as operações do cliente?
A pergunta encorajará os clientes a reverem as próprias ideias?

Quando a sua lista de perguntas estiver completa, reexamine--as e assegure-se de que estejam formuladas no dialeto do cliente. Talvez seja conveniente consultar alguém da organização ou do setor para analisar e recomendar mudanças na redação e a inclusão ou exclusão de perguntas. Às vezes, suas palavras podem ser ofensivas em determinados contextos, daí a importância da revisão e das sugestões de alguém muito familiarizado com a organização. Certa vez esse cuidado me salvou de um grave erro político, em consequência das circunstâncias especiais de um CEO, que eu desconhecia totalmente.

O modelo de consultoria de Drucker, inspirado no método socrático (maiêutica), que consiste numa sucessão de perguntas indutoras do raciocínio do interlocutor, talvez seja muito diferente do tipo de consultoria de sua preferência. Seus fundamentos, porém, são acima de tudo sensatos, e, em geral, produziam resultados surpreendentes. E o melhor é que são adaptáveis com facilidade a diferentes situações e podem ser integrados em muitos outros modelos de consultoria.

DESCONSIDERANDO O QUE TODOS "SABEM" PARA CHEGAR À VERDADE

8

Tantos são os escritos sábios, profundos, valiosos e espirituosos de Drucker que, talvez, haja mais citações atribuídas a ele que a qualquer outro intelectual da administração dos tempos modernos. Sempre me perguntam se Drucker disse isso ou aquilo, afirmações que não consigo localizar em fontes originais, mesmo depois de pesquisas exaustivas na internet. Às vezes, soa como algo típico de Drucker, mas não há como confirmar que as palavras são realmente dele, em viva voz ou por escrito. Lembro-me, porém, com nitidez, de ter ouvido dele, várias vezes, certo comentário, em sala de aula e em conversas privadas. No entanto, só depois que o transcrevi e o expliquei em vários dos meus livros sobre Drucker é que o li em forma impressa. Eu nunca tinha lido esse comentário em trabalhos publicados, de sua própria autoria. Eis o que ele disse e repetiu numerosas vezes: "O que todo o mundo sabe geralmente está errado". A repetição contínua desse aforismo sem dúvida significa que ele não só estava convencido de sua veracidade, mas também que o considerava importante. Verifiquei se essa afirmação se confirmava na prática, se de fato correspondia à realidade, e confirmei que Drucker estava absolutamente certo.

Drucker estava certo de novo

Talvez por repetição, finalmente comecei a refletir com mais profundidade sobre o real significado dessas palavras. Essa afirmação, aparentemente simples e contraditória, transmite uma verdade surpreendente e de enorme importância em todas as decisões e análises sobre gestão e negócios. Ela é ainda mais valiosa em consultoria, pois abre um mundo de alternativas que normalmente desprezamos como inúteis, porque "todo o mundo sabe que é assim ou assado", embora, de fato, às vezes seja diferente. O que Drucker queria enfatizar era que devemos sempre questionar todas as suposições ou premissas, não importa de onde provenham ou quão impossíveis pareçam à primeira vista. A afirmação se aplica ainda mais às situações em que a maioria "sabe" ou "assume" algo, sem questionamento e análise. Essa presunção de "conhecimento" sempre deve ser considerada suspeita e precisa ser examinada mais de perto, pois, na grande maioria dos casos, o fato "dado como certo" se revela falso, impreciso, contingente, ou verdadeiro apenas em certas circunstâncias. Essa premissa falsa pode levar o consultor a ignorar alternativas de extrema importância e a fazer recomendações simplistas, impróprias e até erradas. Por isso, agora considero essa asserção simples de extrema importância para o trabalho dele e para os serviços de consultoria em geral.

Essa conclusão foi confirmada por meu pai, que, a não ser durante a Segunda Guerra Mundial, sempre exerceu a advocacia e, depois da guerra, deixou a área de inteligência militar para atuar na justiça militar em tempo integral. Disse ele: "Não acredite em tudo o que você lê nos jornais. Acredite em somente metade do que ouve. E tampouco acredite em tudo o que vê". Antes da guerra, ele era advogado criminalista.

O que todos sabem geralmente está errado

Numerosos são os "truísmos" tradicionais que, no passado, eram tidos como verdades indiscutíveis e que hoje são motivos de chacota. "O mundo é plano" ou "A terra é o centro do universo" são exemplos típicos. Outrora, quem questionava essas certezas era condenado à prisão ou à fogueira, como feiticeiro ou herege. Os gregos da Antiguidade diziam que tudo era composto de apenas quatro elementos: terra, ar, fogo e água. Na época, talvez ninguém fosse preso ou executado por pensar de maneira diferente, mas, no mínimo, seria considerado ignorante.

Hoje, evidentemente, sabemos que essas ideias eram equivocadas. Muitas vezes eu me lembro de que, quando estudei química na escola, aprendi que a tabela periódica dos elementos tinha sido formulada por Mendeleev, químico e inventor russo, e que para ele havia exatamente

93 elementos, classificados por massa atômica, nem mais, nem menos. Ganhava nota máxima quem conseguisse recitar toda a tabela periódica. Em contraste, quem por acaso sugerisse que poderia haver mais de 93 elementos logo seria corrigido pelo professor. Nas palavras de Richard Rodgers e Oscar Hammerstein, no musical *Oklahoma*, as coisas "foram tão longe quanto poderiam ir". Hoje, existem 102 elementos – ou assim "todo o mundo sabe". O que se esqueceram de nos dizer é que Mendeleev só tinha identificado 63 elementos ... os outros 30 eram desconhecidos em sua época.

Muitas coisas que todos "sabem" hoje também estão erradas

Quase todo o mundo, cristãos e não cristãos, sabe que Imaculada Conceição refere-se ao nascimento de Jesus, certo? Talvez, mas o que todos sabem novamente está errado. De acordo com a *Enciclopédia Católica*, Imaculada Conceição diz respeito ao fato de que "Maria foi preservada, sem qualquer estigma de pecado original, no primeiro momento de concepção, ou "conceição", no momento em que ela própria foi concebida, e recebeu a graça santificante antes que o pecado maculasse a sua alma".[53]

Gosto desta outra. Considere a mais famosa frase já proferida pelo famoso detetive de Sir Arthur Conan Doyle, Sherlock Holmes. Na verdade, talvez seja a frase mais famosa já dita por qualquer detetive, fictício ou real. Não há quem ignore que a frase se compõe de apenas quatro palavras: "Elementar, meu caro Watson". Segundo a sabedoria convencional, o famoso detetive dirigiu essas palavras a seu assistente e memorialista, o Dr. Watson, que sempre demonstrava surpresa diante das deduções sobremodo argutas, mas de todo inesperadas, do detetive. Talvez todos saibam disso, mas eles estão errados.

Conforme observado por Paul F. Boller, Jr. e John George, no livro *They Never Said it* [Eles nunca disseram isso], Oxford University Press, 1989, Holmes jamais pronunciou essas palavras imortais em nenhuma página já escrita por Doyle, seja em seus quatro romances, seja nos 56 contos sobre as aventuras de Sherlock Holmes e do

---

[53] IMMACULATE CONCEPTION. In: Catholic Encyclopedia. Disponível em: <http://www.newadvent.org/cathen/07674d.htm>. Acesso em: 26 jun. 2015.

Dr. John H. Watson. De onde saiu essa crença jamais questionada, mas de todo inverídica? Se quem disse isso não foi o personagem literário de Doyle, quem teria pronunciado essa frase lapidar? Na realidade, foi Basil Rathbone, ator inglês, interpretando o papel de Sherlock Holmes em filmes de Hollywood, que, nas filmagens, reagiu à perplexidade de seu assistente, Watson, não o personagem descrito na versão literária dos romances de Doyle, em qualquer de suas linhas impressas. Essas palavras pareciam concebidas sob medida para o famoso detetive, naqueles dias gloriosos do cinema, e, embora não provenientes da criatura autêntica de Doyle, converteram-se em fato indiscutível. No entanto, observei que os filmes mais recentes de Sherlock Holmes, para telonas ou telinhas, já não apresentam Sherlock Holmes repetindo a frase consagrada. É uma vergonha. Para quem cresceu naquela época, parece que está faltando alguma coisa.

Os antigos sabiam que a unanimidade é suspeita

Essa célebre proposição de Drucker – O que todos sabem geralmente está errado – ressoa verdadeira através dos milênios. Na Antiguidade, a mais alta corte de Israel era o Sinédrio. Equivalia, até certo ponto, à mais elevada instância judicial do país, embora tivesse muito mais poder que a Suprema Corte dos Estados Unidos, por exemplo.

O Sinédrio julgava os casos mais importantes e tinha autoridade para aplicar a pena capital. No entanto, nesse tribunal superior, não havia promotores públicos nem advogados de defesa. Tanto quanto sabemos, nem mesmo se podia recorrer das sentenças do Sinédrio. No Sinédrio, só atuavam magistrados. No Grande Sinédrio nacional havia 71 juízes, mas cada cidade hebraica antiga tinha um pequeno Sinédrio, composto por 23 juízes. Os números em si não são importantes para as nossas conclusões.

Os juízes podiam interrogar o réu, os autores e quaisquer testemunhas de ambos os lados, que se apresentavam diante deles. O Sinédrio era o único tribunal que tinha poderes para julgar qualquer pessoa, até mesmo o rei. Para absolver o réu bastava maioria de um voto, já para condená-lo exigia-se maioria de dois votos.

Eis, porém, o aspecto mais importante do julgamento do Sinédrio: mais de 2.000 anos atrás, os antigos hebreus reconheceram a hoje famosa conclusão de Drucker como Norma de Direito, base do Império da Lei ou do Estado de Direito. Se todos os 71 juízes julgassem o acusado culpado de um crime capital, ele ou ela seria absolvido! E os magistrados eram "sábios". Como é que eles chegaram a essa conclusão?

Lembre-se, não havia advogados de defesa para sustentar as razões do réu. Os antigos juízes hebreus, porém, sabiam que sempre há argumentos a serem invocados em favor dos acusados, qualquer que seja a gravidade do crime ou o poder de convencimento das provas e testemunhas. Assim, se nenhum magistrado julgasse que o caso do réu tinha mérito, bastava essa unanimidade para que a corte, por mais óbvia que fosse a culpa, admitisse que se estava cometendo um erro. Talvez algum adversário do réu fosse muito carismático ou convincente. Talvez a política, a corrupção, ou "a influência autoritária" do sumo sacerdote ou do soberano estivessem distorcendo o julgamento. Na opinião dos magistrados, a conclusão unânime da culpa era prova convincente da inocência do acusado, a ponto de superar todos os indícios em contrário. Em outras palavras, quando todos os juízes – homens especialmente nomeados para tão honrosa posição, pelo conhecimento e discernimento notórios – convenciam-se da culpa como absolutamente inquestionável, o mais provável é que o veredicto não fosse justo, e o réu era absolvido. Esse é um precedente muito convincente para validar a asserção de Drucker!

Hoje, as implicações da unanimidade já foram abordadas e confirmadas por pesquisas em psicologia. Em um experimento, pedia-se aos sujeitos para classificar o grau de atratividade ou simpatia de pessoas que lhes eram expostas em conjuntos de fotografias. Na verdade, porém, só um dos sujeitos era real e, além disso, os resultados eram manipulados. Sem que o sujeito real soubesse, os demais eram membros da equipe de pesquisadores. Os participantes do experimento tinham de concordar quanto à pessoa mais atraente ou simpática, apresentada aleatoriamente em qualquer conjunto de fotografias. Constatou-se que o sujeito real era influenciado pelas escolhas do grupo, sem levar em conta o mérito, simplesmente pelo apoio esmagador dos outros. O experimento demonstra a influência da prova social e, ao mesmo tempo, confirma a teoria de Drucker de que quando todos estão convencidos de um fato, o "fato", em geral, não é, de modo algum, fato, ou que algo tido como factual nem sempre é factual, dependendo das circunstâncias.

A importância da sabedoria de Drucker em gestão e, portanto, em consultoria

Gosto desta história porque ela não só ilustra que o que todos sabem geralmente está errado, mas também porque é um grande exemplo de integridade pessoal por parte do CEO de uma grande empresa. Aconteceu há mais de 30 anos. Lembro-me, porém, de toda a situação, como se tivesse acontecido ontem. Tudo começou na manhã de 29 de setembro de 1982. Uma menina de 12 anos, Mary Kellerman, morreu depois de tomar uma cápsula de Tylenol Extra-forte (marca de medicamento à base de paracetamol). Outras pessoas morreram pouco depois, todas na área de Chicago. Logo se descobriu que alguém tinha contaminado com cianeto algumas embalagens do produto, vendido sem receita médica. Daí resultou uma situação de pânico nacional. Um dos hospitais da área recebeu 700 pessoas que receavam ter ingerido o medicamento contaminado. Muita gente em cidades de todo o território americano foi internada em hospitais com suspeita de envenenamento por cianeto.

A Food and Drug Administration (FDA – Agência de Alimentos e Medicamentos, equivalente à brasileira Agência Nacional de Vigilância Sanitária – ANVISA) investigou 270 incidentes suspeitos de adulteração de produto. Embora alguns produtos tenham sido de fato contaminados, como uma espécie de brincadeira de mau gosto, tratava-se na maioria dos casos de pura histeria, sem nenhuma base fática. O pânico, em si, já demonstra em parte a tese de Drucker. O incidente, contudo, envolve outros aspectos de alguma importância, tanto para consultores quanto para executivos de empresas.

Naquela época, o produto tinha quase 30 anos de idade. Ao longo dos anos, a marca Tylenol havia construído merecida relação de confiança com os consumidores. Essa confiança desapareceu quase imediatamente e as vendas do produto despencaram. A Johnson & Johnson, proprietária da marca, lançou um recall do produto, de US$ 100 milhões e suspendeu a totalidade das vendas. A empresa advertiu e orientou todos os consumidores a não comprarem nem usarem o produto até novo aviso. A Johnson & Johnson e seu presidente, James Burke, receberam elogios pela integridade e pela eficácia. No entanto, quando Burke anunciou que a Johnson & Johnson desenvolvera uma embalagem inviolável e que relançaria o produto sob o nome original, praticamente todo o mundo previu o fim do produto.

Um guru de publicidade bem conhecido foi citado no *New York Times*: "Acho que eles jamais poderão vender outro produto com esse nome ... Se alguém da área de propaganda se considerar capaz de resolver o problema, quero contratá-lo, para que ele converta água em vinho".[54]

O produto já dominara o mercado. "Todo o mundo sabia" que aqueles dias tinham acabado para sempre. Um artigo no *Wall Street Journal* comentou com tristeza que o produto estava morto e não poderia ser ressuscitado; qualquer outra ideia era devaneio de executivo. Uma pesquisa com "cidadãos comuns" descobriu que quase ninguém compraria o produto, não importa o que a empresa fizesse para garantir a segurança ou promover as vendas. Praticamente todos previram que a marca, responsável por 17% do lucro líquido da empresa, em 1981, jamais se recuperaria. Arrisque um palpite. Apenas dois meses depois, o produto estava de volta, agora com embalagem à prova de adulteração e com o apoio de extensa campanha na mídia. Um ano mais tarde, a fatia do produto no mercado de analgésicos, de US$ 1,2 bilhão, que caíra da máxima de 37% para nada mais que 7%, retornara ao nível de 30%, não obstante "o que todo o mundo sabia".[55]

O produto de que estamos falando é, evidentemente, o Tylenol, que acabou se recuperando totalmente, e mais de 30 anos depois alcançou o pico de 56% de participação no mercado.[56]

Onde estaria a Johnson & Johnson, se essa marca tradicional, desenvolvida ao longo de 30 anos de propaganda, desempenho e confiabilidade, tivesse sucumbido sob o velho nome? Algo do tipo "New Tylenol" (Novo Tylenol) provavelmente teria desaparecido da mesma maneira como a "New Coke" (Nova Coca). Quanto teria custado à Johnson & Johnson tentar construir e lançar uma nova marca totalmente reformulada para substituir o Tylenol? Isso seria possível? Nunca

---

[54] KNIGHT, Jerry. Tylenol's Maker Shows How to Respond to Crisis. *The Washington Post*, p. WB1, 11 out. 1982.

[55] REHAK, Judith. Tylenol Made a Hero of Johnson & Johnson: The Recall that Started Them All. *New York Times*, Nova York, 23 mar. 2002. Disponível em: <http://www.nytimes.com/2002/03/23/yourmoney/23iht-mjj_ed3_.html>. Acesso em: 22 jun. 2015.

[56] HEY, WHERE'S MY TYLENOL? CVS Pulls Popular Pain-Reliever from Some Stores. *New York Daily News*, Nova York, 15 jan. 2013. Disponível em: <http://www.nydailynews.com/life-style/health/cvs-won-stock-tylenol-stores-article-1.1240622>. Acesso em: 22 jun. 2015.

saberemos. Como não sabemos se Peter Drucker foi chamado para prestar consultoria à Johnson & Johnson. O que realmente sabemos é que a Johnson & Johnson agiu da maneira certa quando a tragédia irrompeu e depois adotou as providências certas para relançar com sucesso o produto Tylenol, promovendo um dos primeiros recalls desse tipo e também usando embalagem à prova de adulteração para esse tipo de produto. As iniciativas de Burke ainda são estudadas nas escolas de administração, como exemplo quase perfeito de planejamento e execução de uma estratégia de relações públicas bem-sucedida. O fundamento de tudo isso, porém, foi o reconhecimento pelos executivos da Johnson & Johnson, de maneira consciente ou inconsciente, que "o que todo o mundo sabe nem sempre está certo", e, como sugeriu Drucker, geralmente está errado. Burke e sua equipe foram contra tudo o que todos os especialistas e até os consumidores "sabiam", e ressuscitaram o Tylenol, para ser ainda mais bem-sucedido do que antes.

Qual foi a contribuição mais valiosa de Drucker?

Os jornalistas que me entrevistam sobre meus livros anteriores sobre Drucker sempre perguntam: "Qual foi a contribuição mais valiosa de Drucker?". Com tantos insights, tantas ideias maravilhosas, tantas orientações éticas e morais que poderiam ter salvado organizações, ou até mesmo países, da ruína financeira, acho essa uma pergunta difícil de responder. Durante muitos anos, minha resposta foi algo nos moldes de "Depende". Salientava que "contribuição mais valiosa" era uma questão situacional, que dependia sobretudo das circunstâncias. Evitei mencionar uma única contribuição, que abrangesse todos os casos, pois não conseguia imaginar nada desse tipo.

No entanto, após uma entrevista, repensei a questão e concluí que minha resposta poderia ser muito melhor. Revi várias recomendações de Drucker, para diferentes problemas. Haveria porventura um vínculo de uniformidade nas suas recomendações e soluções, que pudesse redundar em uma contribuição universal ainda mais valiosa?

Por que o treinamento em Krav Maga provoca poucas contusões

Em artes marciais, é preciso treinar com afinco e lutar sem descanso; por isso, a incidência de contusões é muito elevada. O Krav

Maga é um sistema de autodefesa desenvolvido por um judeu húngaro, Imre Lichtenfeld ou Imi Sde-Or, e levado para Israel quando ele fugiu da Europa, durante a Segunda Guerra Mundial. O nome é hebraico e quer dizer "combate próximo". É conhecido pela brutalidade, e, na vida real, pode acarretar lesões permanentes ou provocar a morte dos adversários.

Em 1935, Lichtenfeld visitou a então Palestina, com outros lutadores judeus, para participar dos Jogos da Macabíada, ou Maca-bíadas, semelhantes aos Jogos Olímpicos, ou Olimpíadas. Lichtenfeld, porém, não pôde participar, por causa da fratura de uma costela, durante o treinamento para a competição. Esse contratempo o levou a abandonar imediatamente o que todo o mundo sabia sobre artes marciais e a adotar o que é agora o princípio fundamental do Krav Maga, que é não se contundir durante o treinamento. Mesmo assim, contudo, não se questiona a eficácia do Krav Maga em combate real, não só em Israel, mas em todo o mundo. Entretanto, a sabedoria convencional em atletismo é que o sucesso decorre do treinamento tão intenso quanto possível, de modo a estar preparado para a mais alta performance em situações reais.

Drucker a respeito do valor do cliente

Como em outros desafios de marketing, Drucker aconselhava seus clientes a refletirem em profundidade para determinar o que os clientes deles consideram valor, tomando muito cuidado para não se influenciarem pela própria definição de valor, em vez de se concentrarem nos conceitos dos clientes reais e potenciais. A ideia é fundamental, tanto que quando se percorre a lista de fra-cassos em produtos, constata-se que a armadilha de deixar-se levar pelas próprias crenças situa-se no âmago de muitos problemas de marketing.

O jovem Steven Jobs garantiu que o computador Lisa seria um sucesso, por ser tecnologicamente superior a qualquer produto dos concorrentes. O Lisa tinha sistema avançado de memória pro-tegida, era multitarefa, contava com sistema operacional sofisticado, protetor de tela embutido, calculadora avançada, suporte para até 2 megabytes (MB) de RAM, compartimentos de expansão, teclado numérico, prevenção contra perda de dados, tela maior e mais nítida, e muito mais. Só alguns anos depois as mesmas especificações seriam adotadas por outros computadores. Ainda assim, Jobs estava errado. Com todas essas características, o computador custava US$ 22.000, em termos atuais, e os compradores preferiam outro produto que lhes oferecia o que consideravam valioso – um IBM a preço muito mais baixo, embora com tecnologia inferior, a menos de um terço do custo do Lisa.

Como alguém de 61 anos ganhou a ultramaratona mais difícil do mundo

A Ultramaratona de Sydney a Melbourne, na Austrália, era considerada a mais difícil do mundo. Tinha 544 milhas (875 km) de extensão e era concluída em até sete dias, com paradas para descanso ao longo do caminho. A maioria dos atletas corria de dia e descansava à noite. Em 1983, um desconhecido plantador de batatas, de 61 anos, Cliff Young, entrou na corrida. Muita gente achava que ele teria sorte se terminasse a prova. Young pensou bem e concluiu que poderia optar por caminhar, em vez de correr, durante todo o percurso, pois as regras nada determinavam em contrário. Constatou também que as regras tampouco exigiam que ele descansasse à noite. E assim fez: caminhou e não descansou. Resultado: venceu, com quase um dia de vantagem, sobre o segundo colocado, um atleta com a metade da idade dele. Mais uma vez, o que todo o mundo sabia estava errado.

Aplicando a lição como consultor

Qual foi a contribuição mais valiosa de Drucker? Ele ensinou a não se deixar influenciar pelo que "todo o mundo sabe", mas sim refletir sobre a questão e desenvolver métodos próprios para alcançar o sucesso. Não há dúvida de que praticar esse ensinamento requer análise crítica, porque, embora a asserção "o que todo o mundo sabe geralmente está errado" quase sempre seja verdadeira, às vezes, o que todo o mundo sabe realmente está certo. O problema, portanto, é discernir quando o que o senso comum sabe é verdadeiro ou falso. Para começar, o mais importante é compreender que "o que todo o mundo sabe", o "chamado" senso comum, é simplesmente uma suposição. Agora, o problema está definido. Nossa tarefa é analisar a suposição considerada verdadeira pela maioria. Suposição é qualquer crença, ideia ou palpite de uma pessoa, de um grupo de pessoas ou de especialistas, internos ou externos, sobre qualquer assunto. Essas suposições são cruciais, porque são as premissas que orientam nossas decisões e iniciativas. A situação se torna ainda mais complexa pelo fato de, muitas vezes, essas suposições serem tácitas ou implícitas, não expressas ou explícitas. Dizem os psicólogos que essas premissas são úteis porque, quando verdadeiras, fornecem uma espécie de atalho para o raciocínio e para a decisão. Os resultados, porém, podem ser desastrosos, se aceitarmos as suposições sem análise crítica.

No exemplo do Tylenol, o produto seria abandonado e a Johnson & Johnson perderia milhões de dólares, além de gastar outros milhões para o desenvolvimento e a comercialização do substituto. Por outro lado, talvez o caso Tylenol seja um exemplo singular. É provável que, na maioria das situações, a tentativa de relançar um produto que tenha sido abandonado, nas circunstâncias do Tylenol, seja o mais absoluto fracasso. Portanto, o consultor sempre deve exercitar o pensamento crítico e considerar as circunstâncias específicas.

Análise das premissas

O primeiro passo na análise das premissas é considerar a fonte das fontes. Qual é a origem da premissa? Será que essa fonte ainda é confiável?

Muitos anos atrás, participei da avaliação e seleção das propostas de duas empresas concorrentes, referentes ao projeto de um novo avião para a Força Aérea americana: Boeing Aircraft Company e McDonnell-Douglas Aircraft Company. Quem está familiarizado com a indústria aeroespacial sabe que a Boeing acabou adquirindo a McDonnell-Douglas, mas isso não tem nada a ver com a minha história. Ambas estavam dispostas a modificar seus parâmetros tradicionais de design, em produção e utilização.

Mantínhamos reuniões regulares com as equipes de design das duas fornecedoras, uma de cada vez, para avaliar o progresso das propostas, cuja aceitação envolveria centenas de milhões de dólares para a empresa vencedora.

Em certa ocasião, nós nos reunimos para discutir como reduzir o custo de cada aeronave. O gerente da McDonnell-Douglas abriu a reunião: "É possível economizar US$ 10 milhões em cada aeronave se alterarmos em duas polegadas (cinco centímetros) o tamanho da saída de emergência. As dimensões reduzidas são compatíveis com o tamanho padrão das saídas de emergência de nossos aviões DC-9, que foram aprovadas com sucesso em todos os testes da Federal Aviation Administration (FAA, equivalente à Agência Nacional de Aviação Civil – ANAC, do Brasil), sem problemas". Prometi analisar a proposta. Poderíamos economizar muito dinheiro.

Rastreando a origem

Nesse caso, a fonte inicial foi o engenheiro que incluíra essa exigência na lista de especificações que enviáramos aos fabricantes de aviões. No entanto, muitas vezes é necessário realizar um processo que chamo de "descascar a cebola", porque a fonte inicial pode não ser o autor real. O que estamos procurando está oculto em uma ou mais camadas da cebola, e é preciso descascá-la para chegar ao âmago – a fonte autêntica.

Logo que pude, entrei em contato com o engenheiro responsável pela especificação que a McDonnell-Douglas queria alterar. "Não podemos fazer isso", disse ele. "Essa exigência consta expressamente de nosso manual de projeto de aeronaves, cujas normas devemos observar em todos os nossos aviões de transporte."

Isto significava que o engenheiro não era a fonte original. Havia outra: o manual. Ele gerava resultados não só previsíveis e replicáveis, mas também do tipo "todo o mundo sabe", em razão de sua credibilidade; no caso, não só que aquelas eram dimensões certas para saídas de emergência, mas também que tínhamos que seguir essas instruções. Era como se a Johnson & Johnson tivesse investigado as fontes de quem afirmava que a decisão de retirar o Tylenol do mercado era irreversível. Os que assim pensavam eram os publicitários e profissionais de marketing que escreviam para as revistas de negócios, sem dúvida boas fontes. Eles geralmente acertavam em suas avaliações sobre publicidade e sobre como a "má imprensa", fosse ou não exata, era capaz de arruinar a reputação de um produto. Eram fontes confiáveis, só que com base no passado.

A fonte é válida?

Confiabilidade e validade são conceitos aplicáveis a testes. A validade indica até que ponto o teste mede o que deve medir. É uma avaliação baseada em evidências sobre a adequação das inferências extraídas dos resultados de testes. Aqui, porém, não estamos considerando resultados de testes; estamos tratando de premissas ou suposições. De onde, então, provinha essa especificação, prevista no manual de projeto de aeronaves? Descobrir essa fonte poderia ajudar-me a verificar se a especificação era válida para a aeronave que estávamos projetando. Em outras palavras, ainda não tínhamos localizado a fonte primordial e fundamental dessa especificação.

Então, mais uma vez, descasquei a cebola. Eu sabia que todas as especificações do manual de projeto de aeronaves indicavam sua procedência e fundamentos. Essa exigência foi excelente ideia. Geralmente, as especificações se baseavam nos primeiros testes executados. Pedi ao engenheiro que identificasse os testes que serviram de fundamento para essa especificação.

Para minha grande surpresa, constatei que ela se baseava em testes executados com aviões a hélice, quase 30 anos antes, que voavam a cerca de 120 milhas por hora. O avião em que estávamos trabalhando voava a mais ou menos 500 milhas por hora. Obviamente, nesse caso, as especificações do manual de projeto de aeronaves não eram válidas. Consultamos um de nossos especialistas em projetos aeronáuticos. Ele nos aconselhou a esquecer o que todos sabiam (no caso, o manual de projeto de aeronaves). À velocidade do ar que estávamos prevendo para escapes repentinos, as duas polegadas não fariam nenhuma diferença. Aceitamos o conselho dele.

Da mesma forma, o presidente da Johnson & Johnson e seus assessores devem ter avaliado as fontes que lhes sugeriam abandonar o produto original, o Tylenol, e lançar um novo produto. Imagino-os considerando a hipótese de mudar o nome do produto. Provavelmente, indagaram qual era a taxa de sucesso no caso de produtos que haviam sido relançados da mesma maneira, em circunstâncias semelhantes. Isso teria sido descascar a cebola. Eles devem ter descoberto que não havia muitos dados que servissem de base, porque ninguém, até então, jamais havia tentado algo semelhante. Em todo caso, puseram o pé na estrada, e perceberam que, apesar de "o que todos sabiam", valia a pena tentar. O que suscita outro aspecto importante: testar a premissa.

Não sei dizer quantas vezes, tanto na condição de consultor quanto como responsável por decisões na Força Aérea, na indústria e na academia, constatei que, como todo o mundo sabe que algo é verdadeiro, muitas pessoas nem verificam se a outra premissa é verdadeira e procuram descartá-la sem rodeios. Os negativistas podem proclamar, cheios de sabedoria, que "sempre foi feito assim", ou "todo o mundo faz assim", ou talvez, simplesmente "Tentamos isso há muito tempo e não vai funcionar". Anos atrás, em propaganda de marketing direto, aprendi a importância de testar as manchetes, as obras de arte, os meios de comunicação, os veículos e os conceitos, e descobri que o que todo o mundo sabia simplesmente estava errado, em geral ou naquele caso específico. Já ouvi esse raciocínio, sempre desmentido, tantas vezes que, quando ouço o argumento "ninguém mais faz isso!", minha réplica instantânea é: "Beleza! Então, seremos os primeiros".

Tudo isso me lembra a façanha de Roger Bannister. Bannister, um médico inglês, quebrou um recorde de corrida, que até então se considerava impossível. Os especialistas sabiam que era inalcançável. Era a famosa "Milha em quatro minutos". Ninguém antes havia corrido uma milha em quatro minutos. Hoje, o recorde da milha mais rápida é do marroquino Hicham El Guerrouj, que a completou em 3 minutos e 43.13 segundos, em Roma, Itália, em 7 de julho 1999.[57]

Soube até que alguns jovens corredores do ensino médio superaram o recorde da milha em quatro minutos. No entanto, o fato é que, quando Bannister o fez pela primeira vez, em 6 de maio de 1954, muita gente, se não a maioria, sabia que aquilo era impossível e que, portanto, nunca fora e jamais seria conseguido. Bannister foi condecorado pela proeza. Completou a milha em 3 minutos e 59,4 segundos, menos de um segundo abaixo do limite lendário. Como o feito era tido como impossível antes da proeza de Bannister, você talvez se pergunte por que ninguém, desde então, voltou a ser nomeado cavalheiro ou a receber qualquer outra honraria por correr ainda mais rápido.

Eu estava na escola na época e eu me lembro de uma entrevista no rádio com um cinesioterapeuta, pouco antes de Bannister quebrar o recorde. Ele declarou cheio de ênfase que o corpo humano simplesmente não fora construído para esforços tão intensos e que aquela marca era absolutamente inatingível. E previu que Bannister

---

[57] FOUR-MINUTE MILE. In: Wikipedia. Disponível em: <https://en.wikipedia.org/wiki/Four-minute_mile>. Acesso em: 24 jun. 2015.

jamais conseguiria. Só que Bannister sabia mais. O que todo o mundo "sabia" estava errado e Bannister sabia disso. Teria Cliff Young, o australiano produtor de batatas, com 61 anos, que venceu a ultramaratona de 1983, usado a mesma técnica? Não sei. Talvez já o tivesse tentado antes. No entanto, decerto, esse foi mais um caso em que "o que todo o mundo sabe está errado".

O que todo mundo sabe geralmente está errado. E assim é porque as pessoas fazem uma ou mais suposições errôneas. Recorrendo à sabedoria de Drucker – talvez a sua maior contribuição –, os consultores precisam, efetivamente, analisar as fontes do que todo o mundo sabe e avaliar sua confiabilidade e validade. Exercite o pensamento crítico e analise as premissas alheias. Teste a premissa com um investimento pequeno. Faça isso e você se surpreenderá com o número de vezes em que você, como Drucker, comprovará que a unanimidade está errada.

COMO DRUCKER USAVA A PRÓPRIA IGNORÂNCIA PARA DAR CONSULTORIA EM QUALQUER SETOR

9

A O SER INDAGADO POR UM ALUNO SOBRE o segredo de seu sucesso como consultor em tantos negócios diferentes, Drucker respondeu: "Não há nenhum segredo. Você só precisa fazer as perguntas certas". Já falamos sobre esse aspecto importante da consultoria de Drucker no Capítulo 7. Meus colegas, porém, insistiram na pergunta: "Como saber quais são as perguntas certas? Você não baseia suas perguntas no conhecimento do negócio? E no começo, quando você ainda não conhece o negócio – como desenvolver conhecimento e experiência para fazer as primeiras perguntas?".

Foi então que Drucker revelou seu grande segredo:

> Nunca começo o trabalho nem faço as primeiras perguntas com base em conhecimento e experiência", respondeu. "Faço exatamente o oposto. Ainda não tenho, de modo algum, conhecimento e experiência. Pelo contrário, exploro minha ignorância. A ignorância é o fator mais importante para ajudar os outros a resolver qualquer problema, em qualquer negócio, e a ignorância não é assim tão ruim quando se sabe usá-la. Todos os gestores precisam aprender a agir assim. Muitas vezes, é preciso abordar os problemas partindo do pressuposto da própria ignorância, não com o que se supõe saber, com fundamento na experiência passada, porque, não raro, o que você acha que sabe está errado.

A ignorância tem valor

Drucker imediatamente contou uma história para demonstrar suas afirmações. As histórias dele cobriam vasta extensão de suas leituras e pensamentos – da Igreja Católica à cultura japonesa, passando por política, história, misticismo judaico, guerra e, claro, negócios, e assim foi.

Logo depois da Segunda Guerra Mundial, o Japão enfrentou tremenda escassez de combustível. Ainda havia automóveis no país, mas grande parte deles estava imobilizada pela falta de gasolina. Soichiro Honda, um jovem gerente, tinha muita experiência em fabricação de máquinas e mesmo em produção de hélices para aviação durante a Segunda Guerra Mundial. Até que um dia ocorreu-lhe a ideia criativa de produzir bicicletas motorizadas, como substitutas do automóvel, uma vez que esses veículos mais simples e mais leves consumiriam muito menos combustível. Construiu, então, um modelo experimental e foi bem-sucedido. O problema é que, em face da escassez de gasolina, o governo japonês também impunha restrições até à fabricação de novos motores movidos à gasolina. Por isso, por melhor que fosse, não havia como implementar a ideia imediatamente.

Honda persistiu com a ideia. Ele conhecia um pouco de fabricação, mas nada sabia de gasolina e combustíveis alternativos. Como Drucker, ele só contava com a própria ignorância para a solução do problema. Entretanto, não abandonou o projeto por não saber nada. Queria lançar o produto o mais rápido possível para atender à enorme demanda reprimida, mas não dependia dele acabar com a escassez de gasolina ou pressionar o governo para, pelo menos, permitir-lhe fabricar os pequenos motores para a propulsão do veículo. Depois de muito estudar, concluiu que a solução era recorrer a outro tipo de combustível. Isso o ajudou a focar no problema, o que foi o primeiro passo.

Como não estava familiarizado com possíveis combustíveis alternativos para substituir a gasolina, Honda começou a pesquisar. Sua completa ignorância propiciou o conhecimento e até certa especialização. Leu em algum lugar um artigo sobre resina de pinheiro, que fora usada, ou pelo menos testada, como sucedâneo do combustível de aviação durante a guerra. Raciocinou que, se a resina de pinheiro poderia funcionar como combustível de aviação, por que também não serviria como substituto da gasolina comum de automóvel? Muita gente achou que a hipótese não passava de uma ideia estúpida, nascida da ignorância. No entanto, a ideia tola de Honda, produto da ignorância, sem dúvida estava certa. Além disso, se a ideia era boa, por que os fabricantes de veículos, mais experientes, já não a teriam adotado? Honda, porém, perseverou no argumento de que, se a resina de pinheiro, abundante no Japão, funcionava em motores a gasolina para aeronaves, também daria certo em motores muito menores para bicicletas.

E, assim, experimentou por conta própria a resina de pinheiro como combustível para o seu pequeno motor, que, para a sua grande satisfação, funcionou com muita eficiência. Honda, então, por fim desenvolveu um motor específico para bicicleta, que rodou muito bem com o novo combustível. Como seria de esperar, a engenhoca desprendia muita fumaça, exalando um cheiro forte, a ponto de os colegas a apelidarem de "chaminé". Graças ao sucesso no desenvolvimento e na comercialização da inovação, porém, e, finalmente, depois da conversão do motor de resina para gasolina quando as restrições foram suspensas, sua empresa tornou-se a maior vendedora de motocicletas do mundo. Daí a pouco, também começou a fabricar automóveis, cujas vendas deslancharam, transformando-a, hoje, numa das maiores empresas automobilísticas do mundo. Todos esses êxitos, no entanto, foram benefícios inesperados da busca de solução para um problema inicial. Nada disso teria ocorrido se Honda não tivesse enfrentado uma "questão insolúvel" munido apenas da própria ignorância.

Analisando a alegação de ignorância de Drucker

Munido de minha própria ignorância, comecei a estudar a maneira de aproveitar o que Drucker afirmara em relação a como os gestores podem explorar a própria ignorância em situações problemáticas. Eu sabia que Drucker não se referia a anular completamente as experiências e os conhecimentos anteriores. Se assim fosse, como Drucker saberia até mesmo onde e como começar? Além disso, seu mandamento de partir da presunção de ignorância teria de basear-se em modelo desenvolvido por meio de experiências e conhecimentos anteriores. Eu suspeitava que seus antecedentes jornalísticos é que o tinham inspirado a pressupor a própria ignorância, para, então, abordar problemas gerais de forma lógica durante a coleta de informações adicionais, o que demonstra que ele não era tão ignorante quando começou.

Além disso, também me dei conta de que, ao seguirem os conselhos de Drucker, baseados em perguntas, quaisquer que fossem, os gestores e os consultores já deveriam ter conhecimentos consideráveis para compreender com exatidão a questão. Daí se conclui que Drucker não estava falando de decisões táticas urgentes a serem tomadas aqui e agora, que, por sua própria natureza, requerem experiências e conhecimentos prévios. Portanto, ele se referia a decisões que demandavam tempo para investigações e reflexões. Além disso, Peter já afirmara em várias ocasiões que os gestores precisavam confiar nos instintos, embora isso não significasse ignorar a intuição. Decerto os mesmos princípios também se aplicavam ao trabalho de consultoria.

Concluí que a mensagem de Drucker era que o gestor ou o consultor não deveria precipitar-se na busca de soluções imediatas. Embora a sensibilidade e a experiência não devessem ser excluídas, ele ou ela teria primeiro de abordar esses problemas com a mente aberta. O gerente, portanto, precisava admitir e até enfatizar a própria ignorância na organização de recursos para resolver o problema. Esse tema é continuação do capítulo anterior, em que analisamos a afirmação de Drucker, tão repetida, de que "o que todo o mundo sabe geralmente está errado". Confiar basicamente na expertise e no que todo o mundo sabe é igualmente perigoso para a solução ótima do problema. O fato de ser essa a interpretação autêntica das palavras de Drucker foi confirmado anos depois numa conversa pessoal durante o almoço.

A beleza da ignorância na solução de problemas

Partindo do conceito de Drucker, iniciei uma investigação sobre as metodologias de solução de problemas. Identifiquei duas grandes abordagens para a solução de problemas de gestão, ambas adotando a "ignorância" como ponto de partida. Na essência, elas consistem em enfatizar os métodos do lado direito e do lado esquerdo do cérebro, ou seja, basicamente a abordagem lógica e analítica e a abordagem criativa e emocional. É claro que as duas abordagens podem atuar em conjunto. Mais importante, ambas são aplicáveis diretamente pelos gestores ou pelos consultores que lhes dão assistência. O aspecto mais relevante é abordar o problema como se nada soubesse e desenvolver conhecimentos à medida que avança, já que ambos os métodos envolvem acumulação, organização e análise das informações adicionais disponíveis.

Solução de problemas com o lado esquerdo do cérebro

Muito tempo atrás, na Força Aérea, aprendi a resolver problemas com o lado esquerdo do cérebro. Esse recurso era e é usado em estudos da equipe. É extremamente eficaz, não só na definição de problemas complexos, na organização e análise de dados, e na busca de soluções e recomendações lógicas, mas também na apresentação dessas informações a terceiros, para convencê-los da validade da solução proposta. Daí sua importância para os consultores.

Sempre entendi que o método tivesse sido desenvolvido pelos militares, no século XIX. No entanto, durante minhas pesquisas, descobri que ele também foi usado e lecionado na Universidade Harvard. Depois, aprendi que outros profissionais, como advogados e psicólogos, usam com frequência abordagem muito semelhante para a análise e solução de problemas difíceis e complexos.

Sem dúvida, Drucker chegou a solução semelhante. Durante anos negligenciei o fato de ele ter alcançado quase os mesmos resultados e de ter publicado informações a respeito em seu livro, *Prática de administração de empresas*, de 1954.[58]

A abordagem do lado esquerdo do cérebro envolve definir o problema, selecionar as informações relevantes aplicáveis à situação, desenvolver possíveis soluções alternativas para o problema, analisar essas alternativas, escolher as melhores soluções resultantes dessa análise e, finalmente, tomar decisão conclusiva, inclusive com recomendações a clientes de consultoria ou a superiores hierárquicos na organização, como diretores e conselheiros.

Construção de navios em alta velocidade

Drucker recomendava que pensássemos por conta própria. Não aceitava o "senso comum" nem a tradição como critério de acerto. Na verdade, a frase que ele mais repetia em sala de aula era "o que todo o mundo sabe geralmente está errado". Nunca reivindicou grande conhecimento sobre qualquer assunto, sobretudo em sua lendária consultoria. Em vez disso, alegava a própria ignorância, o que, portanto, o levava a pensar. Foi o que fez um grande industrial americano, com resultados surpreendentes, durante a Segunda Guerra Mundial, excelente exemplo dessa abordagem simples, tão recomendada por Drucker.

Em resposta aos sucessivos afundamentos infligidos por submarinos alemães, os ingleses desenvolveram um projeto para a fabricação de navios de carga baratos. O projeto era tão básico e a construção era tão barata, que não se esperava que esses navios se mantivessem

---

[58] DRUCKER, Peter F. *The Effective Executive.* Nova York: Harper and Row Publishers, 1954. p. 422-436.

na ativa por mais de cinco anos. Além disso, a produção só demorava oito meses, o que era muito importante.

Os estaleiros britânicos eram considerados os melhores do mundo, mas ainda precisavam de especialistas e trabalhadores qualificados para construir um navio, até mesmo os baseados em projeto tão elementar. O Reino Unido estava completamente imerso em todos os aspectos da guerra. A mão de obra, os estaleiros e as instalações de produção simplesmente eram insuficientes para manter e aumentar a frota.

Os Estados Unidos ainda não estavam em guerra e ainda dispunham de mão de obra farta. Não tinham, porém, tanta experiência na construção de navios mercantes. Na década anterior, apenas dois navios de carga oceânicos haviam sido construídos no país. A esperança era que, com o projeto inglês, a construção dos novos navios demorasse um ano nos Estados Unidos, em comparação com oito meses no Reino Unido.

O governo americano procurou alguém apto a enfrentar o desafio e encontrou Henry Kaiser, que aceitou a missão. Kaiser sabia pouco sobre construção naval e era de todo ignorante acerca de navios de carga. Olhou, então, para o projeto inglês e prosseguiu, não com conhecimento e experiência, mas sim com a própria ignorância. Não renunciou, porém, ao pensamento e ao raciocínio. Kaiser reformulou, primeiro, o processo de montagem, usando peças pré-fabricadas de modo que nenhum trabalhador precisasse saber mais que uma pequena parte do trabalho, o que facilitava em muito o treinamento. Os ingleses sabiam que, para tolerâncias estreitas, precisava-se de maquinaria pesada para cortar o metal com precisão. Kaiser não sabia disso e, fosse como fosse, não tinha maquinaria pesada. Em sua ignorância, disse aos trabalhadores para cortar as placas usando maçaricos de oxiacetileno. O processo se revelou mais barato e mais rápido do que os métodos tradicionais usados pelos ingleses. Kaiser pensou um pouco mais e substituiu a rebitagem por solda. Também era mais barato e mais rápido.

Kaiser chamou os seus barcos de "Navios da Liberdade". Começou a construí-los e não demorou um ano para entregá-los. Na verdade, não levou nem oito meses. Do início ao fim, levava cerca de um mês. Por fim, reduziu ainda mais o tempo de produção para algumas semanas, até que, para fins de publicidade, construíram um Navio da Liberdade em apenas quatro dias e meio. E assim entregou quase 1.500 navios. Embora não tenham sido feitos para durar, alguns ainda existiam e estavam em uso quase 50 anos mais tarde.

Definição do problema

"Não se pode chegar 'lá' até saber onde é 'lá'" não é uma das afirmações de Peter Drucker; é uma das minhas. É a minha maneira de enfatizar que, para resolver qualquer problema, é preciso primeiro entender exatamente qual é o problema. É o "lá" nas situações problemáticas. O problema da construção naval, naquela época, não era construir navios pelos métodos ingleses, mas construir navios mercantes para fornecer alimentos e suprimentos ao Reino Unido, apesar das enormes perdas infligidas pelos submarinos alemães. Mas demorou algum tempo para se chegar a essa definição.

Definir o problema central em determinada situação é a tarefa isolada mais difícil e mais importante na maioria das questões de consultoria. Depois de identificar corretamente o problema principal em determinada situação, é possível encontrar muitas abordagens diferentes para resolvê-lo. Quando se identifica o problema errado, porém, até a solução mais brilhante não corrige a situação. Leve todo o tempo necessário; certifique-se de estar olhando para o problema central, pois, como Drucker escreveu:"poucas coisas são tão inúteis – e até perigosas – quanto a resposta certa para a pergunta errada.[59]

E assim se confirma como é importante a recomendação de Drucker de se começar com a presunção de ignorância. No caso da construção naval, por exemplo, durante a Segunda Guerra Mundial, o problema, de início, havia sido mal definido. Na primeira abordagem, o problema identificado fora "Como poderão os Estados Unidos construir navios pelos métodos ingleses, sem a qualificação humana, a experiência de séculos, e instalações físicas adequadas para cumprir cronogramas e especificações capazes de garantir o abastecimento contínuo da Grã-Bretanha?". Esse problema, tal como definido, era insolúvel. Os ingleses eram os melhores construtores de navios do mundo. Seria bom ter a mesma capacidade, mas isso seria impossível no curto prazo. Se Kaiser não tivesse enfrentado o problema munido apenas de sua ignorância inicial, a ponto de reformular a descrição do problema, ele e outros possíveis construtores navais americanos ainda estariam trabalhando no problema errado ou já teriam desistido há muito tempo. Usando a tecnologia da década

---

[59] DRUCKER, Peter F. *The Effective Executive*. Nova York: Harper and Row Publishers, 1954. p. 421.

de 1940 e os recursos avançados de construção naval americanos, o problema não teria sido resolvido. Somente a ignorância salvou o dia! O primeiro passo, portanto, foi redefinir o problema, ainda que sob a pressão da ignorância.

Um dos grandes erros cometidos na definição do problema central é confundir sintomas com problemas. Por exemplo, queda no lucro não é o problema central, mas sintoma de alguma outra coisa errada. Não raro os consultores se deparam com mais de um problema nos contratos de consultoria. O objetivo, então, é identificar o *principal* problema, naquela situação específica, o que causa mais impacto que qualquer outro, e que, portanto, é o "problema central". É provável que ele esteja causando muitos outros problemas. Quando se encontra mais de um grande problema em determinada situação, é preciso lidar com cada um separadamente.

Depois de identificar o problema central, escreva um esboço preliminar, descrevendo-o e explicando-o. Relate-o da forma mais simples possível, com clareza e concisão. A melhor descrição do problema central geralmente só tem uma frase. Quanto mais breve e direta, melhor. Saiba, porém, que, mesmo tendo gasto muito tempo na definição do problema central, com exatidão, clareza e concisão, em muitos casos será necessário reformulá-la, à medida que se prossegue na análise.

Evite descrever o problema já incluindo a solução, supondo que determinado curso de ação seja o mais indicado, antes de dissecar a situação e as alternativas. Voltando ao problema de Honda, se ele tivesse definido o problema em termos de "Como conseguir que o governo abandone as restrições à produção de motores a gasolina", ele teria chegado a um curso de ação totalmente diferente, que nada teria a ver com resina de pinheiro. Lembre-se, também, que seu objetivo na utilização dessa metodologia é desenvolver tantos cursos de ação alternativos quanto possível. Tente não redigir a descrição como se houvesse somente duas alternativas. Por exemplo, evite perguntas do tipo "Será necessário o lançamento de um novo produto?", que só admitem duas respostas: sim ou não. Vez por outra, em certas situações, basta analisar duas alternativas. Normalmente, no entanto, é preciso reformular a descrição do problema, de modo a admitir mais de dois cursos de ação.

Inclua na descrição detalhes importantes sobre o problema. "O que fazer em relação à hipótese de lançar novo produto?" não é a melhor descrição do problema. Ela admite mais de duas alternativas, mas omite detalhes que podem ser importantes para os leitores do relatório, que não estejam tão familiarizados com o problema quanto o consultor e o cliente.

Não se alongue na descrição do problema, nela incluindo muitas considerações. Mesmo que sejam relevantes, o excesso de considerações pode complicar a descrição, dificultando a compreensão do problema.

Com essas precauções em mente, comece a formular a descrição do problema. Elabore-a na forma de pergunta, comece com *quem, o quê, quando, onde, como* ou *por quê*. Também é possível começar com um verbo no infinitivo, como "Identificar a melhor fonte para o empréstimo de US$ xxx,xx".

Drucker tinha ciência desses requisitos e, com toda a sua experiência, não precisava redigir toda a descrição. Além disso, em muitas situações, ele simplesmente fazia perguntas ao cliente, para que eles próprios logo definissem essa importante questão central. Drucker passava muito tempo descrevendo o que era necessário para identificar o problema certo, e eu também. Ele sabia que trabalhar no problema errado não era apenas desperdício de tempo, mas também desperdício de recursos e dinheiro, e quase sempre resultava na solução errada.

Fatores relevantes

Fatores podem ser fatos, estimativas, especulações, suposições, tempo, limitações financeiras e muito mais. Todos devem ser documentados, e muitos devem ser testados antes mesmo de serem mencionados. Ainda mais importante, a relevância é fundamental porque, mesmo que a situação não envolva muitos fatores diferentes, só se devem identificar e relacionar aqueles que sejam relevantes para a descrição e compreensão do problema central. Os problemas de Kaiser envolviam numerosos fatores diretamente relevantes naquelas circunstâncias. Portanto, necessitava-se de dados e informações adicionais. Kaiser estava ciente de suas carências. Por exemplo, ele precisava definir a disponibilidade de recursos. Para tanto, examinou a questão, fez as suas análises e, finalmente, concluiu que poderia construir os navios a custos mais baixos e em prazos menores. A tarefa ficou fácil porque ele descartou o que era secundário e irrelevante, focando no que importava para fazer a análise e buscar soluções.

Cursos de ação alternativos

Nesta parte do processo de tomada de decisões pelo lado esquerdo do cérebro, Kaiser precisou decidir sobre alternativas para a solução do problema. Uma opção pode ter sido desenvolver novas táticas. Talvez ele pudesse ter iniciado a busca de construtores navais em âmbito mundial, recrutando-os em países neutros e oferecendo-lhes altos salários. Talvez tivesse sido o caso de desenvolver novas máquinas de corte de metal, fabricando-as rapidamente, com base em seus métodos. É provável que ele tenha considerado essas ou outras opções.

Embora, teoricamente, seja possível desenvolver uma alternativa com todas as vantagens e sem nenhuma desvantagem, essa condição ideal é altamente improvável. Se assim não fosse, a solução seria evidente em si mesma e o procedimento para a solução de problemas seria supérfluo.

Todas as alternativas têm vantagens e desvantagens. Jack Welch deve ter vendido muitas empresas valiosas, com base em sua regra de descartar qualquer de seus negócios que não fosse, nem tivesse condições de tornar-se, o número um ou o número dois no mercado. Ele sabia que em alguns casos haveria erros, o que era uma desvantagem para essa alternativa, e também que ela envolvia grandes riscos. Tudo isso, porém, é inevitável, e Drucker preparava os clientes para enfrentar esses riscos, como explicarei em outro capítulo.

Kaiser assumiu enormes riscos com a sua solução. Investiu milhões de dólares antes de construir o primeiro navio. Muitos dos métodos nunca haviam sido testados antes, e alguns eram extremamente inovadores, para dizer o mínimo. Relata-se que, como o treinamento de instaladores novatos para se equilibrar entre as cordoalhas e mastros das embarcações seria muito demorado e penoso, Kaiser contratou dançarinos e malabares para certos tipos de serviços.[60] Sim, ele realmente chegou a esse ponto, na expectativa de que dessa maneira conseguiria resultados melhores e mais rápidos no acabamento da superestrutura dos navios. E deu certo!

Análise

Durante a análise, o gestor basicamente compara a importância relativa das vantagens e desvantagens de cada uma das alternativas.

---

[60] LIENHARD, John H. N° 1525: Liberty Ships. In: _____. *Engines of Our Ingenuity*. Disponível em: <http://www.uh.edu/engines/epi1525.htm>. Acesso em: 25 jun. 2015.

Algumas têm poucas desvantagens, mas tampouco apresentam grande vantagem. Em todo caso, o gerente precisa refletir sobre esse cotejo e registrar suas ideias. Esse procedimento ajuda o lado esquerdo do cérebro a ser realmente eficaz no desenvolvimento de soluções claras e na explicação das conclusões e recomendações finais

Nesse caso, as conclusões decorrem da análise, e a decisão final é consequência óbvia. Tenho certeza de que Henry Kaiser executou todo esse processo em detalhes, para explicar aos gestores, aos trabalhadores e aos conselheiros o que pretendia fazer. Ele não teria omitido nada, concluindo que, apesar dos riscos, a melhor maneira para atingir os resultados almejados era seguir o projeto inglês, com os ajustes por ele definidos.

Eis um bom teste da clareza de seu raciocínio: mostrar todo o documento escrito até esse ponto para alguém que não esteja muito familiarizado com o problema. Pedir que essa pessoa leia a descrição do problema central, dos fatores relevantes que foram identificados, dos cursos de ação alternativos, com suas vantagens e desvantagens, e, finalmente, de sua exposição e análise. Em seguida, pergunte quais são as conclusões dele ou dela. Se elas forem idênticas às suas, o documento está bem redigido. Se as conclusões forem diferentes, você cometeu algum erro, no texto em si de sua exposição e análise ou na lógica das suas conclusões.

Conclusões e recomendações

É importante listar com clareza as conclusões alcançadas, como resultado da discussão e da análise. Não acrescente qualquer explicação; elas pertencem à seção anterior. Também não inclua conclusões com base em informações alheias à sua análise; as conclusões são baseadas unicamente em suas discussões e análises. Outro erro comum aqui é reafirmar fatores relevantes como conclusões.

Finalmente, temos as recomendações para o cliente. Você expõe expressamente os resultados da análise e as recomendações ao cliente sobre como resolver o problema central já identificado e definido. Do mesmo modo como nas conclusões, não inclua informações ou explicações exóticas; todas essas explicações devem concentrar-se na sessão de discussões e análises. Se a apresentação for oral, o cliente sempre pode fazer perguntas; caso se trate de um relatório escrito, o cliente sempre pode procurá-lo para quaisquer esclarecimentos.

No entanto, se sua análise estiver bem feita, não será necessário explicar as recomendações; as justificativas serão consequências óbvias das discussões e análises.

Ao aprenderem pela primeira vez essa metodologia, muitos consultores perguntam sobre a diferença entre conclusões e recomendações. Com a recomendação, o consultor põe em risco a própria reputação. Torna claro e inequívoco o que está sugerindo ao cliente, assumindo responsabilidade integral pelos resultados. A conclusão é impessoal, exprime-se na passiva e concentra-se na ação. "Devem-se fazer pesquisas de mercado." Já a recomendação é pessoal, exprime-se no imperativo e dirige-se ao agente: "Faça pesquisas de mercado". Se a conclusão for: "Deve-se contratar novo contador", a recomendação será "Contrate novo contador".

Drucker teria tirado tudo isso da própria cabeça? Duvido. Tudo tem limites, mesmo para gênios. Conhecendo-o bem, ele não correria riscos. Exceto no caso de temas e questões incomuns de consultoria geral, todas as suas conclusões e recomendações são bem fundamentadas, baseadas em notas e remissões e já municiadas de perguntas indutoras, mesmo que não recorresse a apresentações em PowerPoint.

A solução do lado direito

A abordagem do lado direito do cérebro para a solução de problemas também adota como ponto de partida a presunção de ignorância. Ao contrário, porém, do procedimento estruturado que caracteriza a abordagem do lado esquerdo do cérebro, a do lado direito não adota uma sequência de passos lógicos para chegar a uma solução. Recorre, isso sim, ao subconsciente, de que Drucker era crente convicto e usuário contumaz, embora pouco se soubesse a esse respeito: "Primeiro faço a minha análise, como dever de casa, e dela extraio conclusões. Deixo, então, as respostas de lado, entrego-me aos sentimentos e intuições, recorro a evocações e invocações, e dou asas à mente inconsciente, para chegar a conclusões. Se a análise e a intuição derem a mesma resposta, a solução é fácil. O problema é quando uma diz sim e a outra diz não. É quando a coragem entra em cena".[61]

---

[61] WHAT WOULD Drucker be Reading? *The Drucker Institute*, Claremont, 12 nov. 2013. Disponível em: <http://www.druckerinstitute.com/2013/11/what-peter-drucker-would-bereading-79/>. Acesso em: 25 jun. 2015.

Um dos melhores exemplos do uso do subconsciente em ambiente de negócios nos Estados Unidos foi de Thomas Edison, o famoso inventor. É importante lembrar que, embora sua educação formal não tivesse ido além do ensino médio, ele inventou numerosos dispositivos de alta tecnologia na época, como a lâmpada elétrica e a projeção de imagens em movimento, o cinema. A maneira como ele explorava o lado direito do cérebro, segundo relatos de seus colegas de trabalho, consistia em sentar-se em um quarto escuro – às vezes durante horas – até vislumbrar uma solução para o problema.

Donald Trump pode ser definido como político americano, eleito presidente, magnata dos negócios, investidor, celebridade da televisão e autor de livros. Ele não faz segredo, porém, de como recorre ao inconsciente. Em um dos exemplos, sua mente inconsciente continuou trabalhando em um problema, mesmo depois de sua mente consciente ter chegado a uma decisão que se revelou errada. "A documentação já estava em andamento, até que, certa manhã, acordei com a sensação de que algo estava errado." Atento às advertências da mente inconsciente, Trump mudou de ideia e não investiu em um projeto que estava sendo bem recomendado pelos analistas e por sua mente consciente. Vários meses depois, o negócio em que deixara de investir foi à falência. Os investidores perderam quase tudo.[62]

Outro exemplo de exploração do lado direito do cérebro é a descrição de Einstein de como formulou a Teoria da Relatividade – para o que nem mesmo precisou dormir. Simplesmente sonhou acordado, teve um devaneio. Seria de supor que qualquer processo tão complexo do ponto de vista quantitativo ou tão abstrato do ponto de vista conceitual quanto o desenvolvimento da Teoria da Relatividade envolveria numerosos cientistas de jaleco branco, trabalhando meses a fio em ambiente de laboratório, cercados de lousas e quadros, apinhados de fórmulas e gráficos. Mesmo que as tecnologias contemporâneas já estivessem disponíveis, essa constelação mais brilhante que mil sóis teria queimado neurônios e computadores para chegar às mesmas conclusões. Einstein, porém, imaginou tudo sozinho, fechando os olhos e divagando, como se estivesse cavalgando um feixe de luz em viagem onírica pelo espaço-tempo. Sonhar acordado, portanto, talvez não seja assim tão inútil.

---

[62] TRUMP, Donald J.; SCHWARTZ, Tony. *The Art of the Deal*. *Nova* York: Warner Books, 1987. p. 27-28.

Depois que a mente consciente identifica e analisa todos os fatores relevantes de determinada situação, a mente inconsciente não raro chega a conclusões e a decisões melhores que a mente consciente. Por que é assim?

1. *Sem pressão.* Em geral, a mente consciente atua sob todos os tipos de pressão, de tempo, de trabalho, de demandas. Já a mente inconsciente não reconhece essas premências.

2. *Distrações.* A mente consciente está sujeita a distrações ou dispersões, com amigos, familiares, preocupações, obsessões, assédios, estímulos externos e até insônia, que não perturbam a mente inconsciente.

3. *Tempo limitado.* A maioria dos consultores não tem tempo para dedicar-se a um único problema, durante o dia todo, sem descanso. A mente inconsciente, porém, tem todo o tempo, em atividade ou inatividade, inclusive a noite, podendo dedicar-se, o dia inteiro, à solução de um problema.

4. *Conhecimento falso.* Por várias razões, a mente consciente está sujeita a influências de suposições errôneas e de crenças inverídicas. A mente inconsciente não raro é mais neutra e resistente.

Ajudando o subconsciente a resolver problemas de consultoria

Caso você queira usar a mente inconsciente para ajudá-lo na solução de problemas, primeiro aprenda tudo sobre os problemas. Como no método de estudo de equipe (*staff study method*), que Drucker expôs no livro *O gerente eficaz*, reúna todos os fatores relevantes e se esforce para chegar ao âmago da questão. Vale a pena ruminar alternativas, conversar com outras pessoas, ouvir opiniões e fazer pesquisas esparsas. Empenhe-se ao máximo até sentir-se sobrecarregado.

Antes de dormir, reserve de meia a uma hora para refletir exclusivamente sobre o problema, analisar os dados e imaginar possíveis soluções.

Prepare-se para dormir, como em qualquer outro dia. Não tente forçar uma solução para o problema. Embora a solução geralmente desponte em algum momento da manhã seguinte é possível que ela ocorra no meio da noite. Ao deparar com a solução, esteja pronto para anotá-la imediatamente.

Às vezes as respostas se manifestam de maneira indireta e inesperada. Em 1846, quando tentava construir um equipamento capaz de costurar, Elias Howe empacou a certa altura. A engenhoca em desenvolvimento já conseguia empurrar e puxar a agulha através do pano. O problema era o fio. Como o fio passava por um orifício na agulha, na extremidade oposta ao ponto, a agulha inteira tinha que atravessar o material nos dois sentidos para completar a costura. Isso parecia impossível e Howe chegara a um impasse. Então, por várias noites seguidas, Howe teve sonhos idênticos; sua mente inconsciente tentava dizer-lhe alguma coisa. Nos sonhos, Howe se via em uma ilha do Pacífico Sul, onde nativos armados com lanças dançavam ao redor dele. As lanças, porém, eram muito estranhas, com um buraco visível na ponta. Só depois de vários dias Howe atinou com a solução: fazer um orifício na agulha para a passagem do fio, próximo à ponta, em vez de na extremidade oposta.

Se você estiver em busca de soluções excelentes para os problemas do cliente, explore os dois lados do cérebro, envolvendo a mente consciente e a mente inconsciente, mas, antes de tudo, de acordo com Drucker, imbua-se da presunção de ignorância como ponto de partida.

DRUCKER DIZ AOS CLIENTES O QUE FAZER COM O RISCO 10

O RISCO NA GESTÃO É INEVITÁVEL. Alguns dos clientes de Drucker não o admitiam. Queriam evitar o risco e só procuravam Drucker para saber como. No entanto, de acordo com Drucker, o risco era não só inevitável, mas também desejável. Na verdade, assumir risco é fator básico de qualquer empreendimento de sucesso. Eis o raciocínio de Drucker. Primeiro, por definição, em qualquer organização, a atividade econômica consiste em investir recursos no presente para auferir resultados desconhecidos e incertos no futuro. Além disso, trata-se de um compromisso envolvendo expectativas, suposições, previsões, quase tudo, mas nem sempre fatos. Ainda por cima, fatos futuros, embora essenciais, não podem ser conhecidos com certeza no presente. Isso significa que todas as decisões em negócios são sempre incertas.

Se isso não bastasse, o risco deve ser assumido não só por dirigentes, no topo, mas também por todos na organização, que contribuem com conhecimento e diligência para o sucesso da empresa. Ou seja, por cada gestor e por cada especialista, em todos os níveis, bem como por não gestores e não especialistas.

Até tentar reduzir o risco pode ser manobra errada

Drucker viu que, na tentativa de reduzir o risco, gestores e especialistas de todos os tipos partem de premissas erradas que podem levar ao desastre. O método mais comum de reduzir o risco é presumir que não haverá mudança na situação vigente ou que as tendências em curso, sejam quais forem, se manterão no futuro. A falácia desses pressupostos pode ser vista quase todos os dias no mercado de ações, onde muitos investidores adotam uma dessas premissas, com resultados desastrosos. Drucker sabia que a mudança era inevitável e sempre advertia os clientes sobre os perigos da instabilidade e da descontinuidade.

Anos atrás, comprovei essa realidade na propaganda semanal de uma empresa de investimentos no *Los Angeles Times*. Todos os domingos, eles publicavam um anúncio de página inteira, havia mais de dez anos consecutivos, gabando-se de oferecer aos investidores retorno consistente. Em seguida, com letras gigantescas, em negrito, destacava-se a exclamação "HO HUM!", que denota mesmice, enfado, fastio. A mensagem era que a empresa garantia esses resultados duradouros, sem risco de espécie alguma, com tanta estabilidade e segurança, que a situação chegava a ser monótona. Nem tanto. Obviamente, quando o mercado perdeu o chão, a partir da Grande Recessão de 2007, o anúncio evaporou.

Um dos poucos erros de Drucker foi desse tipo

O próprio Drucker fez uma dessas suposições erradas e aprendeu da maneira mais difícil como as premissas falsas podem ser perigosas. Como jovem jornalista do *Frankfurter General-Anzeiger* em 1929, Drucker previu futuro promissor e mercado em alta na sua coluna de jornal. Poucas semanas depois, passou pelo vexame de publicar um artigo no mesmo jornal, intitulado pelo editor "Pânico na Bolsa de Valores de Nova York". A situação a que ele se referia era o início da Grande Depressão, em todo o mundo, que durou mais de dez anos. Drucker, pelo menos, admitiu o erro. E foi muito mais honesto que alguns dos jornalistas de hoje, que, na imprensa ou na televisão, distorcem a realidade para dar a impressão de que o que aconteceu foi exatamente o que haviam previsto e que sabiam desde o início, embora os fatos sejam diferentes.

Drucker jamais voltou a cometer o mesmo erro. No entanto, ele sabia muito bem que não há como evitar o risco nos negócios e na vida. E concluiu: "Embora seja inútil tentar eliminar o risco e seja duvidoso procurar minimizá-lo, é essencial que o risco assumido seja o risco certo".[63]

O caso do general azarado que assumiu o risco errado

Logo depois que fui promovido a tenente da Força Aérea dos Estados Unidos, ouvi a história do general azarado. Isso foi em tempo de paz, de modo que ele não tinha que preocupar-se com o inimigo.

---

[63] DRUCKER, Peter F. *Management: Tasks, Responsibilities, Practices*. Nova York: Harper Business. p. 512.

A esse general foi atribuído o comando de um grande grupo de bombardeiros, alojados em "Tornado Alley", no sudoeste dos Estados Unidos. Nas épocas de tornados, grandes redemoinhos atmosféricos, perigosos e destrutivos, em forma de cone invertido, se formam com rapidez surpreendente. Os aviões bombardeiros eram muito grandes e a maioria, que não cabia em hangares, ficava exposta na pista, durante as tempestades regulares, sem proteção. Não havia grandes transtornos durante temporais, ventanias e nevascas, mesmo com intensas descargas elétricas. Os tornados, porém, tinham força suficiente para destruir essas aeronaves de muitos milhões de dólares com grande facilidade. Hoje, elas são avaliadas em bilhões de dólares.

Um dia, as condições atmosféricas sugeriam a iminência de tornados e disparou-se um alarme de tempestade. Sendo prudente, o general ordenou que as equipes tripulassem os aviões, decolassem com urgência e se afastassem da área ameaçada por tornados, rumo a outros campos mais seguros. Mas, depois que os aviões aterrissaram em suas bases de emergência, a tempestade se dissipou e nenhum tornado atingiu a área. No entanto, os custos do deslocamento, com combustível e pessoal, chegaram a dezenas de milhares de dólares. O general, porém, não foi criticado pela iniciativa de deslocar as aeronaves, pelo menos dessa vez.

Algumas semanas depois, repetiu-se a ameaça de tornados. Novamente o general retirou os aviões, outra vez a tempestade se dispersou, sem a ocorrência de tornados, e, como dantes, a mobilização dos aviões custou dezenas de milhares de dólares. Dessa vez, no entanto, o comandante sugeriu que o general estudasse a possibilidade de melhorar a capacidade de previsão de tornados. O general o fez, mas a tecnologia da época não oferecia previsões mais seguras. Não era possível prever com certeza a formação e a incidência de tornados em área mais delimitada.

Como seria de esperar, poucas semanas depois, o alerta de tornado foi disparado de novo. Dessa vez, o general resolveu não retirar os aviões. Tiro e queda. As previsões se confirmaram, os tornados se formaram, vários atingiram a base, e destruíram ou danificaram vários aviões. O chefe do general imediatamente o transferiu para outro posto. Sem eufemismos, demitiu-o. "Mas eu não fiz nada errado", protestou o general. "Eu sei", respondeu o comandante, "mas não gosto de generais azarados". Ao analisar a situação, o general assumiu riscos errados. Apesar do custo de deslocar os aviões e não obstante a crítica do comandante sobre sua precipitação, o general deveria, mais uma vez, ter retirado os aviões para evitar perdas muito maiores. As condições meteorológicas talvez fossem mesmo imprevisíveis. Exatamente por isso, o general não poderia ter assumido o risco de perder milhões de dólares.

Escolher o risco certo é crucial

O general Walter Short comandava o Exército dos Estados Unidos no Havaí, inclusive a Força Aérea, que, na época, era parte do Exército. O Comandante da Marinha era o almirante Husband Kimmel. Ambos, o almirante Kimmel e general Short, achavam que o perigo de sabotagem era maior que o risco de um ataque aéreo, e que a Marinha, responsável pela vigilância aérea, poderia fornecer alarmes adequados de um ataque aéreo, considerado, erroneamente, além da capacidade das forças japonesas, que estavam a milhares de milhas de distância. Short, portanto, estacionou os aviões muito próximos uns dos outros, quase asa com asa, onde podiam ser mantidos com mais facilidade e eficiência. Nessas condições, estava reduzindo o risco de sabotagem, mas aumentando em muito o risco de destruição se houvesse um ataque pelo ar.

Em consequência, quando, em 7 de dezembro de 1941, domingo, 353 aviões japoneses decolaram de seis porta-aviões e atacaram a base americana às 7h48 da manhã, foi uma surpresa completa. Dos oito navios de guerra dos Estados Unidos, ancorados no porto, todos foram danificados e quatro foram afundados, assim como muitas outras embarcações menores. Do total de 390 aviões, nada menos que 188 foram destruídos e outros 159 foram danificados, quase todos em terra. Os Estados Unidos sofreram grandes perdas, com quase 4.000 mortos e feridos. Os dois comandantes americanos foram acusados de prevaricação e dispensados do comando. Também foram obrigados a se aposentar e não exerceram nenhuma outra função na guerra. Em sua defesa, ambos salientaram seus bons antecedentes na carreira militar e até alegaram eficiência nos erros cometidos. Tudo em vão. Esses líderes podem ter sido muito eficientes na execução de decisões erradas, mas não foram eficazes no cumprimento do dever, na proteção das tripulações e na defesa das ilhas havaianas.

Drucker enfatizava a importância de analisar a situação e de assumir o risco certo, alertando que correr o risco errado pode ser ainda mais desastroso. As investigações de Drucker levaram à descoberta de um fator crítico no processo: depois de identificar o risco certo, é preciso estabelecer controles adequados sobre a assunção de riscos e sobre as ações consequentes. Do contrário, mesmo que se trate do risco certo, talvez haja outros aspectos e outros riscos relevantes, que, afinal, podem resultar em ações mal gerenciadas, em objetivos inalcançados e em resultados inadequados, mesmo que assumir alguns riscos fosse aceitável e justificável. Trata-se de considerações práticas a serem compreendidas pelos clientes. Além disso, é importante convencer os clientes a adotar essa abordagem.

Controle de riscos e suas características

Drucker descobriu que o controle de riscos sempre envolve três características básicas que dificultam o seu gerenciamento:

1. O processo não é objetivo nem neutro.
2. Embora se deva focar nos resultados reais, a "realidade" às vezes é incontrolável.
3. Os riscos também ocorrem em eventos imensuráveis, que não podem ser medidos nem gerenciados com facilidade.

A quase impossibilidade de ser objetivo e neutro ao lidar com seres humanos

Essa característica é uma advertência. Entre 1924-1932, desenvolveu-se um estudo sobre as condições de iluminação na Hawthorne Works, uma fábrica da Western Electric, na periferia de Chicago. Um dos experimentos consistia em examinar o efeito da melhoria da iluminação sobre a produtividade. Parecia bastante simples. Semanalmente, aumentava-se a potência das lâmpadas e anotavam-se os efeitos sobre a produtividade. Esperava-se que a produtividade aumentasse à medida que se melhorava a iluminação a cada semana, o que decerto se confirmou.

Ocorre que, numa das mudanças semanais na intensidade da iluminação, algum brincalhão diminuiu, em vez de aumentar, a potência das lâmpadas, comprometendo toda a objetividade e a neutralidade do experimento. Adivinha qual foi o resultado? A produtividade aumentou, mesmo com a redução da iluminação. Não se tratou, de modo algum, de milagre ou de erro de mensuração. A interpretação foi que a expectativa em si de melhora da iluminação motivava os operadores a trabalhar com mais disposição e eficiência e, portanto, com mais produtividade. O fenômeno hoje é conhecido como "Efeito Hawthorne".[64] O experimento demonstrou que o simples fato de estar sendo pesquisado e de estar recebendo mais atenção pode resultar em aumento da produtividade, pelo menos durante algum tempo. Daí se depreende, como disse Drucker, que "não se está controlando a queda de uma pedra, mas sim uma situação social, envolvendo seres humanos animados, racionais e emotivos, influenciáveis e influenciados pelos controles em si".

Focando nos resultados reais

Medir esforço ou eficiência é relativamente fácil; medir resultados reais, em condições controladas, porém, é muito mais difícil. Drucker sempre repetia que era inútil ter um departamento de engenharia altamente eficiente, por exemplo, se os engenheiros só fossem eficientes no desenvolvimento de produtos errados. Mais ou menos nos mesmos termos, Drucker diferenciava liderança e gestão. Desde então, muita gente tem adotado a fórmula de Drucker: a gestão se concentra em *fazer certo as coisas* – ser eficiente na execução da tarefa – enquanto a liderança se empenha em *fazer as coisas certas* – ser eficaz na obtenção de resultados. Portanto, o gestor eficiente, com base em certos critérios, pode não ser um líder eficaz.

Em geral, medir a eficiência não é difícil. Por exemplo, é fácil contar o número de vezes em que um líder elogia os subordinados por um "bom trabalho". Essa atitude é considerada sinal de boa liderança. Lembre-se do "gerente minuto", que devia flagrar o pessoal mais por fazer as coisas certas que por fazer as coisas erradas.[65] No entanto, também é possível fazer um "bom trabalho" nas coisas erradas, não só nas coisas certas. Talvez os vendedores estejam fazendo um trabalho maravilhoso, mas vendendo os produtos errados. Será

---

[64] THE HAWTHORNE EFFECT. *The Economist*, London, 3 nov. 2008. (Adaptado de: HINDLE, Tim. *The Economist Guide to Management Ideas and Gurus*. Nova York: Bloomberg Press, 2008. Disponível em: <http://www.economist.com/node/12510632>. Acesso em: 12 fev. 2015.)

[65] BLANCHARD, Kenneth H; JOHNSON, Spencer. *The One-Minute Manager*. Nova York: William Morrow, 2003.

este um "bom trabalho"? Para complicar ainda mais os controles, como saber quais são "as coisas certas"? E a dificuldade é ainda muito maior quando a situação envolve grande diversidade de fatores circunstanciais e de agentes humanos. Como a liderança é uma arte, é possível que, nas avaliações, a qualidade não raro esteja mais nos olhos do observador.

Focando nos resultados certos

Os campos de batalha oferecem exemplos reais do que isso significa. O fuzileiro Greg "Pappy" Boyington foi piloto de caça na Segunda Guerra Mundial. Mais tarde, escreveu o livro *Baa Baa Black Sheep*. Cerca de 20 anos atrás, produziu-se uma série de televisão homônima sobre suas experiências. Como jovem piloto, ele demitiu-se do Corpo de Fuzileiros Navais e apresentou-se como voluntário aos "Flying Tigers", do general Chennault, na China. Nessa condição, conquistou várias vitórias. Seus comandantes, porém, achavam que ele bebia demais, o que o levou a ser desprezado pelos superiores hierárquicos. Com essa pecha, ao deixar a China para retornar ao Corpo de Fuzileiros Navais, não foi bem recomendado.

Embora fosse excelente piloto – atributo ainda mais importante durante a Segunda Guerra Mundial, quando havia poucos pilotos de caça para atender à demanda – ele foi designado para um trabalho burocrático, sem nenhuma responsabilidade sobre as operações e sem nenhum subordinado, a não ser um secretário. Por sorte, muitos caças foram deslocados para as imediações, sem pilotos preparados para a luta. Ele propôs, então, assumir a posição de comandante do esquadrão e comprometeu-se a recrutar e treinar os próprios pilotos. Afinal, o objetivo era combater o inimigo!

Boyington foi incumbido do comando "temporário" de um esquadrão improvisado e foi investido de autoridade para treinar uma equipe de pilotos de qualquer origem e reuni-los em um esquadrão, com designação provisória, sob sua liderança. Só em tempos de guerra isso seria possível! Ele recrutou os pilotos em qualquer lugar onde estivessem disponíveis, mesmo que estivessem trabalhando em outras atividades, mas ansiosos para entrar como voluntários em seu "novo esquadrão". E, assim, treinou pilotos de transporte para atuar como pilotos de caça e arregimentou pilotos "no solo", por terem feito algo errado, e os levou de volta para as cabines, em liberdade condicional.

Preparou-os com afinco e, quando os considerou aptos, ativou o esquadrão e os enviou em missões de combate.

A nova equipe se autodenominou Esquadrão "Ovelha Negra". Esse grupo quase clandestino, porém, abateu mais aviões inimigos em poucas semanas do que a maioria dos outros esquadrões em vários meses. O comandante responsável pela missão converteu o grupo em unidade permanente, que veio a distinguir-se como o melhor esquadrão de caça do Corpo de Fuzileiros Navais no teatro de operações do Pacífico. No fim da guerra, Boyington foi condecorado com a Medalha de Honra do Congresso, desfrutando a reputação de um dos melhores comandantes de esquadrão de caça das Forças Armadas americanas durante a guerra. Esse líder outrora desprezado, tido como incapaz de liderar até um secretário em trabalhos burocráticos, aposentou-se do Corpo de Fuzileiros Navais na posição de coronel.

O caso de Boyington, como tantos outros, demonstra que os olhos do observador nem sempre são muito objetivos. Como dizia Drucker, o principal critério de seleção de pessoal não é a ausência de pontos fracos, mas sim a presença de pontos fortes.

Além disso, Drucker teria acrescentado que o comandante, ao permitir que Boyington formasse aquele esquadrão de semidesajustados, assumiu o risco certo. A tentativa poderia ter fracassado, com perdas humanas e materiais vultosas, mas deu certo e valeu a pena.

Quando as condições mudam, os resultados reais também podem mudar

Como este capítulo está cheio de exemplos de militares, eis mais um. Quando eu era cadete, lembro-me de ter estudado a história de um oficial de infantaria recém-comissionado, que mal passara no treinamento introdutório, e que, antes de entrar em combate, já estava na iminência de ser rebaixado a soldado raso.

Esse tenente era gordo e desleixado, raramente passava seus uniformes, não engraxava os sapatos e mal se barbeava. Até que um dia toda a divisão entrou em combate. O oficial não mudou muito, mas tinha um talento especial para liderar em circunstâncias difíceis e para tomar as decisões certas em combate. Segundo a descrição do caso, a tropa seguia confiante seus passos "rechonchudos". Em combate, onde o importante era a liderança, ele foi um grande sucesso.

As condições tinham mudado, e também os resultados reais, que são os que de fato envolvem riscos.

Assim, nem sempre se mede a liderança pelas aparências, nem mesmo pela inexistência de pontos fracos, mas sim com base em resultados reais, dependendo da missão da organização. O fracasso ou o sucesso de um líder depende não de sua perseverança ou de sua eficiência, mas do sucesso ou fracasso na execução da missão e na obtenção de resultados. Esse critério é muito duro quando se considera a quantidade de fatores que não estão sob o controle do líder: disponibilidade de recursos, qualidade do pessoal, dificuldade da tarefa, atos da natureza, julgamento, e muitos outros. Mas essa é a realidade!

Os eventos não mensuráveis também podem mudar

Os controles também são difíceis porque alguns eventos na organização, importantes para o risco, simplesmente não são mensuráveis. Já observamos que não há fatos verdadeiros sobre o futuro. Tampouco se sabe o que pode acontecer de repente no percurso para o futuro. A famosa régua de cálculo, outrora onipresente no bolso de qualquer engenheiro digno do nome, desapareceu quase da noite para o dia, quando as pequenas calculadoras eletrônicas portáteis chegaram ao mercado.

As sete especificações do controle

Com base em pesquisas, Drucker concluiu que todos os controles devem atender a sete especificações:

1. Economicidade – quanto menos esforço demandar, melhor será o controle.
2. Relevância – ser significativo em si ou indicar avanços significativos.
3. Adequação – compatibilizar-se com o objeto – o absentismo médio anual de dez dias parece aceitável, mas não quando só há dois funcionários e um deles nunca falta.
4. Congruência – representar o fenômeno medido. Como escritor, estou sempre interessado em vendas de livros. Certa vez li um livro de um empresário famoso que tinha escrito um best-seller. Ele tinha comprado uma empresa bem conhecida e promovido seus produtos pela televisão, afirmando que gostava tanto deles, que havia comprado a empresa. A propaganda

era ótima. Quando li o livro, porém, achei-o, na melhor das hipóteses, razoável. Mesmo assim, tornou-se um best-seller e vendeu dois milhões de exemplares, superando livros muito melhores sobre empreendedorismo em vendas, inclusive *Inovação e espírito empreendedor*, de Drucker, que saiu na mesma época, sem mencionar vários de minha autoria, dos quais o melhor vendera pouco menos de 100.000 cópias.

Um dia, revelou-se que o autor tinha gasto quase US$ 2 milhões do próprio bolso promovendo o livro. No entanto, a comissão de direitos autorais é muito inferior ao que se imagina, em geral cerca de 15% do valor líquido recebido pelo editor. A margem líquida da editora às vezes é de apenas 50% do preço do livro. Como esse empresário não era editor, estimei que ele tivesse auferido cerca de US$ 1 milhão em comissões de direitos autorais. Assim, ele, pessoalmente, deve ter perdido US$ 1 milhão com a venda do livro. Talvez ele estivesse disposto a pagar US$ 1 milhão só para gabar-se de ter escrito um best-seller que vendeu mais de dois milhões de exemplares. Portanto, como medida de controle, a quantidade de exemplares vendidos – a métrica mais importante para medir a demanda por determinado livro – é provavelmente incongruente, sem a observação e a comparação de outros fatores.

As especificações de controle 5, 6 e 7 são provavelmente muito mais fáceis e intuitivas. O controle precisa ser oportuno. Será mero desperdício de tempo e dinheiro se a retroalimentação chegar tarde demais. Também devem ser simples. Como Drucker observou, controles complexos são ineficazes. Não raro geram confusão e acarretam outros erros. Finalmente, é importante que as especificações sejam orientadas para a ação. Não se controla por interesse acadêmico. O objetivo é monitorar a execução depois do planejamento.

A limitação final

O fator limitativo do controle é a organização em si. A organização funciona com regras, políticas, recompensas, punições, incentivos, recursos e bens de capital. O sucesso, porém, depende das pessoas e de seu desempenho diário, fatores nem sempre quantificáveis. Os incentivos e as recompensas, como aumentos salariais e participação nos lucros, podem ser quantificáveis. Contudo, sentimentos, motivações, doenças, disposição e ambições não são. Como sistema operacional, a organização não pode ser quantificada com exatidão.

O que tudo isso significa

O risco é essencial e, como consultor, é o que Drucker ensinava aos clientes. O segredo é assumir os riscos certos e, em seguida, controlar esses riscos, considerando os muitos fatores que tornam o controle tão difícil de compreender e de aplicar. No entanto, conhecimento é poder, ou pelo menos estoque de poder. Selecionar os riscos certos e monitorar os sete aspectos importantes dos controles de riscos identificados por Drucker significam gestão de riscos eficaz. Não se pode ir além, nem o consultor pode admitir fazer menos.

COMO PENSAR À MANEIRA DE DRUCKER, EINSTEIN E SHERLOCK HOLMES

11

JÁ ESCREVI QUE TALVEZ O MAIOR LEGADO de Drucker tenha sido nos ensinar a pensar. Suas ideias e teorias valiosas, por escrito ou em sala de aula, não são produtos de métodos científicos ou cálculos matemáticos, mas resultados do método direto de observação, usando o cérebro e o raciocínio para chegar a conclusões lógicas. Como outro gênio notório, Albert Einstein, ele não desenvolveu suas teorias em laboratórios convencionais, cercado por instrumentos, computadores e cientistas de jaleco branco, mas sim no laboratório da mente. É fato que o período mais produtivo de Einstein foi em 1905, quando escreveu quatro trabalhos teóricos desbravadores, um dos quais acabou rendendo-lhe o Prêmio Nobel. Nenhum dos quatro foi concebido e produzido na atmosfera estéril dos laboratórios convencionais, nem mesmo em uma universidade, mas no Escritório de Patentes da Suíça, do qual era funcionário.[66]

O desenvolvimento da teoria da relatividade

O próprio Einstein descreveu seu primeiro passo no desenvolvimento de uma de suas mais extraordinárias produções, a Teoria da Relatividade, que foi concebida quando ele se imaginou viajando ao longo de um feixe de luz. Também é muito possível que tenha sido Einstein quem serviu de exemplo para Drucker no aperfeiçoamento de sua metodologia de reflexão e raciocínio, que, por sua vez, resultou em suas muitas teorias de gestão. Drucker observava empresas em ação. Essas empresas, em conjunto, eram para ele seu "laboratório". Baseava-se na investigação e no encadeamento do que observava nesse laboratório para elucubrar suas teorias.

---

[66] ALBERT EISTEIN. In: History. Disponível em: <http://www.history.com/topics/alberteinstein>. Acesso em: 11 jul. 2015.

Einstein revelou o processo comum

Enquanto Drucker nos ofereceu apenas pistas sobre o processo, Einstein, na verdade, o descreveu. Em um artigo no *London Times*, em 1919, Einstein revelou o que denominou "Teorias do Princípio". Ele afirmou que essas teorias "[...] empregavam o método analítico, não o sintético. Seus esteios e pilares não são fatores hipotéticos, mas as propriedades gerais dos fenômenos, constatadas por observação empírica, gerando princípios a partir dos quais se deduzem fórmulas matemáticas, de modo que as tornem aplicáveis a todos os casos que se apresentem ao observador".[67]

Não sei se Drucker realmente leu o artigo de Einstein. Drucker, na época, tinha apenas 10 anos e não falava inglês. Drucker, porém, fez referência a Einstein, e é possível que tenha lido o artigo mais tarde. Esse artigo me motivou a investigar melhor a diferença entre pesquisa sintética e pesquisa analítica. Para simplificar algumas definições bastante complexas, a pesquisa sintética parte do conhecido e evolui para o desconhecido. Assim, começa-se com uma hipótese ou com diversas hipóteses e testam-se essas hipóteses para demonstrar ou contestar algo, geralmente por meio do exame de quantidade suficiente de exemplos e da aplicação de testes matemáticos para a apuração de diferenças significativas. A pesquisa analítica parte do desconhecido e evolui para o conhecido. Não há hipóteses. Uma definição de pesquisa analítica é: "Tipo específico de pesquisa que envolve a capacidade de pensamento crítico e a avaliação de fatos e informações referentes à pesquisa que está sendo conduzida".[68] A pesquisa a analítica é a maneira como Einstein e Drucker chegavam às suas teorias, e também à prática de consultoria de Drucker, tanto na exploração de suas observações quanto na análise dos problemas dos clientes.

Entra em cena o maior detetive do mundo da ficção

Sherlock Holmes, o grande detetive ficcional de outro gênio, Sir Arthur Conan Doyle, também entra nessa discussão do pensamento

---

[67] EINSTEIN, Albert. Time, Space, Gravitation. *London Times*, 28 nov. 1919. (Reproduzido em: *Science*, v. 2, p. 8, 2 jan. 1920. Disponível em: <https://archive.org/details/science511920mich>. Acesso em: 11 jul. 2015.)

[68] WHAT IS ANALYTICAL Research? In: Ask. Disponível em: <http://www.ask.com/business-finance/analítico-pesquisa-94534a536bf46028>. Acesso em: 20 jul. 2015.

de Drucker. Já observei que Drucker provavelmente se inspirou na definição de Holmes, segundo Doyle, de "detetive de consultoria", para chegar à definição de consultor de gestão. Os dicionários e outras fontes não a forneciam, numa época em que nem Drucker nem seu supervisor militar compreendiam as funções para as quais Drucker tinha sido recrutado durante a Segunda Guerra Mundial. É provável que o insight de Drucker para essa definição tenha sido disparado pela leitura de algumas histórias ou romances de Sir Arthur, depois que Drucker fugiu da Alemanha para a Inglaterra durante a ascensão de Hitler, em 1934.

Enquanto Sherlock Holmes tinha a incrível capacidade de deduzir fatos, seu assistente, Dr. John Watson, queixava-se de sua terrível incapacidade de perceber todos os fatos que Sherlock parecia adivinhar. Para explicar esse contraste, Sherlock afirmou: "Pelo contrário, Watson, você pode ver tudo. Você falha, no entanto, na racionalização do que vê. Você é muito tímido no delineamento das suas inferências". Em outras palavras, não basta observar, também é preciso extrair conclusões das observações.[69]

A pesquisa acadêmica é um processo analítico, mas...

Não seria a pesquisa acadêmica um processo analítico? Sim, é. Observe, porém, que as teorias desenvolvidas pelos três gênios – Einstein, o famoso detetive de Sir Arthur Conan Doyle (Sherlock Holmes) e Peter Drucker – não começavam com hipóteses, antes mesmo da observação, e não decorriam do método científico, como normalmente é entendido, processo em que se pesquisam e se analisam muitos indivíduos, por meio de técnicas e equações matemáticas. A abordagem analítica de Einstein, Holmes e Drucker decorre de um modelo simples:

1. Observação, real ou, como no caso de Einstein, imaginária.
2. Análise do que foi observado.
3. Conclusões.
4. Construção da teoria com base nessas conclusões.

Ed Cooke, Grande Mestre da Memória, graduou-se pela Universidade de Oxford em psicologia e escreveu livros sobre memória.

---

[69] DOYLE, Arthur Conan. *The Blue Carbuncle.* In: ____. *The Adventures of Sherlock Holmes.* Oak Park, IL: Top Five Books, iBooks, 2012. p. 389-390.

Foi o coach (treinador) de memória que convenceu Joshua Foer de que qualquer pessoa poderia ser treinada para desenvolver memória extraordinária em apenas um ano. Embora, de início, os testes de memória de Foer não passassem da média, Cooke o preparou, em cerca de um ano, para se tornar Campeão de Memória dos Estados Unidos, comprovando sua afirmação inicial de que poderia alcançar esse resultado com qualquer pessoa, por meio de treinamento intensivo. Para quem esteja em dúvida sobre o que seja treinamento intensivo, basta dizer que o método exige cerca de uma hora de treinamento por dia, e muitas horas de treinamento por dia, pouco antes da competição. (Para quem quiser saber mais, recomendo *A arte e a ciência de memorizar tudo: memórias de um campeão de memórias*, Nova Fronteira, 2011).

Ao analisar a capacidade da mente humana, Cooke escreveu que duas são as maneiras de pesquisar o cérebro: "A primeira é o método da psicologia empírica, que consiste em atuar como observador externo e medir o desempenho de muitas pessoas diferentes. A outra maneira segue a lógica de que o desempenho ótimo de um sistema contém indicações sobre sua constituição".[70]

A descrição de Cooke do segundo método corresponde à forma como Einstein, Doyle, e Drucker abreviaram o método analítico, focando nos poderes de observação comuns e aplicando o raciocínio analítico aos métodos de pesquisa, de modo a obter resultados práticos. Parece claro que todos os três seguiram essa "outra maneira".

Insights inesperados numa conferência acadêmica

Ocorreram-me insights sobre o valor dos métodos de Drucker cerca de 15 anos atrás, quando participei como convidado de um grupo de expositores numa conferência acadêmica. O objetivo era discutir a influência dos livros didáticos nas práticas de gestão, ou melhor, a falta deles. Durante os debates, e perante uma audiência de professores de marketing e de administração, fui o destinatário específico de uma das perguntas. Dos cinco autores que compunham o grupo, eu era o único que tinha escrito tanto livros profissionais para gestores praticantes quanto livros didáticos para estudantes universitários. O que me perguntaram foi por que os livros didáticos eram

---

[70] COOKE, Ed, *apud* FOER, Joshua. *Moonwalking with Einstein*. Nova York: Penguin Books, 2011. p. 15.

tão defasados das mais recentes práticas de gestão, enquanto os livros profissionais ou "comerciais" quase sempre pareciam tão avançados, com tecnologia de ponta.

Refleti por alguns segundos e, então, respondi: "Os autores de livros didáticos devem reunir estudos de muitas fontes para confirmar os principais pontos ou teorias neles expostos. Em alguns casos, também precisam expor teorias alternativas sobre diferentes métodos práticos. Basicamente, o tempo consumido pelo autor de livros didáticos em suas pesquisas deve ser adicionado ao tempo consumido pelos pesquisadores originais em seus experimentos e artigos acadêmicos, inclusive na busca de editores. No caso dos melhores periódicos, o processo pode levar alguns meses até a aceitação do trabalho. Depois da publicação, o livro didático serve para orientar os alunos em sala de aula e raramente é lido por profissionais. Em geral, os alunos demoram alguns anos para se firmar na profissão e explorar o aprendizado. Por outro lado, o livro profissional, baseado em teorias resultantes de observações pessoais, parte de pesquisas analíticas e faz recomendações aplicáveis com muito mais rapidez, uma vez que se destinam a praticantes capazes de experimentar as teorias sem muitas delongas".

Mais insights na conferência

Essa conferência me motivou a fazer algumas pesquisas por conta própria. Ao preparar uma palestra para alunos de doutorado sobre a importância de escrever livros profissionais para disseminar a teoria, como fazia Drucker, em vez de limitar-se a artigos acadêmicos, como prefere a maioria dos intelectuais, deparei com um fato inesperado. Muitas das teorias de gestão mais conhecidas chegavam aos praticantes pelo método de Drucker, que consistia em escrever um livro e levar a informação diretamente ao usuário. Aí se incluem conceitos como *administração por objetivos*, de Drucker, no livro *Prática de administração de empresas*, de 1954, além de outros métodos baseados nas ideias de Drucker; *hierarquia das necessidades*, de Abraham Maslow, no livro, *Motivation and Personality*, de 1954; e *Teoria X e Teoria Y*, de Douglas McGregor, no livro *O lado humano da empresa,* de 1960. Evidentemente, também foi enorme a quantidade de artigos publicados em periódicos acadêmicos sobre todos esses temas, mas que só apareciam depois da publicação dos livros profissionais escritos pelos criadores dessas ideias e da ampla divulgação de suas aplicações práticas pelos profissionais da área. Os resultados das pesquisas acadêmicas eram levados a conhecimento público para confirmar ou negar diferentes aspectos das propostas dos autores; ou os próprios autores dos livros também escreviam esses artigos para reforçar as teorias já publicadas em livros.

As ideias e os métodos de Drucker daí resultantes

Drucker observava diretamente as propriedades gerais dos fenômenos, de maneira empírica, ou indiretamente, através de suas perguntas e respostas e mediante o relato, pelos clientes, das próprias experiências. Ele não partia de fórmulas matemáticas sintéticas, em que se inseriam dados para definir o planejamento das ações. Ele recorria aos poderes da observação e do raciocínio para desenvolver a teoria e para testá-la na prática.

Talvez por isso é que, embora afirmasse que sempre partia da presunção de ignorância a respeito das questões em análise, Drucker também insistia na necessidade de medições e de números no processo de avaliação do desempenho e do progresso. Evitava, porém, os métodos quantitativos na formulação da teoria e em suas aplicações na estratégia. Não tão evidente era a natureza do processo, sobre a qual afirmava apenas quando questionado sobre seus métodos; ele se limitava a ouvir, às vezes acrescentando que também "ouvia a si mesmo". Esse comentário era feito com humor e sem arrogância. Também é provável que Drucker se manifestasse com absoluta exatidão. Ele seguia o próprio raciocínio lógico no desenvolvimento da teoria e em sua aplicação prática pelos clientes. Não resta dúvida de que Drucker adotava um processo bem definido, mas, ao contrário de Einstein, ele não o explicitou com clareza. É muito provável que os métodos de ambos fossem muito semelhantes, se não idênticos.

Essa ferramenta importante – o processo reflexivo de Drucker – era parte do vasto repertório intelectual a que Drucker recorria em suas atividades de consultoria, e não deve ser negligenciado. A relevância desse recurso torna-se ainda mais notória quando se sabe que ele não usava modelos de análise matemática para chegar às suas conclusões e recomendações. Não há como referir-me a equações matemáticas ou a seus métodos preferidos para a identificação de diferenças significativas, pelo simples fato de não existirem. Se, porém, entendermos seu processo reflexivo, poderemos aplicá-lo na solução de problemas, na tomada de decisões e, como consultores, nas orientações e recomendações aos clientes.

O elo perdido do pensamento de Drucker no desenvolvimento de teorias

Sabemos agora que o fundamento do processo reflexivo de Drucker era o raciocínio analítico, baseado, porém, em suas próprias observações. Como observador externo, ele delineava a lógica do que o desempenho ótimo ou precário do sistema deixava claro, em vez de "medir o desempenho de muitas pessoas diferentes". Drucker, no entanto, explorou um elo final que talvez o próprio Einstein tenha negligenciado, embora Doyle, através do personagem Holmes, o tenha descoberto. Drucker desenvolvia suas teorias desafiando a "explicação conhecida" dos fenômenos observados. Na verdade, ele questionava a lógica presumida do resultado dos eventos de que era testemunha. Eis algumas pistas que descobri a respeito de sua metodologia questionadora:

1. Analisava as ideias, mesmo que, por intuição, parecessem óbvias.
2. Virava os "fatos" de ponta-cabeça para ver como "seriam" com a inversão das ideias básicas.
3. Conseguia discernir na hora o que era imperceptível para os outros.
4. Adotava a diretriz de Sherlock Holmes, segundo a qual, se todas as outras conclusões, depois de examinadas, fossem consideradas falsas, a remanescente deveria ser verdadeira, não importa quão improvável ou aparentemente impossível. Essa última "pista" dos métodos de Drucker apenas confirma as razões das três primeiras. Analisemos, porém, as três primeiras pistas de seu processo reflexivo com mais detalhes.

Examinando o que, por intuição, parece óbvio

Pergunte a nove entre dez empresários qual é o propósito de seus negócios e eles o olharão como se você fosse louco. "Por quê? Ter lucro, é claro", ou diriam algo semelhante que denotasse perplexidade. Um discípulo de Drucker talvez simplesmente repetisse as palavras do mestre: "O propósito de um negócio é criar clientes", mesmo sem compreender o raciocínio de Drucker nem o significado da afirmação, mas, sem dúvida, a motivação do lucro e a maximização do lucro eram jogos justos para o gênio de Drucker. Examinemos com cuidado o raciocínio dele.

A motivação do lucro

A motivação do lucro é um conceito econômico básico. Em face disso, não há muito a questionar. Uma definição típica de motivação do lucro é: "A intenção de auferir ganho monetário numa transação ou empreendimento material. A motivação do lucro também pode ser interpretada como as razões subjacentes pelas quais um contribuinte ou uma empresa participa de atividades comerciais de qualquer espécie". Muitos economistas também adotam a visão social de que, para maximizar o crescimento econômico, também é preciso maximizar o lucro. Drucker dizia que o lucro não é o propósito da empresa e, em seguida, proferia um conceito incomum: a maximização do lucro não só é absurda, mas também pode ser perigosa.[71]

Drucker, de início, questionou a motivação do lucro em si, alegando que jamais se comprovara sua existência e que a teoria fora inventada pelos economistas clássicos para explicar uma realidade inexplicável pela teoria do equilíbrio econômico por eles desenvolvida. Por exemplo, a prática do voluntarismo, quando certas pessoas, algumas muito bem remuneradas em suas outras atividades, trabalham duro muitas horas para o bem comum em várias organizações, recebendo pouco ou nada, não é explicada pela motivação do lucro.

O termo "homens de um dólar por ano" se tornou popular durante a Primeira Guerra Mundial. A lei americana proibia o trabalho sem compensação financeira. Em consequência, muitos voluntários, em situações de emergência e em tempos de guerra, passaram a ser remunerados com a importância nababesca de um dólar por ano, que não raro lhes era paga em meio a grande pompa. Mesmo naquela época, um dólar não era muito dinheiro, ainda por cima como pagamento pelo trabalho de um ano... bem, fosse como fosse, o esquema atraía muita atenção e publicidade. Além disso, poucos ignoram que muita gente talentosa exerce, de propósito,

---

[71] DRUCKER, Peter F. *Management: Tasks, Responsibilities, Practices.* Nova York: Harper & Row: 1973, 1974. p. 60.

atividades mal remuneradas, por terem interesse em ou vocação para o exercício de funções mais ou menos permanentes, como no Corpo da Paz ou na Cruz Vermelha, ou em qualquer outra causa que lhes pareça importante. Pat Tillman desistiu de carreira glamourosa como astro do futebol americano na NFL e renunciou a um contrato de US$ 3,6 milhões durante três anos, após o ataque terrorista de 11 de setembro, para se tornar guarda florestal. Atuou em diversos conflitos, antes de ser morto acidentalmente por fogo amigo durante operações de combate. [72,73]

Drucker chegou a questionar a ideia de que os altos salários das empresas eram necessários para atrair profissionais de qualidade, "que se recusariam a trabalhar por menos", movidos pela motivação do lucro. Várias são as atividades, porém, que atraem indivíduos de alta qualificação, pagando salários relativamente baixos. Dois exemplos representativos são o magistério e a carreira militar.

Drucker concluiu que, mesmo sendo estimulante e motivador, o lucro nem sempre é o único fator de motivação. E a ideia de maximização do lucro como objetivo final de uma empresa, ignorando as questões sociais e outros fatores relevantes, de acordo com Drucker, era, na melhor das hipóteses, exagerada.

É óbvio que Drucker jamais pregou que a busca do lucro, a rentabilidade do negócio em si, fosse inócua ou imoral. Isso não é verdade, nem é a questão. Ele afirmou que a aversão ao lucro era "a doença mais destrutiva de uma sociedade industrial", acarretando alguns dos erros mais nocivos em governança pública, e combateu a noção equivocada de que existe uma contradição intrínseca entre geração de lucro e responsabilidade social. Drucker salientou que as empresas só podem contribuir para a sociedade se gerarem lucro para os acionistas. Não é bom para ninguém quando a empresa sai do mercado. No entanto, muita gente esquece que, para sobreviver e progredir, as empresas precisam investir em pesquisa e desenvolvimento e gerar reservas de caixa para o futuro. Não raro, observadores bem intencionados fazem cálculos errados e concluem que a empresa está sendo "gananciosa", quando, na

---

[72] EX-NFL STAR Tillman Makes "Ultimate Sacrifice". In: NBC.COM. 26 abr. 2004. Disponível em: <http://www.nbcnews.com/id/4815441/ns/world_news/t/ex-nfl-star-tillmanmakes-ultimate-sacrifice/>. Acesso em: 27 nov. 2015.

[73] PAT TILLMAN. In: Wikipedia. Disponível em: <https://en.wikipedia.org/wiki/Pat_Tillman>. Acesso em: 27 nov. 2015.

verdade, está fazendo o que deve fazer para continuar a operar no futuro. E demonstrou que a lucratividade – longe de ser empulhação, imoralidade ou ganância – é crucial para o sucesso das empresas e da sociedade. Ademais, considerou que a geração de lucro (que não se confunde com maximização de lucro) é ainda mais importante para a sociedade que para as empresas. Gerar lucro, porém, não é o *propósito* de um negócio.

Será que a maximização do lucro é uma falácia perigosa?

Se, porém, a geração de lucro é imprescindível para a sobrevivência das empresas, por que, então, seria a maximização do lucro um propósito condenável? Muitos economistas consideram maximização do lucro princípio basilar e vetor primordial. Drucker alertou, no entanto, que, quando se reduz esse princípio a seus fundamentos, ele nada mais é que outra maneira de dizer que a empresa deve comprar por menos e vender por mais. Simples assim. Também observou, contudo, que essa prescrição em si não explica o sucesso ou o fracasso de uma empresa, nem sua sobrevivência. Um varejista local pode comprar barato e vender caro. Caso isso seja tudo o que se sabe, não há como afirmar que o negócio é um sucesso ou um fracasso. Olhe ao redor e veja as empresas que não deram certo. Não estavam todas elas comprando por menos e vendendo por mais, ou pelo menos tentando seguir essa regra? Quando observamos as dificuldades que tantas empresas enfrentam hoje, e as muitas falências que ocorrem todos os dias, torna-se evidente que comprar barato e vender caro explica muito pouco sobre as empresas que são bem-sucedidas ou que estão acelerando o crescimento, apesar dos obstáculos em qualquer contexto ou em qualquer época. Muitas são as histórias de sucesso de empresas, mesmo em tempos de grandes desafios econômicos. Por exemplo, entre as empresas que alcançaram enorme sucesso na Grande Depressão de 1929-1940, incluem-se nomes como Proctor and Gamble, Chevrolet, United Airlines, Hughes Aircraft, Camel Cigarrettes, Kellog Cereal, o jogo Banco Imobiliário (Monopoly), e centenas de outros. Há quem diga que mais milionários despontaram durante a Grande Depressão, que em qualquer outro período da história dos Estados Unidos. Olhe ao redor, mais uma vez, e você deparará com sucessos e fracassos em qualquer esquina e concluirá que comprar barato e vender caro explica muito pouco.

A maximização do lucro parece implicar que é possível evitar falências ou turbinar o sucesso de qualquer negócio, apenas aumentando os preços e ampliando o diferencial entre receitas e despesas, ou seja, mantendo ou ampliando a margem de lucro. Na verdade, como os custos da empresa sobem, sejam eles gasolina, material, serviços, impostos, ou qualquer outro, a maximização do lucro é a resposta imediata e simplista da maioria dos negócios. Essas empresas, contudo, ainda fracassam ou progridem, independentemente de aumentar os preços para maximizar o lucro. A maximização do lucro em si não é fator crítico de sucesso.

Não muito tempo atrás, disseram que um restaurante local tinha falido em consequência dos custos crescentes. No entanto, outros restaurantes da área, servindo à mesma clientela, não faliram. Alguns estavam prosperando e até mesmo aumentando as vendas, embora os custos de produção tivessem aumentado para todos.[74] Tudo isso me lembra um gerente de restaurante que reagiu a uma acusação de comida ruim e de maus serviços com a resposta: "Traga-me mais clientes e faça com que gastem mais e eu lhes darei comida boa e bons serviços". Estou certo de que isso é verdade em qualquer lugar.

O propósito de um negócio

Depois de refletir um pouco, Drucker concluiu que nem o lucro nem a maximização do lucro são o propósito de um negócio, e que o único propósito válido de um negócio é criar um cliente. Drucker escreveu: "O cliente é o fundamento de um negócio e a razão que o mantém vivo. Só o cliente gera emprego. Para atender aos desejos e necessidades do consumidor, a sociedade confere ao empreendimento recursos para a produção de riqueza". Em outras palavras, a sociedade dá ao negócio os meios para criar emprego, oferecendo-lhe clientes em troca do atendimento dos desejos e necessidades dos consumidores. No entanto, o lucro e a maximização do lucro como propósitos ainda parecem intuitivamente corretos, embora sejam notoriamente errados para negócio e para a sociedade.

Era intuitivamente óbvio que o propósito de um negócio era basicamente o lucro. Drucker, porém, analisou essa afirmação aparentemente óbvia e chegou a uma conclusão totalmente diferente.

---

[74] DRUCKER, Peter F. *Management: Tasks, Responsibilities, Practices.* Nova York: Harper & Row: 1973, 1974.

Virando os "fatos" de ponta-cabeça

Drucker demonstrou reiteradamente que quase qualquer fato "conhecido" pelo senso comum podia ser virado de cabeça para baixo e usado com vantagem para o vislumbre de importante insight. Dessa análise decorreram muitos de seus comentários que, como disse um professor experiente no início da minha carreira acadêmica, tornou Drucker "eminência citável".

Analisei exaustivamente a asserção "o que todo mundo sabe geralmente está errado", no Capítulo 8, e confirmei sua veracidade por meio de muitos casos exemplares. Vejamos, porém, como Drucker chegou a essa conclusão, virando o original de cabeça para baixo. A crença do senso comum é que "o que todos sabem geralmente está certo". Na verdade, Drucker foi precedido em sua advertência pela falácia *argumentum ad populum*, em latim, que significa "apelo à multidão". Na teoria da argumentação, o *argumentum ad populum* é considerado enganoso ou falacioso, com base na constatação de que a suposição "se muita gente acredita, deve ser verdade" é simplesmente irrelevante como critério de verdade.[75]

Drucker, porém, deu um passo adiante. Ele teve a ideia de que, se muita gente sabe que algo é verdade, a situação poderia ser invertida e o oposto é que seria verdade. Ele aplicou o raciocínio analítico e concluiu que, em muitos casos, a verdade era exatamente o contrário e que "o que todos sabem geralmente está errado". Claro que Drucker poderia estar exagerando e talvez sua afirmação também fosse falaciosa, por causa da generalização. No entanto, a frequência com que a afirmação de Drucker está correta é surpreendente, se a suposição é que, "como todos, ou quase todos, sabem que algo está certo", em determinada situação, essa mesma afirmação estaria certa em todas as situações. Conforme indiquei no início do livro, até a Suprema Corte dos Estados Unidos, o mais alto tribunal americano, pode estar inequivocamente errada sobre muitas questões, de acordo com certos padrões, inclusive sobre direitos humanos; lembre-se da decisão no Caso Dred Scott, no século retrasado, em favor da escravidão. Se for assim, nem sequer podemos afirmar que as decisões judiciais de um

---

[75] ARGUMENTUM Ad Populum. In: *The Free Dictionary by Farlex*. Disponível em: <http://encyclopedia.thefreedictionary.com/Argumentum+ad+populum>. Acesso em: 15 jul. 2015.

tribunal, por maioria simples ou mesmo por unanimidade, estão sempre certas. E, como já se demonstrou sucessivas vezes, não estão mesmo.

É relativamente fácil virar os fatos de ponta-cabeça para chegar a algumas verdades bastante interessantes. Eis duas outras citações de Drucker bem conhecidas:

- "O mais importante em comunicação é ouvir o que não foi dito".
- "Os erros mais graves não decorrem de respostas erradas. O mais perigoso é fazer perguntas erradas".

Como exercício, imagine exemplos de cada uma dessas citações e pense em como Drucker chegou a essas conclusões, "virando de cabeça para baixo um fato conhecido".

Aqui está um questionamento que imaginei: "O sucesso nos esportes é produto de trabalho árduo, não de divertimento". Será? Por que, então, os alpinistas levantam cedo, treinam com afinco, congelam, suam, e, às vezes, arriscam a vida e os membros para praticar o esporte? Obviamente, eles devem estar curtindo a aventura, apesar do desconforto e dos riscos. Em outras palavras, eles estão se divertindo muito. É isso, então, o que realmente funciona? Concluí que: "O sucesso nos esportes é produto não de trabalho árduo, mas de divertimento". Depois de refletir um pouco mais, cheguei à conclusão de que essa afirmação talvez seja verdade para quase tudo na vida, desde trabalhar como babá até dirigir uma empresa de bilhões de dólares. Em todo caso, essa é a ideia geral.

Discernindo na hora o que é imperceptível para os outros

Tempos atrás, acreditava-se que os jogadores de xadrez eram todos dotados de memórias extraordinárias, já que os campeões veem vários movimentos à frente dos adversários menos talentosos. Pesquisas recentes, contudo, demonstram que a suposição é inexata, pois isso não é, em absoluto, o que fazem os enxadristas. Tampouco eles são mais inteligentes que você e eu. Qual é, então, a grande diferença? A diferença é que os campeões de xadrez olham para determinada situação no tabuleiro e detectam instantaneamente possibilidades, oportunidades, ameaças e jogadas potenciais, que passam despercebidas para o público e até para os oponentes. Assim é porque memorizam de relance todo o tabuleiro de xadrez. A memória deles para outras coisas, no entanto, pode ser tão ruim quanto a de qualquer mortal.[76] Esse dom não é inato, mas sim o resultado da experiência acumulada de tantos jogos de xadrez, a ponto de essa incrível capacidade tornar-se automática, dispensando qualquer esforço, até o de pensar para captar a situação do tabuleiro e explorar esse talento singular, embora adquirido e cultivado.

Drucker era capaz de agir da mesma maneira. Em administração e consultoria, ele captava instantaneamente os fatos relevantes, apurava imediatamente as questões importantes e identificava prontamente as perguntas a formular e a quem dirigi-las. Talvez se suponha que esse talento, exclusivo de Drucker, não se encontre na maioria das pessoas. É possível que seja assim, até certo ponto, mas a essência é a mesma. Trata-se de um processo de repetição, perseverante e exaustivo, cerca de dez anos, a duração exata não importa, mas, sem dúvida, envolvendo muitos anos de experiência. Malcolm Gladwell chegou a essa conclusão em seu livro *Fora de série: Outliers*. A toda hora surgem celebridades que parecem vir do nada e que de repente alcançam sucesso inebriante. Qualquer pesquisa revela que não é bem assim. Em todos os casos, o "sucesso instantâneo" tem uma longa história de experiência e persistência.

Bobby Fischer, considerado o maior dos grandes mestres de xadrez de todos tempos, chegou ao topo na tenra maturidade de 15 anos. Grande parte dos observadores, porém, não se lembra de que a essa altura ele já jogava, intensamente, havia nove anos. De acordo com Gladwell, dez anos, ou cerca de dez mil horas, é o padrão. É o que ele chama de "Regra das dez mil horas", e descreve numerosos exemplos para comprovar a afirmação.[77] Será que Drucker se encaixa nessa categoria? Ele começou como jornalista por volta de 1928. Seu primeiro livro, *The End of Economic Man,* foi escrito cerca de dez anos depois, mais ou menos dez mil horas.

Modelando o pensamento de Drucker

Cada indivíduo é uma pessoa sem igual, com antecedentes, perspectivas e abordagens absolutamente próprias e singulares. Daí não se conclui, porém, que certos conceitos básicos não sejam de

---

[76] FOER, Joshua. *Moonwalking with Einstein*. Nova York: Penguin Books, 2011. p. 65.

[77] GLADWELL, Malcolm. *Outliers*. Nova York: Little Brown and Company, 2008. p. 41.

validade universal para a obtenção de resultados semelhantes. Observamos e refletimos à nossa maneira, com nossa individualidade, para fazer pesquisas analíticas e desenvolver nossas próprias teorias, a serem generalizadas para fins de consultoria ou para qualquer outra finalidade. E, no processo, podemos:

1. Examinar as ideias que, por intuição, parecem óbvias, e verificar se são verdadeiras ou falsas.
2. Virar os fatos de ponta-cabeça para ver como ficam se revertermos as ideias básicas.
3. Perseverar na repetição por dez mil horas, para desenvolver a aptidão de discernir de imediato o imperceptível para os demais, em consultoria de gestão ou em qualquer outra vocação.

DESENVOLVENDO A AUTOCONFIANÇA DOS CLIENTES E TAMBÉM A PRÓPRIA

12

Drucker escreveu que nenhum gestor pode ser eficaz sem correr riscos. No Capítulo 10, já discutimos o conselho de Drucker sobre assumir riscos. Até agora, no entanto, ignoramos que assumir riscos profissionais exige autoconfiança. Drucker também alertou que o medo de perder o emprego comprometia a capacidade do gestor de apresentar desempenho de alto nível. A citação exata, extraída de um de seus livros, é: "Viver com medo de perder emprego e renda é incompatível com a responsabilidade do gestor pelo trabalho, pela equipe, pela produção e pelo desempenho".[78] Como, porém, não temer a perda do emprego, sobretudo numa época em que ficar desempregado é uma possibilidade real, independentemente dos antecedentes de experiência e desempenho? Talvez toda a empresa vá por água abaixo, caso em que a perda do emprego é inevitável. Ambos os problemas envolvem autoconfiança.

A resposta é autoconfiança

A resposta a essa e a outras questões é autoconfiança. Jamais conheci um gestor de grande sucesso sem alta dose de autoconfiança. Desafio-o a encontrar um novato promissor e ambicioso, em ascensão meteórica, que não esbanje confiança. A autoconfiança é imprescindível para o sucesso do consultor e dos clientes. Infelizmente, o fato em si de ser indispensável não explica como desenvolver esse atributo fundamental.

Por certo, a maioria dos que já alcançaram grande sucesso em geral tem autoconfiança. Infelizmente, quem não se enquadra nessa categoria – e aqui se inclui grande parte das pessoas, à medida que

---

[78] DRUCKER, Peter F. *Management: Tasks, Responsibilities, Practices.* Nova York: Harper & Row: 1973, 1974. p. 285.

avança na carreira – às vezes se sente autoconfiante, mas não raro também tem acesso de insegurança. Preocupamo-nos com a possibilidade de perdermos o emprego em tempos difíceis e, por vezes, até escolhemos as alternativas mais seguras, quando o caminho para o sucesso envolve incertezas, acima de nosso nível de segurança. Conhecemos e aceitamos as recomendações de Drucker. Sabemos que, se fôssemos vitoriosos, como a pequena porcentagem de nossos colegas que estão avançando à velocidade da luz, teríamos a autoconfiança tão enaltecida por Drucker. Entretanto, para chegar a esse ponto, primeiro precisamos construir a autoconfiança. Não realizaremos grandes proezas sem autoconfiança, mas não adquirimos autoconfiança se não conquistarmos vitórias significativas. Ou, pelo menos, assim parece.

Os segredos de Drucker

Para instilar autoconfiança nos outros, é preciso primeiro desenvolver a própria autoconfiança. Em minhas pesquisas sobre Drucker, porém, descobri que há apenas três maneiras para cultivar a autoconfiança:

1. Nascer com autoconfiança.
2. Cultivar autoconfiança, aos poucos e com afinco, à medida que se adquire experiência, comete erros, aprende com os erros, e conquista vitórias.
3. Imbuir-se do propósito deliberado, a qualquer momento, de mudar de rumo e de construir autoconfiança.

Nascer com autoconfiança

Há, no entanto, um atalho, uma saída para encurtar o caminho. Esse contorno, todavia, só está acessível para quem domina algum tipo de tecnologia espiritual. Sem a crença de que nada é impossível, essa solução não é viável. Tampouco acho que seja possível recorrer à ajuda de Drucker, para recuar no tempo e recomeçar a vida desde o início. A verdade, contudo, é que realmente ninguém nasce com autoconfiança.

Ninguém arranca na maratona da vida realizando grandes feitos. Começamos crianças e alcançamos pequenas vitórias, como aprender a andar e a falar. Mas serão essas, de fato, pequenas conquistas? Ao balbuciar as primeiras palavras ou ao tropeçar os primeiros passos, ainda hesitante e inseguro, você certamente se orgulharia dessas proezas, se fosse capaz de avaliá-las, nas circunstâncias e perspectivas da época. A verdade é que, com essas "ninharias", começamos lentamente e avançamos gradualmente, aumentando a dificuldade dos desafios, até realizarmos grandes feitos, como andar sem cambalear e falar sem titubear.

Hoje, como adulto saudável, não lhe resta dúvida de que, ao se levantar e caminhar, você avançará com desenvoltura na direção escolhida. Do mesmo modo, ao ler este texto, desde que conheça o idioma, você saberá ao certo que compreendeu a mensagem. Cheio de autoconfiança, você tem a certeza de que conseguirá o resultado almejado.

No caso das tarefas mais complexas e dos projetos mais ousados dos gestores, talvez você não esteja tão seguro do sucesso por apenas uma de duas razões. Ou fracassou em tarefas e projetos semelhantes ou nunca teve a coragem de tentar realizá-los. E, a propósito, quem receia não conseguir fazer alguma coisa nem mesmo chega a tentar, com medo de fracassar.

Você engatinha antes de andar

De quantas crianças você já ouviu falar que tiraram a mamadeira da boca, puseram-na sobre a mesa próxima, pularam do berço, e começaram a andar? Não sei você, mas eu nunca soube de algo parecido. A sequência correta é que o bebê aprenda a rolar, comece a engatinhar, desenvolva autoconfiança para se levantar, torne-se ainda mais seguro de si, e tente os primeiros passos. Em geral, esses ensaios indecisos acabam em pequeno desastre, quando a criança cai, sem maiores consequências. O bebê, porém, sente que aquilo foi só o começo e não desanima. Os pais ficam tão eufóricos com o esforço, que se desfazem em elogios e estimulam o pimpolho, mesmo que a aventura não tenha ido além do primeiro passo. Assim, a tentativa infrutífera é esquecida e não é vista como fracasso, mas, ao contrário, como avanço para o sucesso. E a criança, motivada e autoconfiante, tenta de novo, não muito depois.

O exemplo ilustra um fato interessante sobre por que as pessoas, em geral, inclusive muitos consultores e executivos, carecem de autoconfiança. Ao aprender nova tarefa, as crianças geralmente são incentivadas por alguém; mesmo que não sejam estimuladas, contudo, nunca ninguém lhes diz que o tombo foi uma vergonha ou que a tentativa foi um fiasco. O problema é que, ao crescemos, sempre há alguém a nos observar, com ou sem maldade. Muitos desses observadores, porém, sempre emitem juízos e logo nos condenam quando cometemos algum erro, e até, sem tanto rigor, quando fazemos algo razoável ou mesmo excelente. Convencemo-nos, então, de que sempre fracassamos, que não vale a pena tentar. No entanto, sempre é importante tentar, todas as tentativas são válidas e meritórias. Meu filho caçula, hoje consultor de gestão bem-sucedido, demorou quase dois anos para aprender a andar. Não fiquei preocupado. Einstein levou quase quatro anos.

Uma criança quer ajudar a lavar a louça, e deixa cair um prato, que se quebra. O pai ou a mãe se irrita e grita com a criança, que, cheia de entusiasmo, tentava ajudar. Essa criança estaria no dia seguinte tão disposta quanto antes a ajudar com a louça ou em outra tarefa? Talvez, mas não é provável. Pior ainda, e se o prato quebrado for muito valioso, por algum motivo, e o pai ou a mãe perder o autocontrole e chamar a criança de desastrada ou até estúpida? Caso essas acusações se repitam, a criança acabará acreditando que é mesmo desastrada e estúpida. Em outras palavras, a pessoa em formação pode internalizar a "reprimenda", com sérias consequências para a autoestima e a autoconfiança em outras realizações. Ao crescer e sair de casa, outras pessoas podem agravar a insegurança. As crianças, em especial, são muito críticas em relação aos fracassos umas das outras. Alguns professores, às vezes, são até piores. Felizmente, algumas crianças não se impressionam tanto com o assédio, e outras não são tão assediadas.

Michael Jordan, considerado por muita gente o maior jogador de basquete de todos os tempos, não fazia parte do time da escola de ensino médio e, com 1,80 m de estatura, era considerado muito baixo para jogar na equipe. Até que, em poucos meses, cresceu dez centímetros, e, mais importante, persistiu no treinamento vigoroso. Ao se formar, foi selecionado para o All American Team, da McDonald's, e depois foi recrutado por várias universidades.[79]

Um olhar mais atento sobre quem nasce com autoconfiança

Quem "nasce" com autoconfiança geralmente a desenvolveu muito cedo, nos anos de formação, antes de começar a vida profissional.

---

[79] WILLIAMS, Lena. PLUS: BASQUETEBOL; A McDonald's Game for Girls, Too. *The New York Times,* Nova York, 7 dez. 2001. Disponível em: <http://www.nytimes.com/2001/12/07/sports/plusbasketball-a-McDonald-s-jogo-de-meninas-too.html>. Acesso em: 26 jul. 2015.

Mary Kay Ash, a mulher que construiu uma empresa de bilhões de dólares, a Mary Kay Cosmetics, e oferecia Cadillacs cor-de-rosa às melhores vendedoras, nem fez faculdade. No entanto, teve autoconfiança para abrir uma empresa com nada mais que US$ 5.000, apenas algumas semanas depois de o esteio com que contava na vida, o marido, ter morrido repentinamente de um ataque cardíaco fulminante. Ela teria nascido com autoconfiança? Não, mas, aos 7 anos, tinha mais atribuições do que muitos adultos; cuidava diariamente do pai acamado para que a mãe pudesse trabalhar. Aí se incluíam muitas tarefas domésticas e todas as compras da família. Será que isso a ajudou no desenvolvimento da autoconfiança, à medida que ela crescia, antes mesmo de iniciar sua carreira profissional?

Steven Spielberg, o grande cineasta, diretor, produtor e roteirista, tem fortuna acima de US$ 3 bilhões. Na escola, foi espancado e machucado duas vezes pelos valentões de sempre, só por ser judeu, a ponto de ficar com o nariz sangrando. Mesmo assim, porém, aos 12 anos, fez seu primeiro filme em celuloide, recebendo uma Medalha de Honra ao Mérito dos escoteiros. Um ano depois, com a autoestima assim desenvolvida, produziu um filme de guerra de 40 minutos, que lhe rendeu o primeiro lugar em um concurso de cinema. Três anos mais tarde, escreveu e dirigiu todo um filme de ficção científica, que foi exibido no cinema local e até deu lucro... de um dólar. E, assim, sentia-se cada vez mais autoconfiante e produzia filmes cada vez melhores. Candidatou-se, então, à famosa Escola de Artes Cinematográficas, da Universidade do Sul da Califórnia, mas foi rejeitado.

Spielberg teve, porém, autoconfiança suficiente para não se deixar abater. Matriculou-se, em vez disso, na Universidade do Estado da Califórnia, Long Beach, e começou a trabalhar, em meio expediente, sete dias por semana, como estagiário não remunerado, na Universal Studios. O que ele fez depois todo o mundo sabe. Produziu um curta-metragem e teve autoconfiança suficiente para pedir a Sidney Sheinberg, então vice-presidente de Produção da divisão de TV da Universal Studios, que visse o filme. Sheinberg logo o contratou como diretor de TV, embora ainda não tivesse concluído a faculdade, e não obstante a maioria dos diretores de TV tivesse progredido na carreira depois de acumular muitos anos de experiência e, talvez, após frequentar alguma escola de cinema famosa. Spielberg era, então, um garoto de 23 anos, muito experiente e autoconfiante. Tornou-se um dos principais diretores de Hollywood e fez filmes como *Tubarão*, as séries *Indiana Jones* e *Jurassic Park*, *A Cor Púrpura*, *A Lista de Schindler*, *O Resgate do Soldado Ryan*, *ET*, *Lincoln*, e muitos, muitos outros.[80]

Tudo bem, ótimo! A autoconfiança de quem a desenvolve antes de começar a carreira profissional é considerada inata. E quanto aos 99% que não se enquadram nessa categoria?

Conquiste a autoconfiança aos poucos, à medida que supera as dificuldades

Muita gente faz sucesso dessa maneira, e não há nada de errado nisso, exceto envolver um processo geralmente longo e doloroso. Basicamente, você consegue um emprego ou exerce uma profissão, e faz como todo o mundo – trabalha com afinco e dá o melhor de si. Se tiver sorte, você é reconhecido e seus esforços são recompensados. Caso tudo corra bem, à medida que progride, você constrói autoconfiança. É claro que talvez surjam acidentes no percurso. Aquela promoção tão almejada vai para outra pessoa. Não por sua culpa, você talvez seja demitido. Os infortúnios parecem ocorrer nos momentos mais inoportunos, depois de comprar uma casa cara ou de matricular o filho na universidade. Para quem fica desempregado, conseguir emprego é cada vez mais difícil, à medida que o tempo passa e a pessoa envelhece. No entanto, com um pouco de sorte e muita perseverança, você alcançará seus objetivos, se eles não forem ambiciosos demais. O processo, porém, é lento e incerto, e nada garante que você chegue aonde quer, nem mesmo depois de muito ralar.

Assuma o controle da própria autoconfiança

Prefiro este método. É mais rápido e menos arriscado que o anterior. Além disso, você exerce o controle. Essa alternativa de assumir o controle se baseia em um princípio simples. É possível desenvolver qualquer atributo pessoal – físico, mental ou espiritual – superando, de início, um pequeno desafio e aumentando os obstáculos gradativamente, com o passar do tempo. Ele está relacionado, portanto, com a tática convencional de "pagar as contas" ou "cumprir as obrigações", já comentado, embora seja mais rápido, menos arriscado e mais garantido, uma vez que você não depende de ninguém, a não ser de si mesmo.

---

[80] STEVEN SPIELBERG. In: Wikipedia. Disponível em: <https://en.wikipedia.org/wiki/Steven_Spielberg>. Acesso em: 26 jul. 2015.

Drucker lembrava que "todos os artistas, em todos os tempos, praticaram kaizen, ou seja, o autoaprimoramento organizado e contínuo,[81] e "você será excelente operador, caso se ponha onde estão suas forças e caso se empenhe no desenvolvimento de suas forças".[82] Por exemplo, exercite um músculo todos os dias e a cada dia o músculo ficará maior e mais forte.

Arnold Schwarzenegger não começou com toda aquela musculatura que o levou a ganhar campeonatos internacionais de fisiculturismo, antes de se tornar ator ou governador da Califórnia. No entanto, exercitando-se com halteres cada vez mais pesados, todos os dias, seus músculos se hipertrofiaram, até que finalmente ele se considerou em condições de disputar o campeonato mundial. Nesse caso, porém, o desbravador não foi o ator nem o governador. Séculos atrás, Milo, antigo atleta grego, como treinamento, erguia nos braços todos os dias um bezerro e o carregava por curta distância. Quatro anos depois, ele ainda persistia na prática, mas agora era famoso, pois o "bezerro aleitado" se transformara em "touro alentado". Não sei se desde então alguém repetiu a proeza.

Não estou sugerindo que você levante um bezerro diariamente para construir a autoconfiança, embora esse exercício certamente o ajudasse a melhorar a autoestima. O método de cultivar aos poucos a autoconfiança, porém, é muito menos penoso e mais rápido. Basta tomar a decisão de reforçar a autoestima e partir para a ação. Escolha um objetivo não muito difícil e prossiga até atingi-lo. Cada vez que você completar uma tarefa ou meta com sucesso, curta e comemore. Em seguida, defina outra meta mais elevada ou outra tarefa mais difícil. É exatamente como treinar com halteres. Você aumenta o peso lentamente ou corre mais rapidamente, à medida que melhora o desempenho. Em pouco tempo, você estará alcançando resultados de que nunca se julgou capaz. Você terá adquirido a autoconfiança necessária para esperar resultados positivos como líder.

Saia da zona de conforto

Esse é um ótimo método. Todos os dias selecione alguma tarefa diferente que esteja fora de sua "zona de conforto". Algo que

---

[81] DRUCKER, Peter F. *Managing in a Time of Great Change*. Nova York: Truman Talley Books; Pluma, 1998. p. 79.

[82] DRUCKER, Peter F. *The Drucker Lectures*. Editado por Rick Wartzman. Nova York: McGraw-Hill, 2010. p. 174.

você nunca fez antes, e para cuja execução se sente pouco à vontade e inseguro. Pode ser uma atividade física, como dança, patinação ou boliche. Ou pode ser um desafio ao medo, como montanha-russa, alpinismo ou paraquedismo. Essa última atividade não deve estar fora da questão. Afinal, o ex-presidente H. W. Bush, dos Estados Unidos, salta de paraquedas todos os anos, e já está com mais de noventa anos! Até a mudança de hábitos alimentares às vezes é um desafio. Para quem nunca comeu sushi (peixe cru), a primeira experiência é uma maneira de sair da zona de conforto. Fazer alguma coisa nova todos os dias quase sempre é divertido. Com o passar do tempo, será possível ampliar a variedade de desafios. Evidentemente, não ignore as dificuldades da vida profissional. Apresente-se como voluntário para a execução de tarefas que estão fora de sua zona de conforto, como organizar uma festa de despedida, praticar atividades esportivas na empresa, fazer um discurso ou dar uma palestra. Não escolha o que já lhe é familiar nem o que o deixa à vontade. Desafie-se! Esforce-se para enfrentar o desconforto.

Em pouco tempo, será cada vez mais difícil encontrar um desafio que você não esteja disposto a enfrentar. Em breve, esse novo sentimento de autoconfiança se espalhará para a sua vida profissional. Os colegas o procurarão em busca de liderança e segurança, e você será considerado um novato promissor e ambicioso, em ascensão meteórica, forte candidato a promoção. Todos se perguntarão como você se destacou tão de repente. A verdade é que você construiu a própria autoconfiança. Você próprio o fez. Drucker o cumprimentaria pelo progresso.

A autoconfiança decorre de saber-se capaz de alcançar o sucesso

Como podem alguns líderes exercer o comando e assumir responsabilidade pelo emprego de milhares de pessoas e pelo destino de empresas de bilionárias? Como outros líderes conseguem influenciar o futuro dos países e até da humanidade? Como outros líderes são capazes ainda de conduzir milhares, até milhões de pessoas, na execução de alguma missão? Esses líderes, porém, logram fazer tudo isso, aparentemente, sem piscar um olho. Como esses indivíduos arregimentam tanta autoconfiança?

Um antigo manual de treinamento da Força Aérea Americana sobre liderança prescreve: Ninguém terá autoconfiança se não estiver convencido, por si próprio, de que é capaz de realizar a missão que lhe foi atribuída.[83]

Como os militares constroem a autoconfiança

Os militares sabem que autoconfiança numa área não raro extravasa para outra, e, assim, recorrem a algo que denominam "percurso de confiança", para fortalecer a autoconfiança. É uma sucessão de obstáculos ou eventos artificiais, a serem transpostos com sucesso por cada participante. Todos esses entraves são concebidos para envolver dificuldade moderada a alta, mas superáveis, se enfrentados da maneira certa. Um deles pode consistir em descer uma corda de 30 metros, pendurada em um penhasco. Outro talvez seja pular e agarrar uma corda suspensa, balançando sobre uma piscina. A missão é tomar impulso, saltar em direção à corda, segurar-se nela quando estiver mais próxima, deixar-se levar até o lado oposto e soltar-se, de modo a descer na outra extremidade. Quem errar cai na água e é reprovado. Outro é denominado "deslizar para a vida". Consiste em um cabo esticado sobre a superfície de um lago, preso a uma torre de 30 metros em um lado do lago, até a margem oposta, no outro lado. O participante salta da torre, segurando-se numa polia presa à corda. Enquanto desliza sobre o lago, pendurado na corda, de margem a margem, ele fica de olho em alguém que lhe sinaliza com um conjunto de bandeiras. Um dos sinais é para que levante as pernas e as mantenha paralelas à superfície do lago, dando a impressão de estar sentado. Outro é para largar a corda a cerca de seis metros da superfície, ao se aproximar da outra margem. Como uma pedra, ele desliza sobre a superfície até a terra. Se não se soltar e largar a polia, ele aterrissa no chão duro, em vez de pairar sobre a água, e pode contundir-se.

Embora somente certos tipos de missões precisem de treinamento com paraquedas, os militares encorajam a prática do paraquedismo e a impõem a todos os candidatos, pela mesma razão: desenvolvimento da confiança.

Anthony Robbins, famoso palestrante motivacional, que já trabalhou com grupos e indivíduos em todo o mundo, começou a carreira descobrindo que caminhar sobre fogo produzia o mesmo

---

[83] AIR FORCE LEADERSHIP: AFM 35-15. Department of the Air Force:Washington, D.C., 1948. p. 30.

efeito. Sim, é isso mesmo, quero dizer andar sobre uma trilha de carvão incandescente, com a extensão de quatro metros ou mais. Robbins chama esse exercício de "Converter Medo em Poder", e deixa bem claro que não está ensinando truques para festas, mas sim usando a trilha sobre fogo como metáfora: "Se você conseguiu fazer o que antes parecia impossível, o que mais seria capaz de fazer que ainda pareça impossível?". Antes de desprezar tudo isso como puro charlatanismo, devo salientar que Robbins foi a Camp David, casa de campo da Presidência dos Estados Unidos, em Maryland, no passado, e ajudou o presidente em exercício e outros altos membros do governo a caminhar sobre o fogo.

O que estou dizendo aqui é que vários são os métodos para construir a autoestima, alguns comerciais, e todos podem ser eficazes. Isso é fato. Quem se julga capaz de superar um desafio árduo terá autoconfiança suficiente para outras realizações tão ou mais difíceis. A verdade é que não pode ser de outra maneira. O problema, então, é saber como ser bem-sucedido antes de efetivamente partir para a ação. O percurso da confiança e a trilha sobre fogo são apenas dois métodos para desenvolver a autoconfiança. Há muitos outros.

Pequenas coisas significam muito

Diz um velho ditado que nada faz tanto sucesso quanto o sucesso. Isso significa que sucesso gera sucesso, ou que pessoas bem-sucedidas tendem a ser ainda mais bem-sucedidas. Em outras palavras, quem fez sucesso no passado tem mais chances de fazer sucesso no futuro. Como, porém, fazer sucesso pela primeira vez, sem ter feito sucesso antes? É a velha pergunta sobre o ovo e a galinha. É impossível ter a galinha sem antes ter o ovo, mas também é impossível ter o ovo sem antes ter a galinha.

Felizmente, é possível alcançar pequenos sucessos antes de alcançar grandes sucessos. E os pequenos sucessos são tão importantes quanto os grandes sucessos, tanto quanto sugere nosso sistema de crenças. Em outras palavras, ao conquistar pequenas vitórias, sua mente se convencerá de sua capacidade de conquistar grandes vitórias. Além disso, esse seu sentimento será captado por outras pessoas, que passarão a tratá-lo de outra maneira.

O campeão fisiculturista, estrela de cinema e ex-governador da Califórnia, Arnold Schwarzenegger, descreveu como começou a construir autoconfiança enquanto ainda estava no ensino médio: "Em pouco tempo, as pessoas começaram a olhar para mim como alguém especial. Em parte, essa mudança da minha imagem para os outros resultou da mudança da minha autopercepção de mim mesmo. Eu estava crescendo, ficando maior, ganhando confiança. Passei a receber demonstrações de consideração que eu nunca tinha recebido antes".[84]

Imagens mentais positivas ou negativas podem produzir efeitos cruciais

Nik Wallenda é descendente de sétima geração de uma família de aventureiros, que remonta aos idos do Império Austro-Húngaro, em fins do século XVIII. Em 4 de junho de 2011, ele completou uma caminhada de 40 metros, equilibrando-se sobre um fio, entre duas torres de dez andares, no Condado Plaza Hotel, em Porto Rico. O evento foi ainda mais significativo porque seu avô, Karl Wallenda, conhecido como o maior equilibrista de todos os tempos, já tentara essa mesma "caminhada" e despencara para a morte. Antes do acidente, Karl Wallenda já havia percorrido distâncias maiores sem redes de segurança, e persistia em suas aventuras espantosas, mesmo já idoso. Com 65 anos, completara uma caminhada de quase 400 metros sobre corda bamba, com um público de 30 mil pessoas. Com mais de 70 anos, ainda repetia as mesmas acrobacias fabulosas que o tornaram famoso quando jovem, aos 20 anos.

Em entrevista na televisão, a esposa de Wallenda falou sobre a última caminhada do marido. "Foi muito estranho", disse. "Durante meses antes daquela performance, ele não pensava em outra coisa. No entanto, pela primeira vez, não estava seguro do sucesso. Imaginava-se caindo." E acrescentou que o marido chegara ao ponto de inspecionar ele próprio a instalação do fio. "Ele jamais tinha feito algo parecido antes." Pouco se questiona que essas imagens negativas e a consequente falta de autoconfiança para essa caminhada especial tenham contribuído para a queda de Karl Wallenda.

Nik Wallenda, o primeiro a completar uma caminhada na corda bamba sobre a Niagara Falls e sobre o Grand Canyon, além

---

[84] DRUCKER, Peter F. Arnold Schwarzenegger com Douglas Kent Hall, Arnold: The Education of a Bodybuilder. In: _____. *The Drucker Lectures.* Nova York: Fireside, 1997. p. 24.

de muitos outros feitos que desafiam a morte, disse, após completar com êxito a caminhada fatídica do avô, que aquele local o assombrara durante muito tempo. Entretanto, "não tinha medo".[85] Mais uma vez, a autoconfiança.

Imagens positivas podem reforçar em muito sua autoconfiança

Do mesmo modo como imagens negativas podem enfraquecer a autoconfiança, imagens positivas podem reforçar em muito a autoconfiança.

Um dos principais pesquisadores na área de imaginário é o Dr. Charles Garfield, uma pessoa singular. Ele não tem só um, mas dois doutorados: em matemática e psicologia. Li pela primeira vez sobre sua obra no *Wall Street Journal*, em 1981. O artigo era acerca das pesquisas do Dr. Garfield a respeito do que ele qualificou como uma espécie de "ensaio mental" ou "treino mental". Garfield descobriu que os gestores mais eficazes praticam com regularidade ensaios ou treinos mentais, ao contrário dos menos eficazes, que não cultivam esse hábito.

Em seu livro, *Peak Performers: The New Heroes of American Business*, Garfield descreve como especialistas em desempenho do Bloco Soviético, em Milão, Itália, confirmaram as suas teorias. Garfield, halterofilista amador, não competia havia vários meses. Quando voltou a competir pela primeira vez, seu melhor resultado fora 127 quilos, embora já tivesse obtido resultados melhores, quando treinava com mais frequência.

Os soviéticos perguntaram-lhe qual seria o peso máximo que poderia levantar naquele exato momento. Ele respondeu que talvez uns 135 quilos, em um exercício conhecido como supino. Nesse exercício, deitado de costas em um banco horizontal, você ergue uma barra com dois pesos, suspensa sobre o peito e apoiada em dois pontos, no sentido transverso. Depois de sustentá-la no alto por alguns segundos, você a traz de volta para a posição de origem. Com extremo esforço, ele conseguiu levantar o peso previsto. Como relatou o próprio

---

[85] NIK WALLENDA: King of the High Wire. In: Nik Wallendra. Disponível em: <http://nikwallenda.com/index.php?option=com_content&view=artigo&id=11&Itemid=109>. Acesso em: 28 jul. 2015.

Garfield, "foi difícil – tão difícil que talvez não tivesse conseguido sem o estímulo dos presentes".

Em seguida, os especialistas soviéticos o deixaram descansar e relaxar, deitado de costas no banco, instruindo-o a fazer uma série de exercícios mentais de relaxamento. Depois lhe pediram para se levantar devagar e com cuidado. Garfield constatou, então, que os soviéticos tinham adicionado 30 quilos ao peso original de 135 quilos. Em circunstâncias normais, ele jamais teria conseguido levantar aquele peso de 165 quilos.

Começou, então, a ter imagens negativas. Antes que elas se firmassem em sua mente, os soviéticos começaram um novo exercício mental.

"Em tom convincente, reiteradamente, eles me conduziram ao longo de uma série de exercícios mentais. Comecei, então, a formar uma sucessão de imagens mentais. Imaginei dirigindo-me ao banco, deitando-me, segurando a barra, e, finalmente, erguendo-a e sustentando-a no alto. Com total confiança, vi-me levantando a barra de 165 quilos."

Para sua grande surpresa, Garfield não só levantou os 165 quilos. Também o fez, para seu espanto ainda maior, com muito menos esforço do que fizera antes, para levantar o peso mais leve.[86]

Ensaios mentais turbinam a autoconfiança

Usei técnicas de ensaio mental por muitos anos. Posso garantir não só que são eficazes, mas também que são fáceis e indolores, e não deixam sequelas.

O segredo é primeiro relaxar ao máximo, e, então, formar imagens mentais positivas. O que faço é o seguinte: deito-me e fico o mais relaxado possível. Começo, então, pelos dedos dos pés, e digo para mim mesmo que eles estão ficando dormentes. Insisto na autossugestão várias vezes.

Dos dedos, passo para os pés, as pernas e o tronco. Para cada uma dessas partes do corpo, repito a sugestão de que ela está ficando completamente relaxada e dormente. Quando me sinto absolutamente distenso, concentro-me no meu imaginário positivo. Mentalmente, pinto toda a situação em detalhes. Depois de concluir o primeiro ensaio, repito tudo de novo. Faço isso várias vezes em cada sessão. Se a

---

[86] GARFIELD, Charles. *Peak Performers.* Avon Books: Nova York, 1986. p. 72-73.

situação for muito importante, reitero todo o processo de visualização mental duas vezes por dia, durante vários dias.

Funciona? Por incrível que pareça, raras foram as vezes em que falhei ao usar essa técnica de imaginação. É verdade que a realidade nem sempre segue o meu roteiro preconcebido. Às vezes, as mudanças são grandes. No entanto, os efeitos de imaginar o desfecho favorável de uma situação numerosas vezes são impressionantes. Nunca me falta autoconfiança em qualquer situação que eu tenha ensaiado mentalmente.

Com autoconfiança, sua visão não tem limites

George Washington é conhecido como "pai de seu país" (*father of his country*), por causa da visão grandiosa que cultivava sobre o futuro dos Estados Unidos da América. Concebia uma nação totalmente nova, excepcional, com liberdade, tanto no sentido de *emancipação* (*freedom*) – liberdade "de" – quanto no sentido de *capacitação* (*liberty*) – liberdade "para". E manteve essa visão durante as piores provações já enfrentadas pelo país. Foi não só seu primeiro presidente constitucional e comandante supremo. Também foi o visionário-mor do sonho americano. De fato, embora o Congresso Continental, em junho de 1775, o tenha nomeado comandante em chefe, ele exerceu o comando sobre um só soldado – ele próprio. Não havia Exército Continental. Se o Congresso mudasse de opinião e resolvesse conciliar-se com George III, rei da Inglaterra, Washington teria ficado de mãos abanando, sem nada poder fazer... o mais ostensivo e conspícuo dos traidores. A visão de Washington, no entanto, era tão grandiosa, que ele sustentou a si próprio e a seu exército durante seis anos de guerra, contra a maior potência mundial da época, até a vitória. A visão de Washington era inviável, exceto por um fato que sobressai: a confiança inabalável no próprio sucesso, quaisquer que fossem os obstáculos. Também você pode desenvolver a autoconfiança enaltecida por Drucker. Basta dar o primeiro passo.

INOVAÇÃO, ABANDONO, OU, SEM MUDANÇA, A CERTEZA DO FRACASSO FINAL

13

O MÉTODO INEQUÍVOCO PELO QUAL Drucker sabia que uma organização fracassaria, embora a previsão fosse de todo contraintuitiva, não deixava de ser absolutamente lógico, além de constituir-se em importante característica de sua prática de consultoria. Em termos simples, se a organização continuasse fazendo o que a tornara bem-sucedida no passado, não havia dúvida de que acabaria fracassando. A afirmação parece estranha, mas, pensando bem, não é em nada ilógica, quanto mais não seja porque os "fracassos do sucesso" são numerosos ao longo de toda a história.

Inúmeros exemplos de fracassos no sucesso

Tão numerosos são os exemplos de fracassos no sucesso, que nem é preciso procurar muito longe. Por que uma organização não poderia continuar progredindo no futuro com os mesmos ingredientes que a tornaram vitoriosa no passado? Como explicou Drucker, as circunstâncias, mais cedo ou mais tarde, sempre mudam, não raro de maneira drástica, e os velhos métodos se tornam inadequados. Considere os seguintes cenários, onde as mudanças são frequentes e inevitáveis, com potencial para reverter sucessos anteriores, por maiores que tenham sido:

> ► Tecnologia – Alguma inovação impactante, como o automóvel acessível, substitui e destrói a tecnologia até então predominante, como o transporte a cavalo. Todos os produtos e subprodutos da tecnologia anterior desaparecem com maior ou menor rapidez, conforme ocorreu com apetrechos de montaria, veículos de tração animal, chicotes, estábulos nas

cidades, postos de amarração, ferragens de encilhamento ou arreamento, e outros. Essas e outras indústrias similares enfrentam descontinuidades ou "disrupções", conforme mencionado por Philip Kotler na Introdução deste livro.

- Economia – o crescimento econômico cai, nas recessões e depressões, ou a inflação sobe, em diferentes conjunturas. No primeiro caso, o desemprego aumenta e o consumo diminui. No segundo caso, os consumidores se apressam em gastar, para "queimar" o dinheiro, em espiral insustentável. Às vezes, a inflação se acelera e não raro degenera em hiperinflação, gerando situações caóticas de total descontrole da economia. Nessas condições, muitas empresas não resistem e se tornam insolventes, enquanto outras expandem as vendas e aceleram o crescimento, pelo menos a curto prazo. Tudo depende das circunstâncias e da capacidade de adaptação. Há quem diga que a Grande Depressão, das décadas de 1920 e 1930, propiciou o lançamento do jogo Banco Imobiliário, que quase cem anos depois ainda é popular em todo o mundo.

- Mudanças culturais ou sociais – A partir de meados do século passado, as mulheres, aos poucos, passaram a ocultar menos o próprio corpo. Quando o biquíni surgiu, em 1946, tão "explosivo" quanto o atol epônimo (que lhe deu o nome) no Oceano Pacífico, onde se testavam bombas atômicas, a novidade foi considerada de tal maneira "ousada", que seus criadores tiveram de recorrer a dançarinas exóticas, às vezes chamadas de prostitutas, como modelos! Eram as únicas que aceitavam desfilar "quase nuas", para o delírio do público e a alegria dos fotógrafos. Hoje, mulheres jovens – e outras nem tanto – não hesitam em usar sungas ainda mais sumárias.[87] As empresas que, de alguma maneira, não se ajustaram às novas condições, persistindo nas estratégias e táticas anteriores, desapareceram há muito tempo.

- Política, leis e regulamentos – o que antes era legal torna-se ilegal e vice-versa. A lei evolui com os usos e costumes e com as mudanças culturais e sociais. A venda de bebidas alcoólicas nos Estados Unidos foi criminalizada em 1920, pela Lei Seca,

---

[87] 1946 THE BIKINI Is Introduced. In: History. Disponível em: <http://www.history.com/this-day-in-history/bikini-introduced>. Acesso em: 8 ago. 2015.

para ser descriminalizada pouco mais de 13 anos depois.[88] Hoje a tendência é descriminalizar o uso de outras drogas. Os efeitos generalizados dessas mudanças ainda hoje inspiram muitos romances e filmes de grande sucesso.

► Ação de concorrentes – se uma empresa se antecipa aos concorrentes e faz sucesso com alguma iniciativa inédita, as demais enfrentarão dificuldades. A Apple, décadas atrás, criou e dominou o mercado de computadores pessoais; a IBM se atrasara, por não detectar as tendências e se deixar surpreender. Quando, porém, reagiu e inovou, a IBM lançou no mercado outro produto, com estratégia diferente, e se movimentou com mais agilidade e flexibilidade. Enquanto a Apple não permitia que outras empresas desenvolvessem software e aplicativos para o seu sistema operacional, a IBM não só admitia, mas também estimulava a terceirização. Assim, o número de programas desenvolvidos por terceiros, que rodavam sob o sistema operacional da IBM, logo superou em muito os da Apple. Como resultado dessa estratégia, computadores de outros fabricantes, baseados no hardware e no software da IBM, rapidamente invadiram e dominaram o mercado – apesar da entrada retardatária da IBM e, até, da qualidade do hardware e do software, que durante muitos anos foi considerada inferior aos da Apple.

► Grandes eventos inesperados – os ataques terroristas do 11 de setembro reduziram a demanda por viagens aéreas e aumentaram a procura por mais segurança. A "Grande Recessão" que se iniciou em 2007 causou grandes mudanças e fracassos para muitas empresas que se ajustaram com lentidão. Epidemias na Ásia, na África e nos Estados Unidos exercem forte impacto sobre produtos e serviços até então bem-sucedidos. A ascensão do Japão, da Coreia do Sul e da China como grandes fornecedores de produtos de qualidade a preços mais baixos pode afetar de imediato produtos de sucesso em outros países. Os relógios suíços, outrora de fama mundial, foram substituídos por marcas de luxo japonesas de alta qualidade, e por produtos populares chineses, a preços mais baixos e de qualidade inferior. Mais recentemente, a série de ataques terroristas em Paris, coordenados

---

[88] PROHIBITION IN THE United States. In: Wikipedia. Disponível em: <https://en.wikipedia.org/wiki/Prohibition_in_the_United_States>. Acesso em: 8 ago. 2015.

pelo Estado Islâmico (ISIS ou ISIL), em 15 de novembro de 2015, gerou caos e insegurança em todo o mundo, inclusive nos Estados Unidos, e, provavelmente, afetará produtos e serviços de diferentes indústrias, não só do setor de segurança.

Quanto maior, pior

Em meados da década de 1980, toda a indústria fonográfica de discos de vinil, envolvendo bilhões de dólares, desapareceu quase da noite para o dia, e os fabricantes perderam grandes fortunas, ao não se anteciparem à ameaça crescente da tecnologia dos "compact discs", ou CDs.

As réguas de cálculo, produto que outrora os engenheiros não dispensavam e ostentavam com orgulho, seguiu os dinossauros e se extinguiu, exceto para usos muito especializados e para exibição nos museus. Eram calculadoras mecânicas, analógicas e portáteis, não elétricas e não eletrônicas, baseadas na sobreposição de escalas logarítmicas. Os modelos básicos tinham duas réguas fixas, em ambos os lados, uma régua móvel, no centro, e um cursor. O dispositivo possibilitava a execução de vários cálculos matemáticos complexos. Os engenheiros, em geral, tinham pelo menos uma régua de cálculo, que quase sempre levavam no bolso da camisa, num estojo de couro, e a operavam com frequência e agilidade. Grandes empresas, como Pickett e K+E, dominavam o mercado. No entanto, dois anos depois do lançamento das calculadoras eletrônicas manuais, o mercado desapareceu por completo.

Os exemplos são inúmeros e a mensagem é clara. O ponto é que, como a lâmpada que fica mais intensa antes de queimar, muitas dessas empresas e setores alcançaram o apogeu poucos anos antes, e, em alguns casos, até alguns meses ou dias antes – da queda irreversível e fatídica. Elas otimizaram o sucesso no percurso para o fracasso, quase sempre mais rápido do que seria possível imaginar, tão ofuscadas pelo próprio brilho, que não olharam ao redor, exatamente como Drucker alertava.

Seria de supor que os altos executivos com facilidade se antecipam e rapidamente se ajustam às mudanças. No entanto, por diversos motivos, raramente é assim. A maioria dos gestores chega à cúpula depois de sucessivas promoções, sob o velho paradigma do sucesso da organização. Suas estratégias e iniciativas do passado foram decisivas para o avanço da organização e para as suas vitórias pessoais. Eles se sentem à vontade com o tradicional e não ousam experimentar ideias inovadoras, ainda experimentais e não comprovadas. Embora não percebam, estão apreensivos com a mudança e têm medo de abandonar o conhecido e o seguro. Investiram muito no *modus operandi* antigo e rejeitam qualquer sugestão de investir mais ainda e de começar outra vez. Poucas pessoas são abertas às mudanças e se adaptam com facilidade. A maioria fecha os olhos para mudanças notórias e se recusa a mudar de rumo. A verdade, porém, é que, em geral, o novo modelo não oferece perigo, e talvez seja até melhor que o anterior, desde que se aceite a mudança como inevitável.

Já escrevi sobre um dos casos mais notáveis de liderança, capaz de reconhecer que o sucesso no futuro nem sempre segue o sucesso no passado. Não era um executivo de negócios, mas um líder militar. Chamava-se Henry H. "Hap" Arnold e era o comandante das Forças Aéreas do Exército dos Estados Unidos durante a Segunda Guerra Mundial. Para compreender a visão dele, é preciso conhecer toda a história.

Depois que a Força Aérea ganhou o status de serviço militar independente nos Estados Unidos, após a Segunda Guerra Mundial, "Hap" Arnold foi o primeiro e o único general de cinco estrelas a comandá-la. Chegar lá, porém, não foi fácil. Arnold lutara durante toda a carreira por uma Força Aérea independente do Exército, com plenas oportunidades de carreira para os militares que pilotavam aeronaves essenciais para qualquer Força Aérea. Antes da independência, quando a Força Aérea estava sob o controle de altos oficiais do Exército, que não voavam, os pilotos podiam comandar somente divisões aéreas. Não tinham permissão para comandar divisões terrestres e exercer outras atribuições. Sem esses antecedentes, não tinham condições de alcançar os mais altos postos no Exército americano.

Logo depois da criação da Força Aérea dos Estados Unidos, e apesar de toda uma vida de luta pela independência da Força Aérea e pela igualdade de oportunidades de carreira para os pilotos, o general Arnold escreveu palavras então consideradas heresia pelos que voavam, ao afirmar que os oficiais da Força Aérea deviam ser flexíveis e progressistas na visão do futuro desse novo serviço militar. "Devemos pensar em termos de amanhã. Precisamos ter em mente que o poderio aéreo em si pode tornar-se obsoleto."[89] Essa afirmação premonitória é de uma época em que os aviões eram armas fundamentais no arsenal da Força Aérea. Ainda não havia naves espaciais nem veículos aéreos autônomos, não tripulados, ou drones, exceto como protótipos

---

[89] ARNOLD, H. H. *Global Mission*. Nova York: Harper & Row Publishers Inc., 1949. p. 615.

experimentais. Hoje, a necessidade de operadores de drones é tão grande que se rivaliza com a demanda não só por pilotos de aeronaves, mas também por operadores de sistemas de mísseis balísticos e de naves espaciais, situação que o general Arnold jamais poderia ter previsto quando escreveu essas palavras.

No entanto, quase todos os dias sabe-se de empresas que faliram por não terem aprestado atenção às advertências de Drucker. Não muito tempo atrás, li a seguinte manchete no *Wall Street Journal*: "O jogo acabou para a Columbia House". O dono da Columbia House, Filmed Entertainment Inc. entrara com pedido de recuperação judicial. A Columbia House era uma divisão da CBS Inc. Ainda se lembra você das ofertas, por mala direta, dos clubes de discos, depois substituídos por fitas e, finalmente, por DVDs – tudo dessa famosa gravadora, que operava por reembolso postal? Como incentivo para associar-se ao clube, era possível comprar uma fita ou um CD por menos de um cent. Essas operações rendiam nada menos que US$ 1,4 bilhão por ano. É isso mesmo, bilhão com B. O que liquidou a Columbia House, porém, não foi só a tecnologia. Na verdade, ela promovia e melhorava seus produtos básicos. O que mudou, e matou a Columbia House, foi a maneira como os consumidores compravam e ouviam música e outros produtos. Ao encerrar suas atividades, a empresa ainda tinha 110 mil membros, mas, a essa altura, já havia resistido a anos de queda na receita. Nunca se fizeram, porém, as correções e adaptações necessárias em marketing e distribuição[90]

Evitando que o sucesso resulte em fracasso

▶ Compreenda que insistir no que levou ao sucesso no passado sempre acabará levando ao fracasso no futuro, por uma ou mais razões, não importa quais.

▶ As organizações sempre devem estar dispostas a abandonar o que já fez sucesso no passado e até o que talvez já tenha sido a própria essência do sucesso.

▶ As organizações sempre devem estar preparadas para fazer mudanças, mesmo que sejam transformações revolucionárias.

▶ Planeje seus próprios cenários contingentes e a maneira como enfrentará situações adversas, antes de ocorrerem ou logo que se insinuarem.

---

[90] CORRIGAN, Tom. Fat Lady Sings for Columbia House. *Wall Street Journal*, Nova York, p. B1, 11 ago. 2015.

- Observe cada grande acontecimento e pergunte o que significarão para o seu negócio e os seus produtos.
- Inove para evitar o fracasso, lembrando-se de que a inovação é uma das duas principais funções de qualquer negócio – a outra é o marketing.

Inovação é algo diferente

Drucker compreendia que, como consultor, inovação para ele significava algo diferente, talvez até completamente novo. Mas também compreendia que, quando se inicia e se explora uma inovação, necessita-se de recursos de tempo, talento, capital e instalações. Essas constatações o levaram a um conceito muito importante, que veio a ser denominado "abandono".

Atitude revolucionária: abandonar produtos lucrativos

As duas perguntas de Drucker a Jack Welch, que muito contribuíram para o seu sucesso fenomenal como CEO da GE, foram: "Se a GE ainda não operasse em seus atuais negócios, você entraria neles hoje?" e "Se a resposta for não, o que você fará a respeito?". Essas perguntas resultaram no abandono de negócios de sucesso. De acordo com Welch, as indagações de Drucker o levaram a descartar negócios rentáveis, mas de baixo desempenho, o que contribuiu para turbinar a GE e desencadear sua extraordinária história de sucesso. Welch determinou que qualquer negócio da GE que não fosse o número um ou o número dois no mercado seria consertado, vendido ou fechado.[91,92] Esses dois exemplos da teoria do abandono de Drucker foram discutidos no livro *Administração Lucrativa* [Managing for Results] em 1964, quase 20 anos antes. Esse é, sem dúvida, um poderoso exemplo da aplicação bem-sucedida, por Jack Welch, da teoria de Drucker.[93]

---

[91] MULLIGAN, Thomas F.; FLANIGAN, James. Prolific Father of Modern Management. *Los Angeles Times*, Los Angeles, p. A-1, 12 nov. 2005. Business Section. Disponível em: <http://articles.latimes.com/2005/nov/12/business/fi-drucker12>. Acesso em: 12 ago. 2015.

[92] HELLER, Robert. The Drucker Legacy. In: ____. *Thinking Managers*. Disponível em: <http://www.thinkingmanagers.com/management/drucker>. Acesso em: 12 ago. 2015.

[93] DRUCKER, Peter F. *Managing for Results*. Nova York: Harper & Row Publishers, 1964. p. 143-146.

Essas perguntas simples contribuíram em muito para as realizações dele na GE e para seus êxitos de fama mundial como líder e gestor.

O automóvel mais conhecido do mundo deveria ter sido abandonado?

O Modelo T, de Henry Ford, foi intitulado o carro mais influente do século XX. Na verdade, o epíteto é "O Carro do Século". Sem dúvida, o prêmio foi merecido, visto que nada menos que 15 milhões de Modelos T foram produzidos entre 1908 e 1927. Embora o automóvel tenha recebido pequenas alterações ao longo desse período de 19 anos, a principal característica do Modelo T foi exatamente a preservação do projeto original. Essa intenção deliberada foi confirmada pela famosa afirmação de Henry Ford de que os clientes podiam escolher qualquer cor para o automóvel, desde que fosse preto. Até que o principal concorrente da Ford Motor, a GM, passou a oferecer vários modelos e opções de automóveis. Henry Ford respondeu com uma frase: "O design do Modelo T 'já está completo' e, portanto, não será alterado". O fato é que, no fim da vida, o Modelo T já não podia competir com as ofertas mais modernas. O projeto deveria ter sido abandonado anos antes, apesar de ter sido a base do sucesso da Ford. A recusa em mudar custou a Henry Ford a perda da liderança de sua empresa para a GM, nos 40 anos seguintes, revertério que, de um lado, explica a baixa margem de lucro gerada pelo Modelo T nos últimos anos e, de outro, desmente a declaração arrogante de Henry Ford, de que o automóvel não precisava de melhorias.[94, 95]

Abandone com elegância e lógica

Drucker percebeu que, pela lógica, daí decorria que as organizações devem estar preparadas não só para o abandono de tudo o que fazem, mas também para a criação do novo. O abandono deve ser simultâneo com a ordenha dos sucessos passados, com a melhoria contínua e com a inovação constante.[96] Drucker enfatizava que

---

[94] THE MODEL-T FORD. In: Frontenac Motor Company. Disponível em: <http://www.modelt.ca/background.html>. Acesso em: 12 ago. 2015.

[95] FORD MODEL T. In: Wikipedia. Disponível em: <http://en.wikipedia.org/wiki/Ford_Model_T>. Acesso em: 12 ago. 2015.

[96] DRUCKER, Peter F. *On the Profession of Management*. Boston: Harvard Business Review Book, [1963, 1964, 1966, 1985, 1987, 1989, 1991, 1992, 1993, 1994] 1998. p. 116-117.

qualquer proposta de um novo empreendimento importante sempre precisa explicitar que o velho empreendimento deve ser abandonado.[97] Reconheci essa necessidade logo no começo de minha carreira, como diretor de P&D (Pesquisa e Desenvolvimento), quando meu chefe insistiu para que eu iniciasse a criação de novos produtos, sem, porém, aumentar as minhas verbas. Para Drucker, todos esses processos devem ser sistêmicos, jamais sendo executados ao acaso ou de improviso. Na opinião dele, o processo deve começar com repensamento pelos clientes do que estavam fazendo no presente.

Repensar é examinar o que a organização está fazendo

Drucker refletia em profundidade sobre o que muitos clientes e consultores ignoravam: repensar as circunstâncias e as iniciativas da organização nesse contexto. Para Drucker, essa reflexão era o prólogo do abandono e deveria resultar em longa lista de atividades, programas ou produtos a serem analisados, avaliados e classificados pelo sucesso atual e potencial. Em seguida, os mais promissores tornam-se prioritários na alocação dos recursos necessários para realizar todo o seu potencial. Os menos promissores (lembre-se dos "abacaxis" da matriz desenvolvida pelo Boston Consulting Group) devem ser liquidados e os intermediários devem ser reexaminados e, se for o caso, reformulados, para produzir melhores resultados, mas sem grande aumento nos recursos alocados. Drucker descobriu que, não raro, os métodos convencionais classificavam os programas e as atividades com base no que ele denominou "boas intenções". O diferencial de Drucker consistia em não classificar pelas boas intenções, mas sim de acordo com o desempenho real.[98]

Drucker exortava os clientes a institucionalizar o processo, e até sugeria a frequência com que o processo deveria ser repetido: "A cada três anos, a organização precisa reconsiderar todos os produtos, todos os serviços, todas as políticas e todos os canais de distribuição, perguntando: "Se já não estivéssemos nisso, o que estaríamos fazendo agora?".[99]

Essa última pergunta assumia que as condições mudavam e, ainda mais importante, que a organização sempre aprendia algo novo, depois

---

[97] DRUCKER, Peter F. *Administração lucrativa*. Rio de Janeiro: Zahar, 1972. p. 221.

[98] DRUCKER, Peter F.; MACIARIELLO, Joseph. *Management*. Nova York: Harper-Collins, [1973, 1974] 2008. p. 163-166.

[99] DRUCKER, Peter F. *Classic Drucker*. Boston: Harvard Business School Publishing, 2006, 2008. p. 29.

da decisão pelas escolhas em curso. Drucker enfatizava que, se a resposta para essa pergunta fosse "não", a reação jamais deveria ser a realização de análises complementares, mas sim, sempre, indagar: "O que faremos agora?". Drucker não era entusiasta de estudos ou pesquisas inúteis, mas da execução de ações eficazes. A ênfase da consultoria de Drucker recaía sobre ações eficazes.[100] Ele sabia que só partindo para a ação era possível evitar o fracasso e alcançar o sucesso. Ele sempre salientava que o abandono era não só necessidade, mas também oportunidade.[101]

Quando se abandona um negócio, um produto ou um serviço, também se liberam recursos – dinheiro, pessoal, instalações, equipamentos e tempo – para explorar novas oportunidades ou para aproveitar oportunidades anteriores que, embora tenham sido ignoradas no passado, hoje têm maior potencial. Essas eram as "push priorities", ou "oportunidades a impulsionar", que são fáceis de identificar, porque os resultados do impulso, em caso de sucesso, multiplicam muitas vezes o investimento adicional.[102]

Muitas são as outras vantagens do abandono, mesmo que se ignore de início onde aplicar os recursos liberados. Psicologicamente, o abandono estimula a busca de substitutos para preencher a lacuna deixada pelo substituído, já falecido. Drucker também considerava o abandono indispensável para sacudir os negócios existentes, despertando-os da letargia, "para que se dediquem *hoje* aos produtos, serviços, processos e tecnologias que farão diferença amanhã".[103] Finalmente, Drucker dizia aos clientes que o abandono até ajuda a mudar a administração, porque uma de suas pregações era que a maneira mais eficaz de administrar a mudança é promovê-la por iniciativa própria, assim como recomendava "prever" o futuro, criando-o por iniciativa própria.[104]

Perto do fim da carreira, Drucker resumiu uma vida de reflexão sobre o conceito de abandono, descrevendo três situações em que, mal se contendo, proclamava com ousadia: "A ação certa é sempre o abandono irrestrito e definitivo".

1. Quando se acha que um produto, serviço ou processo "ainda tem alguns anos de vida".

---

[100] DRUCKER, Peter F. *Management Challenges for the 21st Century.* Nova York: Harper Business, 1999. p. 74.

[101] DRUCKER, Peter F. *Administração lucrativa.* Rio de Janeiro: Zahar, 1972. p. 143.

[102] DRUCKER, Peter F. *Administração lucrativa.* Rio de Janeiro: Zahar, 1972. p. 144.

[103] DRUCKER, Peter F. *Innovation and Entrepreneurship.* Nova York: Harper & Row Publishers, 1985. p. 155.

[104] DRUCKER, Peter F.; MACIARIELLO, Joseph. *Management.* Nova York: Harper-Collins, [1973, 1974] 2008. p. 61.

2. Quando o único argumento para manter o produto ou serviço é estar "totalmente amortizado ou depreciado".
3. Quando um novo produto ou serviço está sendo rejeitado ou negligenciado porque ainda se mantém ativo outro produto ou serviço tradicional.

Drucker escreveu que a terceira situação era a razão mais importante para o abandono.[105] Até Steve Jobs teve dificuldade em convencer seu pessoal a deixar de enfatizar o antes poderoso Apple II, que lançara a empresa e, até se poderia dizer, iniciara toda a indústria de computadores pessoais. Lembro-me de Jobs assumindo o controle do desenvolvimento do "Mac" e dizendo que quem ainda estivesse apaixonado pelo Apple II estava trabalhando no "projeto chato". Na época em que se relatou o fato, não compreendi por que ele fizera essa afirmação. Analisando os métodos de consultoria de Drucker, compreendi qual era o propósito de Jobs.

Descobrir um critério específico para o abandono

Drucker simplesmente não indicou critérios específicos para o abandono. Nada de matrizes de quatro ou nove células, nem equações – nada. Mais uma vez, a solução para ele era pensar. Os produtos, processos ou negócios a abandonar e os critérios a adotar são ilimitados. Ele ofereceu, porém, algumas diretrizes. Por exemplo, na tomada de decisões, recomendou que se considerasse o que denominou "condições limítrofes", ou seja, especificações referentes a objetivos almejados, metas mínimas a alcançar, e outras a serem atendidas. Ele sabia que o raciocínio claro quanto às condições limítrofes era indispensável para definir quando algo deveria ser abandonado. Além disso, concluíra, por inferência, que a compreensão em profundidade dessas condições limítrofes também era necessária para o desenvolvimento de critérios de abandono.[106]

Embora alertasse os clientes e seus assessores a evitar a "tirania dos números",[107] ele também salientava que o orçamento – a mais

---

[105] DRUCKER, Peter F. *Management Challenges for the 21st Century*. Nova York: Harper Business, 1999. p. 74-76.

[106] DRUCKER, Peter F. *On the Profession of Management*. Boston: Harvard Business Review Book, [1963, 1964, 1966, 1985, 1987, 1989, 1991, 1992, 1993, 1994] 1998. p. 25-26.

[107] As ideias de Drucker foram abonadas por David Boyle, autor de *The Tyranny of Numbers: Why Counting Can't Make Us Happy?* (Flamingo, 2001). Confesso que ainda não li o livro, mas a descrição fornecida pela Amazon.com reflete muito bem as ideias de Drucker, tal como as conheci. "Nunca antes tentamos medir tanto quanto hoje. Por

usada ferramenta gerencial – de fato fornecia meios para analisar e avaliar a situação vigente, junto com outras medidas e controles, e que também era preciso examinar as informações disponíveis, quando se buscavam candidatos a abandono.[108] Daí se conclui que também é possível adotar critérios quantitativos para decidir o que eliminar e o que manter, mas, novamente, cuidado com a "tirania dos números".

É preciso ter um plano...
mas também é preciso seguir o plano

Depois de identificar o que deve ser abandonado e definir os critérios de abandono para cada caso específico, elabore um plano de execução que inclua objetivos, pessoas e qualificações, ferramentas, dotações, informações e outros recursos necessários, além de prazos inequívocos e irrevogáveis.[109] É muito parecido com o projeto de desenvolvimento de novos produtos. Drucker observou que o "como" do abandono era tão relevante quanto o "o quê". Se esse detalhe for ignorado, todo o processo de abandono será procrastinado na esperança de que seja esquecido ou revogado. A razão é simples: as decisões de abandono nunca são populares e sempre sofrem resistência ativa, como Jack Welch

---

que estamos tão obcecados pelos números? O que os números podem de fato nos dizer? Com muita frequência, tentamos quantificar o que, na verdade, não pode ser medido. Quantificamos indivíduos, não pessoas; resultados de exames, mas não a inteligência; reivindicações de benefícios, mas não a pobreza. O governo impôs-se 10.000 novas metas. Os políticos recheiam seus discursos com estatísticas distorcidas: as taxas de criminalidade estão aumentando ou diminuindo, dependendo de quem apresenta as estatísticas. Vivemos em um mundo onde tudo é concebido para ser medido. Se não for mensurável, pode ser ignorado. O grande problema, porém, é o que os números não revelam. Eles não esclarecem, eles não inspiram, tampouco elucidam o que exatamente provoca o quê. Neste livro apaixonante e instigador, David Boyle examina nossa obsessão por números. Ele nos alerta do perigo de levar os números a sério, em detrimento do que não é mensurável e não é calculável: intuição, criatividade, imaginação, felicidade... contar é capacidade humana vital. Os padrões são ferramenta vital. Desde que nos lembremos do quanto são limitantes, se nos apegarmos demais a eles". (Disponível em: <http://www.amazon.com/Tyranny-Numbers-CountingCantHappy/dp/0006531997/ref=sr_1_1?ie=UTF8&qid=1439394476&sr=81&keywords=The+Tyranny+of+Numbers+Boyle>. Acesso em: 2 ago. 2015).

[108] DRUCKER, Peter F.; MACIARIELLO, Joseph. *Management*. Nova York: Harper-Collins, [1973, 1974] 2008. p. xxvi-xxvii.

[109] DRUCKER, Peter F. *Innovation and Entrepreneurship*. Nova York: Harper & Row Publishers, 1985. p. 154-155.

descobriu.[110] A política de abandono na GE, que muito contribuiu para o incrível sucesso da empresa e do CEO, envolveu o deslocamento de mais de 100.000 empregados, durante os primeiros anos de Welch no cargo, por ele ter descartado empresas de baixo desempenho e adquirido outras mais promissoras. Também foi a origem do apelido depreciativo a ele atribuído: "Jack Neutron". Seus defensores, porém, argumentavam que essa política de abandono não só impulsionou a GE para o auge do sucesso, mas também, em última instância, beneficiou muito os empregados e os acionistas. Sem esse processo sistemático de planejamento e execução, tudo não passaria de boas intenções, que, acrescentou Drucker, jamais deveria incluir o adjetivo "boas".

Sonhar ou não sonhar, eis a questão

É insensato – até mesmo perigoso – abandonar produtos, organizações, estratégias ou empresas de sucesso, enquanto ainda forem rentáveis e promissores. Quando será, porém, que as novas ideias para o futuro de fato se opõem ao fracasso inevitável, de quando se insiste no sucesso do passado, sem reformular o pensamento prospectivo, ou, ao contrário, apenas geram desperdício de recursos e desvio de rumo oneroso? Para Drucker, as melhorias de táticas nas estratégias de sucesso só funcionam enquanto a mudança estratégica não for indispensável, a ponto de sua omissão ou procrastinação resultar em fracasso inevitável. Como, então, reconhecer a possível ocorrência de condições ambientais de magnitude suficiente que tornem indispensável a mudança revolucionária? Desculpe, mas esse é o ponto em que entra em cena o julgamento do gestor.

O que recomendar aos clientes

▶ Mantenha-se atualizado em relação ao mercado, ao país e ao mundo. Familiarize-se não só com os novos produtos e serviços, mas também com as mudanças no contexto, que, mesmo remotamente, possam afetar as operações da empresa no futuro. Para tanto, é preciso acompanhar as mudanças e tendências, por todos os meios disponíveis, sempre refletindo sobre como as transformações tecnológicas, culturais, políticas e econômicas impactarão

---

[110]JACK WELCH. In: Wikipedia. Disponível em: <https://en.wikipedia.org/wiki/Jack_Welch>. Acesso em: 12 ago. 2005.

sua organização. Trata-se de um processo contínuo e incessante, a ser incorporado aos hábitos pessoais e à cultura organizacional.

▸ Pergunte-se não *o que acontecerá,* mas o que *talvez aconteça,* com base nas tendências presentes ou prováveis.

▸ Pratique o jogo "E se?" sobre o seu negócio no presente, à luz das tendências em curso. O que você faria se ...?

▸ Monitore com atenção o desempenho da empresa. Descubra por que as vendas caíram durante vários trimestres. Aja da mesma maneira se as vendas aumentarem. Não pressuponha que tudo "voltará ao normal". Não há normal. Em casos de mudanças significativas no desempenho da empresa, para melhor ou para pior, identifique e analise as causas, exaustivamente. Reconheça que nada dura para sempre, prepare-se para as mudanças, e execute de imediato as que forem de fato necessárias, quaisquer que tenham sido os investimentos em tempo, dinheiro e recursos na situação vigente. Nunca se esqueça da lição dos contadores, de que custos irrecuperáveis são custos irrecuperáveis, e que nada dura para sempre.

▸ Embora não se deva mudar por amor à mudança, adote um programa de análise contínua de todas as estratégias, táticas, políticas e produtos. Assuma atitude proativa, busque oportunidades e promova a mudança, não só para manter-se à frente dos concorrentes, mas também para não insistir em práticas atuais que se tornaram obsoletas.

▸ Desenvolva novas ideias e descarte métodos superados, mesmo que tenham feito sucesso no passado, substituindo-os por outros que farão sucesso no futuro. Só assim é possível garantir a continuidade do sucesso.

Grande parte da reputação de Drucker decorreu do fato de recomendar o que não ocorria espontaneamente à maioria dos gestores e clientes. Todos os consultores que pretenderem seguir os passos de Drucker precisam reconhecer essa realidade. É realmente difícil admitir que todas as empresas estão sujeitas ao fracasso e que nelas as sementes da vitória e da derrota sempre estão latentes, prestes a germinar. Em todos os casos de sucesso, o fracasso sempre está à espreita, dormente e potencial. Os consultores precisam conscientizar-se desse fato inevitável e preparar-se para orientar os clientes no percurso para o sucesso, abandonando, quando necessário, os vetores do sucesso no passado e no presente.

COMO DRUCKER AJUDAVA OS CLIENTES A INOVAR 14

SEJAMOS HONESTOS. MUITAS DE NOSSAS inovações vêm de lampejos de súbita inspiração. Parece que eu tenho muitos desses lampejos, quando acordo de manhã, a revelarem no que a minha mente trabalhou enquanto eu dormia. Joe Cossman era um empreendedor incrivelmente produtivo, cuja imaginação concebera tantos novos produtos revolucionários, que até parece milagre ele ter encontrado tempo e recursos para levar avante uma pequena porcentagem deles. De alguma maneira, porém, suas realizações foram suficientes para torná-lo extremamente rico, meio no estilo de Drucker, como "banda de solista". A maioria desses novos produtos funcionou e, provavelmente, cada lançamento lhe rendia no mínimo um milhão de dólares. Alguns não deram certo, mas não há dúvida de que sua média de acertos, bem como sua produtividade, eram excelentes. A Fazenda de Formigas, de Cossman, foi um dos seus empreendimentos de maior sucesso.

A Fazenda de Formigas – a mais notável inovação em brinquedos do século XX

A famosa "Fazenda de Formigas", de Cossman, foi um enorme sucesso. A ideia de construir um brinquedo educativo, reunindo uma colônia de formigas, com o tipo certo de sujeira, numa estrutura de madeira de 30 x 30 cm, cercada por painéis claros de vidro, para que o "fazendeiro" observasse o lufa-lufa, não era inédita. Provavelmente já fora experimentada havia 80 anos ou mais quando Cossman lançou sua versão. Aqui, porém, começa a inovação. A concepção anterior jamais se aventurara em um mercado de massa para crianças; os painéis de vidro eram perigosos, porque se estilhaçavam facilmente. O conceito original da colônia de formigas destinava-se a atividades em sala de aula, sob a supervisão de um professor, mas não se prestava ao uso individual pelas próprias crianças, em casa, sem a presença de um responsável, por causa da fragilidade dos painéis de vidro. A interface de madeira e vidro não era perfeita, e as formigas a toda hora escapavam, para o desespero de professores e alunos. Os pais se exasperavam ainda mais, ao verem os insetos correndo pela casa.

Já a versão de Joe da "fazenda de formigas" foi concebida como "brinquedo educativo", para uso pelas próprias crianças em casa. Nessas condições, foi projetada para venda às famílias, como propriedade pessoal, não para projetos didáticos nas escolas. Além disso, tinha características de *sistema*. A armação de madeira e vidro foi substituída por plástico transparente, mais leve e resistente, inquebrável em condições normais, e, portanto, menos perigoso para as crianças e mais seguro contra fugas das formigas, além das vantagens de projeto mais simples e de custos de produção mais baixos. Joe, porém, não ficou só nisso. Até o nome escolhido – *fazenda* de formigas – era novidade.

Como, porém, ele poderia abastecer as lojas de varejo em todo o país com as fazendas *e as formigas*? Simples: outra inovação. Como as fazendas têm rebanho, a solução era vender as fazendas de formigas acompanhadas de um "certificado de rebanho", a ser remetido pelo correio ao fabricante, para receber em casa o "rebanho" necessário, com garantia de entrega.

O sucesso de Cossman com o produto foi enorme, sobretudo por causa das inovações, e o produto até hoje continua no mercado, mesmo depois de seu criador não estar mais entre nós. Joe dizia que, quando se concentra a atenção em determinado produto, serviço, setor ou negócio, os lampejos de inspiração fluem e espocam com muito mais frequência e intensidade.

Lampejos de inovação

Para Drucker, os lampejos de inspiração eram excelente tática de inovação. Ele me disse, contudo, que a quantidade de boas ideias sempre superaria a oferta de tempo, dinheiro e pessoal para convertê-las em produtos e serviços. Ele admitia que a "ideia brilhante" – a inovação nebulosa e fugidia, desenvolvida às pressas, sem muita análise – podia dar certo. Dizia até que era possível fazer um "gol de placa" com uma desses vislumbres. E não hesitava em dar-me muitos outros exemplos de grandes vislumbres, que haviam gerado milhões para os iluminados – como o zíper (cujo nome original era "fecho deslizante"), a caneta esferográfica, o aerossol, e muitas outras. Ele salientava, contudo, que essas inspirações repentinas não eram o padrão e que deveriam ser ignoradas como modelo de abordagem e gerenciamento da inovação, na condição de atividade empresarial deliberada. E alertava para o grande risco do projeto, caso a análise consciente e diligente não fosse parte do processo.

Joe Cossman e Peter Drucker eram ambos meus amigos. Até certo ponto, tinham muito em comum. Depois do lançamento de outro produto inovador, denominado "Meu filho, músico", também inspirado naqueles lampejos geniais, Joe passaria a concordar plenamente com os métodos de inovação de Drucker. E como Joe também exercia atividades de consultoria e de aconselhamento na área de inovação, ele repetia para os próprios clientes muitas das recomendações de Drucker. O produto "Meu filho, músico" foi uma lição importante para Joe.

"Meu filho, músico" vendeu muito, mas saiu do mercado

"Meu filho, músico" vendeu tanto, que Joe Cossman quase foi à falência. O produto, nome inteligente imaginado por Cossman, prometia acabar com o problema dos pais na educação dos filhos pequenos para usar o urinol, por meio de tecnologia e de uma inovação inteligente. O componente tecnológico era um dispositivo que consistia em um recipiente com um sensor de líquidos, conectado a uma caixa de música. Ao detectar um líquido, como urina, o sensor ativava a caixa de música, que logo começava a tocar uma seleção de cantigas de roda. Assim, a criança estava produzindo a própria música. Cossman testou o produto com o filho dele, que na época estava na idade certa, e o produto funcionou com perfeição em todas as tentativas.

Sem o tipo de análise consciente sugerida por Drucker, Cossman criou a propaganda, acelerou a produção, contratou vendedores e começou a promover o produto. O interesse e a demanda foram enormes, mesmo antes do lançamento, talvez nos níveis mais elevados já alcançados por qualquer uma de suas outras invenções para crianças. Cossman chegou a pensar que as vendas de "Meu filho, músico" talvez equivalessem às de seus melhores produtos, inclusive a fazenda de formigas.

Todo aquele entusiasmo logo se dissipou quando um psicólogo infantil, que vira o brinquedo numa loja local, telefonou-lhe para dar a má notícia. "Meu filho, músico" de modo algum estimularia a criança a urinar no vaso sanitário, quando ela descobrisse que poderia tocar música ao urinar no recipiente do brinquedo. Além disso, a associação seria reforçada sempre que a criança "tocasse música" ao urinar. Ou seja, o ato de urinar seria associado a música.

Essas associações são extremamente poderosas. Você provavelmente já ouviu falar dos experimentos do cientista russo Dr. Ivan Pavlov com cachorros. Sempre que alimentava o cão, Pavlov fazia soar uma campainha. O cachorro salivava ao ver a comida. Não muito tempo depois, o cão também salivava ao ouvir a campainha, pouco importava que Pavlov lhe desse comida ou não. Criou-se forte associação entre o som da campainha e a salivação involuntária. Cossman ligou os pontos e concluiu que seu produto, supostamente perfeito, estava em apuros.

"Ideias brilhantes" com análise incompleta ou deficiente perdem dinheiro

Não é preciso muita imaginação para compreender os efeitos de "Meu filho, músico", muito tempo depois de a criança parar de usá-lo como dispositivo de aprendizagem e até bem mais tarde, já como adulto. Cossman confirmou esse problema potencial com outros psicólogos. As vendas iniciais de "Meu filho, músico" podem ter sido muito encorajadoras, se, porém, tivessem prosseguido, as ações judiciais movidas pelos pais e até por antigos usuários, num futuro mais distante, seriam numerosas e por certo teriam levado o negócio à falência. A inovação "Meu filho, músico" foi uma ideia brilhante. "O problema", disse Drucker, "é que as ideias brilhantes são as fontes de oportunidades das inovações mais arriscadas e menos promissoras". Ele estimava que, talvez, uma em cada 500 geravam caixa além dos custos de investimento e sugeriu que inovar com base em ideias brilhantes era como jogar em Las Vegas, com alta probabilidade, no fim das contas, de gerar resultado semelhante.

A solução, afirmava ele, era a análise de ideias inovadoras por meio de processos sistemáticos, gerando inovações propositadas ou deliberadas, a serem perseguidas em todas as empresas, qualquer que seja a especialidade, disciplina ou área funcional. Drucker recomendava enfaticamente o descarte das "ideias brilhantes" como procedimento operacional. Em vez disso, defendia outra abordagem.[111]

Inesperado, mas mesmo assim analisado

Drucker escreveu que o inesperado era a fonte mais fecunda de oportunidades para a inovação bem-sucedida, muito melhor que a "ideia brilhante". Tratava-se, porém, de manancial não só desprezado, mas, por vezes, rejeitado deliberadamente por gestores de todas as disciplinas, tal era o foco no esperado.

Por exemplo, durante a Segunda Guerra Mundial, a demanda por borracha era sobremodo alta para veículos militares de todos os tipos. A situação dos Estados Unidos era cada vez mais desesperadora, pois o país estava em guerra com o Japão, que controlava as principais fontes do produto natural. Já havia borracha sintética, mas era muito cara. Nessas condições, a General Electric lançou um programa para desenvolver borracha sintética a baixo custo. Em 1943, um engenheiro da empresa experimentou combinar ácido bórico e óleo de silicone. Infelizmente, o material estranho que resultou da combinação não solidificava, deixando de corresponder, portanto, às expectativas: um substituto da borracha sintética.

O engenheiro, porém, percebeu que aquela substância tinha propriedades estranhas e inesperadas. Quicava ao cair, distendia-se muito sem romper-se e, quando pressionada contra imagens impressas, como em jornais, transferia-as para outras superfícies. O engenheiro, perplexo, mostrou os resultados aos gerentes. Ainda focados no esperado, entretanto, embora surpresos, os gerentes não viram resultados práticos no produto como substituto da borracha. Persistiu-se no esforço, mas não se realizou nenhuma análise cuidadosa do material, que muito se afastava do objetivo inicial. Vários anos se passaram e a guerra terminou.

Um dia, um consultor de publicidade, chamado Peter Hodgson, que estava em busca de produtos inusitados, deparou com esse resultado singular e inesperado, para resolver o problema original da borracha com o desenvolvimento de um sucedâneo. Alguém já disse que "para o martelo tudo parece prego". Hodgson era um martelo.

---

[111] DRUCKER, Peter F. *Innovation and Entrepreneurship*. Nova York: Harper & Row Publishers, 1985. p. 130-132.

Olhou para aquilo como um presente imprevisto, mas inovador, e o levou a uma festa para demonstrar sua singularidade. Como outros publicitários provavelmente estariam presentes, ele descobriria o que achavam da coisa. Foi a sensação da festa.

Hodgson analisou, então, o produto, conscientemente, como possível brinde para festas, e nele investiu US$ 147. Os resultados dessa investigação e de seu investimento frugal logo o levaram a deslocar o foco para crianças. Embalou a substância em recipientes plásticos de 30 ml, na forma de bola, e deu ao produto novo nome. Obviamente, não seria "Borracha sintética gorada", jamais daria certo; nem "Grude Cru", que dificilmente seria alguma coisa pela qual os pais se disporiam a pagar para ter em casa. Ocorreu-lhe "Silly Putty". Com esse nome, tornou-se um dos brinquedos que fez mais sucesso na história, superando a fazenda de formigas, de Cossman, e conquistou fama mundial. Rendeu milhões de dólares para Hodgson e patrocinadores, mas nem um centavo para a GE ou seu inventor de fato. Foi uma ideia brilhante, inesperada, mas os engenheiros da GE que a inventaram não a viram com os olhos de Hodgson. Foi inesperado, mas a GE não tinha uma divisão de brinquedos, nem ninguém capaz de imaginar as possibilidades nessa direção. Hodgson tinha antecedentes mais amplos para contemplar outras possibilidades, e seguiu o conselho de Drucker sobre o inesperado, fazendo análises antes de avançar.

Algumas inovações de sucesso são tachadas de "incongruências"

As incongruências também são inesperadas, só que de maneira diferente. Espera-se determinado resultado, mas ocorre exatamente o contrário. Em geral, isso tem a ver com resultados econômicos. Na década de 1950, alguém descobriu que as empresas que dominavam o mercado eram mais lucrativas. Daí resultou a gestão de portfólio e a famosa matriz BCG, em que a alta participação no mercado era considerada desejável, gerando "vacas leiteiras" ou "estrelas". Quem conquistava grande fatia do mercado fazia sucesso e gerava altos lucros. Muitas empresas saltaram no trem elétrico e, simplesmente ampliando a definição do mercado, dominava-o com grandes vendas. Outras, porém, aventuravam-se em setores sobre os quais pouco ou nada sabiam e, em consequência, pouco contribuíam para os produtos ou serviços. Algumas empresas pequenas, porém, especializaram-se em nichos em que eram excelentes, e geraram caixa e altos lucros, mesmo que, não raro, reduzissem, em vez de expandir, o mercado, concentrando-se em segmentos nos quais fossem capazes de atender melhor aos clientes, pelo preço justo, tornando-se mais lucrativas. Isso é inesperado. Dessa maneira, e com essa incongruência, pequenas organizações podem derrotar concorrentes maiores e mais poderosos em segmentos específicos do mercado.

A famosa Starbucks começou pequena e tornou-se grande, identificando incongruências no mercado, nas quais pudesse satisfazer aos clientes melhor que os concorrentes maiores. Por seu turno, porém, como empresa gigante, também ela caiu na armadilha de focar na expansão, em vez de no cliente. Numa entrevista para a repórter Katie Couric, o CEO Howard Schultz explicou: "Fizemos da expansão uma estratégia, em vez de consequência dos serviços".[112]

A expansão não levou a grandes lucros, mas a grandes perdas. Felizmente para Schultz, ele percebeu o que estava fazendo e deu a virada antes do desastre.

Inovação por necessidade

"Inovação por necessidade" tem a ver com o velho provérbio "a necessidade é a mãe da invenção". Quando se precisa de alguma coisa, trabalha-se nesse objetivo até realizá-lo. Já ouvi inúmeras vezes a mesma história da persistência de Thomas Edison na busca do filamento certo para a lâmpada elétrica. O problema é que o filamento não resistia ao aquecimento e sempre entrava em combustão. Ele, porém, não desistiu e continuou experimentando vários tipos de filamentos até descobrir um que não queimava. Quando ouvi a história pela primeira vez, foram 999 tentativas. Na segunda versão, 1.000 tentativas. Depois, 2.000. Algumas semanas atrás, li outra versão em que os experimentos chegavam a 10.000. Resolvi fazer minhas próprias pesquisas, e eis o que encontrei.

Para começar, Edison não foi de modo algum o primeiro a trabalhar no problema. De fato, já em 1802, Humphry Davy conseguira produzir luz elétrica. Só que o efeito durou alguns segundos e a iluminação era insuficiente para usos práticos. Então, em 1840, um inventor

---

[112]SCHULTZ, Harold. *CBS Sunday Morning*, Nova York, 27 mar. 2011. Entrevista concedida a Katie Couric.

inglês, chamado Warren de la Rue, desenvolveu uma lâmpada incandescente que funcionava bem, só que o filamento era de platina, o que o tornava caro demais para uso comercial. O físico inglês Joseph Wilson Swan melhorou a invenção, usando filamento de papel carbonizado, à qual dedicou-se durante mais de 30 anos, a partir de 1850, até desenvolver uma lâmpada incandescente razoável, que, porém, não chegou a ser comercializada. Finalmente, dois canadenses, Henry Woodward e Matthew Evans, recorreram a varetas de carbono, que deram certo. No entanto, não conseguiram comercializar a invenção e a venderam a Edison, que segurou o bastão e prosseguiu na corrida.[113]

Edison entrou em cena em fins da década de 1870. Em janeiro de 1879, ele e seus associados tinham testado cerca de 3.000 filamentos, mas todos duravam apenas algumas horas. Finalmente, em fins de 1880, ele produziu uma lâmpada de 16 watts, que durou 1.500 horas, usando um fio de algodão carbonizado. O próprio Edison disse: "Testei nada menos que 6.000 espécies vegetais e vasculhei o mundo em busca de material para filamento mais adequado". Portanto, é provável que a última cifra com que deparei, 10.000 horas, não esteja longe da verdade.[114] Não importa que tenham sido 999 ou 10.000 tentativas, o processo precisa de inovações, porque o inovador trabalha em algo necessário até ser bem-sucedido.

Inovação do setor e da estrutura do mercado

As pessoas tendem a continuar fazendo as coisas da mesma maneira... para sempre, e isso acontece nas indústrias, nos mercados e, na verdade, em tudo. Como gestor, consultor, professor e militar, não sei quantas vezes ouvi de pessoas bem-intencionadas − e de outras nem tanto − que "você não pode fazer isso dessa maneira − não é assim que se faz". Eu gostava de ouvir essas palavras, quando o que estava sendo proposto não fosse antiético, imoral ou ilegal. Descobri que, muitas vezes, faziam-se coisas da mesma maneira durante anos, mesmo que os motivos para aquela repetição já tivessem desaparecido muito tempo atrás.

---

[113] HISTORY OF THE light bulb. In: Bulb.com. Disponível em: <http://www.bulbs.com/ learning/history.aspx>. Acesso em: 18 ago. 2015.

[114] LIGHT BULB. In: Idea Finder. Disponível em: <http://www.ideafinder.com/history/inventions/lightbulb.htm>. Acesso em: 18 ago. 2015.

Por isso é que Drucker reafirmava que a maioria das inovações decorria da "fecundação cruzada", quando alguém de indústria ou especialidade totalmente diferente emigrava do ambiente tradicional e passava a atuar em outro ambiente, que nada tinha a ver com o anterior. É verdade que, às vezes, a falta de experiência em certos produtos, setores ou mercados é prejudicial e leva o indivíduo a cometer erros. Descobri, porém, que esses equívocos resultam mais da falta de julgamento que de experiência. A verdade é que muitos gestores e especialistas de alto nível promovem grandes inovações justamente por não saberem que não é assim que se faz, ou seja, por não conhecerem os métodos tradicionais.

Como calouro na Faculdade de Medicina no começo dos anos 1980, Michael Dell descobriu que poderia atuar como fornecedor autorizado em licitações para a compra de computadores em todo o Texas diretamente de seu quarto, em um edifício residencial. Praticamente sem despesas gerais, seus preços eram muito baixos, e ele venceu sucessivas licitações. A experiência o inspirou a desafiar as práticas convencionais de venda de computadores por meio de lojas de varejo e vender diretamente aos clientes. A inovação revolucionou o mercado de computadores e criou condições para que os compradores basicamente projetassem as próprias máquinas a preços competitivos. A fortuna de Michael Dell em fins de 2014 era de US$ 22.4 bilhões.[115]

O bilionário Bill Bartmann já esteve na lista de bilionários da revista *Forbes* como a 25ª pessoa mais rica dos Estados Unidos, à frente de Ross Perot. Bill é membro de meu Conselho Consultivo no California Institute of Advanced Management, no qual se destaca como alguém fora de série, já tendo realizado tantas proezas fenomenais, que por certo dariam para escrever um livro, o que de fato foi feito. Recomendo o livro dele *Bouncing Back* (Brown Books Publishing Group, 2013).

Bill fez fortuna de maneira muito inovadora, basicamente virando de cabeça para baixo todo um setor, o de cobranças, onde o padrão era ameaçar, caçar e coagir os devedores a pagar as contas. Nas palavras imortais do *Poderoso Chefão*, "fazer uma oferta irrecusável". Bill Bartmann comprava os créditos por 10% do valor nominal; porém, em vez de contratar capangas para ameaçar os inadimplentes com

---

[115] MICHAEL DELL. In: Wikipedia. Disponível em: <https://en.wikipedia.org/wiki/Michael_Dell>. Acesso em: 19 ago. 2015.

difamação, desapropriação ou até lesões corporais, Bartmann reuniu uma equipe de recrutadores, treinadores e especialistas em colocação de pessoal para ajudar os devedores na busca de emprego, na reconstrução da carreira e na reestruturação das dívidas, para que a maioria recuperasse a autoestima e pagasse os atrasados. Isso é inovação na abordagem e na reestruturação do mercado! E, evidentemente, fez fortuna, enquanto ajudava pessoas em dificuldade.

Mudança demográfica e potencial de inovação

A demografia descreve as características de determinada população humana. Essas características são, entre outras, educação, religião, etnia, cultura, renda, prole, e qualquer outro fator mensurável. É importante compreender que essas características não são estáticas; mudam ao longo do tempo. As pessoas tendem a tornar-se mais longevas e saudáveis a cada geração. A expectativa de vida, hoje de 80 anos, já foi de 60 anos no passado não tão remoto, e de muito menos, em épocas mais distantes. Você consegue identificar oportunidades de inovação nessas tendências demográficas? Essas mudanças provocaram enorme aumento no cuidado com a saúde e, em consequência, criaram grandes oportunidades para tudo relacionado com vida saudável, como bem-estar, forma física, assistência médica, planos de saúde, academias de ginástica, exercícios físicos, newsletters especializadas, suplementos vitamínicos, alimentação de qualidade, e tudo o mais. Li esta manhã um artigo de jornal sobre como novas tecnologias são capazes de melhorar a vida dos idosos, tornando-os mais saudáveis, ativos e longevos.

Não raro, a demografia muda a velocidades superiores à da luz. Por exemplo, a população dos Estados Unidos dobrou desde 1950. Além disso, a composição da população do país mudou drasticamente. De acordo com um artigo no *New York Daily News*, "Dados do último censo e pesquisas de opinião pública da Associated Press ressaltam essa mudança histórica, num país em que os brancos não hispânicos deixarão de ser maioria na próxima geração, mais ou menos em 2043".[116] Ainda mais veloz tem sido

---

[116] FAST GROWTH OF LATINO Population Blurs Traditional US Racial Lines. 17 mar. 2013. Disponível em: <http://www.nydailynews.com/news/national/fast-growth-latinopo pulation-blurs-traditional-u-s-racial-lines-article-1.1291138>. Acesso em: 21 ago. 2015.

o aumento nos custos da educação. Meu filho mais jovem arcou com os próprios custos na escola de pós-graduação, pelo MBA, que chegaram a US$ 40 mil. Dez anos depois, a mesma instituição cobra US$ 120 mil.

Drucker, solução pela educação, e previsões

Cerca de 20 anos atrás, Drucker previu que o futuro da educação executiva seria on-line. Essa previsão se baseou em parte na tecnologia e na conveniência, e em parte não só ao fato de a familiaridade com a informática e a propriedade de computadores estarem aumentando ainda mais rápido que a demanda por educação executiva, mas também à possibilidade de, com esses recursos, oferecer educação a custos muito mais baixos.

Muitos educadores tradicionais menosprezaram a ideia de "educação a distância". Diziam que a educação devia ser oferecida em sala de aula, por meio de preleções presenciais, à maneira da Grécia Antiga, dois mil anos atrás. Também afirmavam que as discussões eram indispensáveis e que as perguntas e respostas deveriam ser trocadas em ambiente físico, ou não seriam eficazes. Os estudantes podem receber informações e orientações on-line, mas, por certo, não aprenderiam dessa maneira.

Drucker, mais uma vez, tinha razão. As pesquisas demonstraram que, em muitos casos, o aprendizado on-line era ainda mais rápido e mais eficaz que o aprendizado em sala de aula. Em 2011, o candidato republicano à Presidência, o ex-governador da Flórida, Jeb Bush, e James Baxter Hunt Jr., duas vezes governador, totalizando o mais longo mandato como chefe do Poder Executivo de Carolina do Norte, que, por acaso, é democrata, proferiram um discurso conjunto sobre a contenção dos custos crescentes da educação, que foi publicado em *Inside Higher Ed*. Eles disseram:

> A "Análise dos Estudos sobre Aprendizado On-line", de 2010, do Departamento de Educação dos Estados Unidos, constatou que os estudantes que completam, no todo ou em parte, cursos on-line apresentam, em média, desempenho superior àqueles que completam cursos presenciais tradicionais. Do mesmo modo, estudo realizado no mesmo ano pelos acadêmicos de fama mundial Mickey Shachar e Yoram Neumann, que analisaram 20 anos de pesquisas sobre o tema, mostraram que, em 70% dos casos, os alunos que fizeram cursos a

distância superaram em desempenho os colegas que fizeram cursos em ambientes tradicionais.[117]

Hoje, muitas universidades tradicionais, como Harvard, Stanford e Universidade do Sul da Califórnia, têm programas on-line. Outras, como a Universidade de Boston, até oferecem doutorados totalmente on-line. O California Institute of Advanced Management começou com um programa de MBA denominado "misto" ou "híbrido", com seis aulas presenciais e cinco aulas on-line em todos os cursos. Depois de três anos de experiência, passamos a oferecer um programa alternativo, 100% on-line, com todas as características de nosso programa misto. Adotando esses e outros conceitos recomendados por Drucker, conseguimos oferecer muito mais aos nossos alunos, inclusive conclusão em 11 meses e prática de consultoria em todos os cursos, on-line ou presencial. Ainda por cima, oferecemos tudo isso a preços muito inferiores aos da maioria das escolas de pós-graduação.

Oportunidades de inovação e mudanças de percepção

A maneira de ver é fundamental. Um exemplo da psicologia é muito usado nos livros didáticos. Ao deparar com ele, fiquei perplexo. Era o desenho ambíguo de uma jovem atraente ou de uma velha feia – tudo na mesma imagem. A percepção dependia da maneira como se olhava para a imagem. Via-se uma ou outra, conforme o que se captava no momento e o que se percebia de início, a jovem ou a velha. Depois de se perceber uma, era muito difícil perceber a outra. Em minha própria experiência, eu precisava desviar o olhar ou fechar os olhos para ver a outra imagem, e, a princípio, tive certa dificuldade em perceber ambas. Evidentemente, depois de algumas repetições, eu podia alternar minhas percepções. Pensei na melhor maneira de demonstrar esse fenômeno em sala de aula.

Após algumas tentativas, descobri que era possível controlar a figura a ser percebida pelos observadores, simplesmente mostrando-lhes imagens em que se traçavam antes algumas linhas. Nesse primeiro experimento, os observadores percebiam a jovem ou a velha, mas não viam as duas no mesmo desenho.

---

[117] BUSH, Jeb; HUNT, Jim. New Higher Education Model. 6 out. 2011. Disponível em: <https://www.insidehighered.com/views/2011/10/06/bush_hunt_essay_on_why_public_universities_need_to_embrace_online_education>. Acesso em: 21 ago. 2015.

Adulterei, então, as figuras. Nessas versões adulteradas, as figuras em que os observadores percebiam apenas a jovem atraente, eu guardava em um conjunto de envelopes; as figuras em que os observadores percebiam apenas a velha feia, eu guardava em outro conjunto de envelopes. Durante a aula, com um brilho diabólico nos olhos, eu distribuía os envelopes com a figura da jovem atraente para metade da turma, no lado esquerdo da sala; e os envelopes com a figura da velha feia, para a outra metade da turma, no lado direito da sala. Eu pedia, então, a todos que abrissem os envelopes e observassem as figuras durante dez segundos e, em seguida, as recolocassem nos envelopes. Finalmente, na última etapa do exercício, eu projetava a figura ambígua na tela, com as duas imagens, ambas perceptíveis.

Por fim, eu perguntava com ar inocente: "Quantos de vocês veem a figura de uma jovem atraente?". As mãos no lado esquerdo da sala se erguiam todas.

Os alunos no lado direito da sala pareciam perplexos, e também eu assumia um ar de espanto. "Quantos de vocês veem a figura da velha feia?", eu perguntava, em seguida. As mãos no lado direito da sala se erguiam todas. E, agora, os alunos sentados no lado esquerdo da sala é que pareciam atônitos. Era muito divertido!

A percepção é sempre relativa e varia conforme a maneira como se olha para os objetos. Embora muitas percepções dependam exclusivamente de ilusões óticas, outras talvez oscilem conforme o estado de espírito, os valores, as crenças, ou o que se sabe ou se "conhece" de vivências anteriores, como em meu experimento em sala de aula. Outras são nos moldes da antiga fábula indiana sobre os cegos que apalpam diferentes partes do corpo de um elefante – patas, tromba, calda, orelhas, presas –, cada um formando diferentes percepções do animal, resultantes da extrapolação da parte isolada que tateou.

Tudo isso é confirmado nas sessões de reconhecimento de delinquentes por testemunhas, em inquéritos policiais. Você já deve ter visto a cena no cinema: os policiais perfilam o suspeito e outras pessoas diante da testemunha. Os demais participantes na fila não praticaram qualquer delito. Pede-se à testemunha que identifique o culpado no grupo. Esse exercício seria realmente eficaz? Eis o que relatou a revista *Time*: "De acordo com o Projeto Inocência, 72% das condenações revertidas por testes de DNA decorreram de erros de identificação por testemunhas. O Registro Nacional de Absolvições, que trabalha em conjunto com a Universidade de

Michigan, atribui 507 de 1.434 absolvições a erros de identificação por testemunhas".[118]

Como explorar a percepção como fonte de inovação? Houve época em que um rasgo na roupa era motivo de rejeição pelo inspetor de qualidade, acarretando a destruição da peça, se o dano fosse grande, ou justificando um bom desconto, se o rasgo fosse pequeno. A década de 1960, porém, foi a do advento da Geração Hippie. Tornou-se moda usar roupa rasgada ou desbotada. Quase da noite para o dia, jeans esgarçados, puídos, e, é isso mesmo, até esfarrapados viraram símbolos de status, cobiçados por jovens clientes potenciais. Em resposta a essa nova percepção do que era desejável, os fabricantes de jeans, propositadamente, passaram a fabricar roupas com o mesmo aspecto das que antes eram consideradas defeituosas e, portanto, rejeitadas. Assim, roupas que até o Exército da Salvação rechaçaria tornaram-se artigo de grife e objeto de orgulho. A percepção é tudo, e a inovação pode explorar as percepções, à medida que mudam e evoluem.

Percepção é tudo

Alguns anos atrás, na Espanha, uma mulher chamada Susana Seuma perdeu o uso de uma das pernas num acidente de automóvel, o que lhe custou a carreira, que exigia ambas as pernas. Quando ocorre uma tragédia como essa, muitas são as consequências que parecem restringir ou destruir as perspectivas de carreira da vítima. A solução de Susana Seuma, além de extremamente inovadora, também foi notavelmente singular. Para tanto, ela se inspirou no desejo secreto de ser sereia, assim como na percepção de que locomover-se como sereia, pelo menos na água, era a saída para aquele desafio profissional. Desde criança ela sonhava em ser sereia – aquela criatura híbrida feminina, com barbatanas e escamas de peixe, mas com tronco e rosto de mulher. Assim, Susana Seuma calçou um monofin em forma de rabo de peixe, e vestiu um traje de elastano brilhante, como se fosse escama. Depois de dominar a arte de nadar com esses adornos, fundou a Sirenas Mediterranean Academy, em 2013, onde até hoje ensina a

---

[118] SANBORN, Josh. Behind the Messy Science of Police Lineups. *Time*, Nova York, 3 out. 2014. Disponível em: <http://time.com/3461043/police-lineups-eyewitness-science/>. Acesso em: 21 ago. 2015.

arte de ser sereia, ou pelo menos de nadar como sereia, a pelo menos 500 frequentadores da escola.[119]

Se conhecimento é poder, novo conhecimento é novo poder

Há quem suponha que novos conhecimentos se convertem imediatamente em fontes de inovação e de vantagem competitiva, que impulsionariam as empresas para escalar posições de destaque no mercado e, ao mesmo tempo, para satisfazer a necessidades e desejos dos consumidores, alguns dos quais até então nem eram reconhecidos. Infelizmente, essas suposições não são verdadeiras. Às vezes demora anos – não raro até décadas, ou mais – para que o novo conhecimento seja aplicado em inovações compensadoras.

Geralmente, atribui-se a Alexander Fleming a descoberta da penicilina, em 1928. A primeira cura documentada pela nova droga, porém, só ocorreu em 1942, 14 anos depois. No entanto, o primeiro trabalho publicado sobre o uso terapêutico de fungos remonta à década de 1870, o que alongaria o intervalo entre conhecimento e inovação. Na verdade, contudo, a defasagem é ainda maior. Já na Idade Média observou-se o poder terapêutico da camada azulada de mofo que se acumula sobre pães, a qual se revelou capaz de acelerar a cura das feridas em batalhas. Portanto, a lacuna entre conhecimento e inovação seria quantificada com mais exatidão em termos de centenas de anos.

O conhecimento para a construção da internet já existia na década de 1960. A ciência da computação pessoal, ferramenta para acesso à internet, surgiu por volta de 1962. Até as ideias que não exigem alta tecnologia demoram muito tempo para amadurecer. Lembre-se do plano de marketing. Procure exemplos anteriores à Segunda Guerra Mundial, e os resultados serão nulos. Artigos do pós-guerra no *Journal of Marketing* começaram a enaltecer a ideia de planos de marketing semelhantes a planos de estratégia, que se tornaram mais conhecidos durante a guerra. Só depois de mais de 20 anos, porém, a maioria das organizações começou a inovar, desenvolvendo planos de marketing.

Isso significa que "há ouro naquelas colinas" (*there's gold in them thar hills*), como disse o personagem de Mark Twain. Ou seja,

---

[119] MOFFETT, Matt. Where Can You Find Mermaids? In a School, of Course. *The Wall Street Journal*, Nova York, front page A8, 28 ago. 2015.

conhecimentos já disponíveis hoje serão fontes de futuras inovações, ainda inexploradas.

Drucker disse que precisamos inovar, mas não ficou só nisso. Também esclareceu o que devemos evitar e como abordar a inovação para construir e preservar o sucesso das organizações, com as melhores fontes de novas ideias. Drucker descobriu maneiras específicas de lidar com a inovação e contraindicou um método muito comum, a ser evitado por todos os meios, para ajudar os clientes a inovar com eficácia. Como consultor, você também pode ajudar os clientes da mesma maneira.

A CONSULTORIA EM GRUPO DE DRUCKER E O IATEP™

15

Q UEM TRABALHA COM DOIS OU MAIS clientes ao mesmo
tempo presta consultoria em grupo. Assim, workshops, seminários, treinamento e até mesmo o magistério convencional em sala
de aula são formas de "consultoria em grupo". Qualquer análise da
carreira de Drucker mostra que ele praticava consultoria em grupo
com muita frequência, nesses contextos e no "Um dia com Drucker",
evento anual patrocinado por importante escola de pós-graduação
em Los Angeles.

A consultoria em grupo de Drucker

Lembro-me bem dos seminários de Drucker na área de Los
Angeles, de quando eu era aluno dele, em sala de aula. Drucker
sempre fazia palestras e conferências em várias organizações. Uma
das duas maiores universidades da região, a Universidade da Califórnia, Los Angeles (UCLA), patrocinava um evento anual aberto,
"Um dia com Drucker", sempre muito procurado e de grande
popularidade, que também era oferecido no formato fechado, para
organizações privadas.

Embora sempre enfatizasse a aplicação da teoria na prática, Drucker formou-se sob o método europeu, baseado em preleções formais.
Assim, às vezes, tinha certa dificuldade em promover a participação
e a integração dos alunos em sala de aula, como se constatava até na
troca de perguntas e respostas. Para os alunos, não raro era melhor
não ser o primeiro a levantar a mão para responder às perguntas de
Drucker, esperando até que as respostas de quatro ou cinco voluntários anteriores fossem questionadas no todo ou em parte. Só então
seria menos arriscado aventurar-se com uma resposta que talvez fosse
considerada adequada. Quando, porém, ele não recorria a perguntas

para suscitar uma "uma solução didática", mas sim para estimular o raciocínio, Drucker era extremante eficaz. E, como já observei em capítulo anterior, os clientes dele às vezes demonstravam pouca familiaridade com esse método de perguntas indutoras para que eles próprios propusessem as soluções, e esperavam instruções como faziam os outros consultores. O modo como Drucker procedia reforçava seus conceitos de autodidatismo.

Quem, nas respostas às perguntas, se arriscasse a apresentar uma teoria que não se baseasse em fatos observados ou citados, sujeitava-se a questionamentos. E quem citasse publicações de Drucker, devia assegurar-se de mencionar a fonte correta. Mesmo assim, "citar Drucker para Drucker" raramente era uma boa ideia.

Ele às vezes distribuía e analisava estudos de casos em sala de aula. Não era bem a tão conhecida metodologia de estudo de casos da Harvard Business School, mas as ideias básicas eram sem dúvida semelhantes. A alegação de Harvard, na época, era que a análise detalhada na investigação e na busca de soluções em vários estudos de casos preparava melhor os alunos para assumir imediatamente posições na alta administração. Drucker reconhecia que a aplicação era fundamental para a compreensão, e sempre nos lembrava que o aprendizado era inútil, se não aplicássemos o conhecimento. Nisso, foi antecedido pelo sábio chinês Confúcio, que proclamava: "Ouço, e esqueço; vejo, e me lembro; faço, e compreendo". Nos seminários, Drucker geralmente concluía com uma recomendação final: "Não digam que gostaram de minha exposição; digam o que farão de maneira diferente amanhã".

Mais uma vez, quaisquer que fossem suas preleções, não importa quais fossem os embaraços em sala de aula, ontem ou hoje, ele salientava a prática e a ação. Fazer era compreender, o que ele sabia ser indispensável para dominar o que ensinava, assim como para ajudar os clientes, ou clientes-alunos, a chegarem às próprias soluções, em geral muito eficazes, para superar dificuldades ou desenvolver estratégias.

Vários anos atrás, quando foi nomeado presidente de uma nova escola de pós-graduação, eu queria implementar o método mais eficaz e mais rápido para os alunos de cursos executivos, cujo tempo disponível era escasso, mas que precisavam com urgência de novos conhecimentos e práticas. Combinando várias técnicas didáticas que eu aprendera na carreira militar em West Point, nas aulas com Drucker, e outras pedagogias desenvolvidas em nossas escolas de pesquisa, meus colegas e eu, no CIAM, formulamos a metodologia que denominamos IATEP™ (Immediately Applied Theory for Enhanced Performance).

Teoria de Aplicação Imediata para a Melhoria do Desempenho (IATEP)™

IATEP™ significa Teoria de Aplicação Imediata para a Melhoria do Desempenho. Combina vários dos mais importantes conceitos de Drucker em ambiente de ensino e aprendizado:

- ▶ Vantagens do autodidatismo para a maestria.
- ▶ Valor incomum da autoinstrução no aprendizado.
- ▶ Aplicação imediata para a compreensão plena.

Confúcio não foi o único antecessor de Drucker a reconhecer a importância da ação e da prática para a compreensão plena. Na verdade, outros o precederam nos três conceitos acima. Numerosos são os exemplos da sabedoria clássica em relação ao aprendizado.

O toque romano

O filósofo romano Sêneca lançou os fundamentos da asserção de Drucker de que ensinar facilitava e promovia o aprendizado. Sêneca escreveu, milênios atrás, que a melhor maneira de aprender era ensinar. Drucker reiterava a afirmação: "Ninguém aprende tanto sobre um tema quanto quem o ensina". A vantagem de ensinar para aprender tornou-se ainda mais evidente quando ele começou a atuar como consultor, e a praticar a consultoria em grupo.

O fator definitivo no modelo de Drucker foi sua própria autoeducação. Lembre-se, do Capítulo 2, que Drucker não frequentou universidade, nem estudou administração como disciplina formal. Afirmação ainda mais categórica é a de que não estudou ecologia social, teoria e prática, em especial, disciplina de que se disse cultor, anos depois, em sala de aula. Seus estudos formais se concentraram em Direito, na Universidade de Hamburgo, e no doutorado, em Direito Internacional, na Universidade de Frankfurt. Jamais fez um curso formal em administração. Nessas condições, por que ele veio a ser chamado "pai da gestão moderna"? Em poucas palavras: "Drucker foi autodidata". Esse é o terceiro conceito mais importante do modelo de Drucker, absolutamente fundamental, pois o autodidatismo produz resultados extraordinários e demonstra enorme potencial, embora não seja tão explorado quanto devia, em consultoria e no aprendizado. Drucker o aplicava ao fazer perguntas indutoras aos clientes – lembre-se de suas famosas perguntas a Jack Welch, quando este ainda não era CEO da GE: "Que negócios você abandonaria, se pudesse, e quais você manteria? E, como você pode, o que fará a respeito?".

O que é IATEP™?

O IATEP™ é um sistema que desenvolvemos para uso no CIAM, pouco depois que eu cofundei a escola em 2010. Pareceu-nos que consultoria em grupo era muito semelhante a ensino em grupo. O propósito do IATEP™ é otimizar os três conceitos de Drucker sobre consultoria em grupo em ambiente de sala de aula. Seríamos muito exigentes em nosso curso de MBA; nós – e os alunos – precisávamos de toda a ajuda possível. Minha definição oficial do IATEP™ é "modelo avançado de ensino e aprendizado, pelo qual se promove a melhoria contínua do desempenho, por meio de autoinstrução, compreensão e aplicação imediata da teoria à ação".

Hoje, o conceito de "sala de aula invertida" é considerado revolucionário em ensino e aprendizado. Esse conceito, porém, apenas combina trabalho on-line com um método básico que foi proposto e adotado pela primeira vez, em ambiente acadêmico, mais de cem anos atrás. Daqui a pouco falaremos mais sobre o tema. Com base nesse avanço do século XIX, aprendi algumas coisas importantes, que integrei e combinei com as ideias originais de Drucker.

O método de quase todos os modelos de ensino, desde a Idade Média, consiste em preleções de um professor a um grupo de alunos atônitos, como meio de transmissão de conhecimento. Na "sala de aula invertida", vira-se esse modelo básico de ponta-cabeça. Os alunos, depois de aprenderem um tema por conta própria, longe da sala de aula, demonstram o novo conhecimento ao professor ou ao líder da consultoria em grupo e aos colegas presentes, mediante exposição oral e demonstração prática. A "sala de aula invertida" tem sido alvo de muita publicidade, mas, de modo algum, é novidade.

O IATEP™ incorpora um último elemento, que aprimora os conceitos básicos de Drucker, mas que também é componente crucial, arrematador e concludente do processo deflagrado pelos conceitos de autodidatismo, aprendizado e demonstração, em sala de aula e no mundo real. Esse elemento final é de suma importância para a maestria absoluta. Drucker recorria aos próprios exemplos como estudo de casos para discussão em sala de aula, e o fazia com grande eficácia. O método de estudo de casos, no entanto, é algo simulado, o que implica alguns pontos fracos significativos. É asséptico, ou seja, os alunos não enfrentam problemas do cotidiano, em situações reais, como pessoas difíceis, mal-entendidos, desinformações, tecnologias ineficazes, intempéries, e até soluções errôneas, adotadas sob pressão, e numerosos outros fatores contextuais que podem comprometer soluções que, do contrário, seriam eficazes. Quando, porém, se inclui no aprendizado práticas de consultoria, em situações reais, os verdadeiros desafios da aplicação da teoria ficam claros. Essa prática dos princípios e das teorias de Drucker acrescenta uma dimensão útil ao ensino, como se fosse consultoria em grupo em educação.

A "sala de aula invertida" e as implicações do modelo básico

Há quem olhe para Drucker como gênio "rematado", cujo trabalho não comporta melhorias. Minha opinião é que, no caso de Drucker, de fato nos erguemos sobre os ombros de um gigante. Portanto, gostaria de tecer algumas considerações sobre o conceito de "sala de aula invertida" e mostrar como ele se entrelaça com a abordagem de Drucker de "aprender ensinando", a qual, por seu turno, remonta aos filósofos clássicos. Também quero mostrar como é possível construir sobre os pilares da consultoria de Drucker.

Poucos meses atrás, nosso novo bibliotecário recebeu um e-mail anunciando um sistema "revolucionário" de instrução acadêmica para programas de pós-graduação em negócios, denominado "sala de aula invertida". Para minha grande surpresa, descobri que todo o conceito envolvia muitas das ideias do IATEP™. Ao entrar no Google com o termo "sala de aula invertida" logo descobri que, em 2008, dois professores de química do ensino médio, em Colorado, Jonathan Bergmann e Aaron Sams, na tentativa de ajudar os alunos ausentes, passaram a gravar e a postar as aulas na internet. A solução fez grande sucesso não só entre os ausentes, mas também entre os presentes. A ideia básica consistia em virar de cabeça para baixo os métodos didáticos convencionais, para que os alunos não mais dependessem de preleções em sala de aula, de modo a se anteciparem, fora da sala de aula, às lições dos professores. Depois, durante a aula, já preparados, os alunos demonstrariam seus conhecimentos e participariam de exercícios em grupo ou de aprendizado cooperativo. Aspecto relevante é a maximização do tempo como recurso escasso. O conceito básico, na verdade, pouco tem a ver com tecnologia, embora decerto seja ajudado pelos novos recursos disponíveis.[120]

Com base em outras leituras, descobri que a "sala de aula invertida" tinha elementos comuns com o "Método Thayer". Essa constatação logo se tornou foco de toda a minha atenção. Sou ex-aluno da Academia de West Point. O coronel Sylvanus Thayer é chamado "pai da academia militar". Academia Militar dos Estados Unidos (United States Military Academy – USMA) é o nome oficial de West Point, minha alma mater, ou a universidade de minha formação intelectual e profissional. West Point é, em parte, a fonte original do IATEP™. O coronel Thayer (tecnicamente era o brigadeiro general Thayer, pois foi promovido a esse posto, como homenagem especial, um dia antes de sua aposentadoria), foi um dos primeiros oficiais a se formar por West Point, na sétima turma da instituição, em 1808. Destaca-se como o superintendente de West Point com o mais longo mandato, de 1817 a 1833. Nesses 17 anos, reformulou completamente a academia. A importância do mandato de Thayer e de seus métodos didáticos são confirmados pelo fato de ainda serem adotados em West Point.

Antes de Thayer, a academia estava sujeita a influências políticas e às suas consequências deletérias, em termos de má gestão, envolvendo numerosos aspectos como quem era aceito, quem se formava, e até durante quanto tempo alguém continuaria cadete até se formar. A idade dos cadetes variava de 10 a 37 anos, uma vez que não havia limites de idade para admissão, nem mesmo se exigia formação escolar mínima. Lembro-me de ouvir que até um candidato incapaz de operar arma de fogo por causa de limitação física

---

[120]TUCKER, Bill. The Flipped Classroom. *Education Next*, v. 12, n. 1, Winter 2012. Disponível em: <http://educationnext.org/the-flipped-classroom/>. Acesso em: 31 mar. 2015.

(só tinha um braço) foi admitido como cadete naqueles primeiros anos. Thayer pôs ordem na casa. Os cadetes faziam um curso de instrução, conforme prescrições rígidas, e só se formavam depois de concluir com êxito todas as disciplinas em determinado prazo. Para entrar na academia, era preciso cumprir certos requisitos físicos e mentais mínimos. Como os Estados Unidos eram uma nação jovem que precisava de engenheiros, Thayer constituiu em West Point a primeira escola de engenharia do país, e, quisessem ou não, todos os cadetes estudavam engenharia. Os alunos construíram ferrovias, pontes, portos, estradas, o Canal do Panamá, o Pentágono, e ainda supervisionaram o desenvolvimento da bomba atômica. Teria Thayer, porém, feito algo mais? Seria o Thayer, do "Método Thayer", o mesmo Thayer, "pai da academia militar"? Recorri mais uma vez ao Google e confirmei a minha suspeita. Ambos – o patrono e o epônimo – eram a mesma pessoa.

O Método Thayer

Como eu já disse, na condição de ex-aluno de West Point, eu sabia exatamente em que consistia o Método Thayer. Vou dar um exemplo. No meu primeiro semestre como cadete, na primeira aula de matemática, o professor mostrou seis livros didáticos de capa dura. Mostrou à turma todos os livros, um de cada vez, proclamando cada título: "*College Algebra, Plane Trigonometry, Spherical Trigonometry, Plane Geometry, Solid Geometry, Calculus*". Em relação ao último, explicou: "Estudaremos apenas os primeiros capítulos de *Calculus*. Mas, antes dos feriados de fim de ano, teremos completado todas as páginas e feito todos os exercícios dos outros cinco livros". Achamos que ele estava brincando. Não estava.

Tínhamos recebido um programa antes de nossa primeira aula, e, como fora antecipado, agora víamos que todos os capítulos de todos os livros estavam incluídos no programa e que deveríamos resolver vários problemas para nos certificarmos de termos compreendido e estarmos dominando toda a matéria.

O professor, então, indagou: "Alguma pergunta em relação à primeira lição?". Achei que ainda não havia nenhuma, pois supúnhamos que o professor nos ensinaria o que precisávamos saber. Todos estávamos errados. Já afirmei antes que os dois inventores da "sala de aula invertida", que copiaram o Método Thayer, realmente descobriram como superar o problema da falta de tempo? Então afirmo agora: sim, descobriram.

Vejamos, então, a descrição, feita por um aluno de doutorado, de um professor que lecionara em West Point como visitante:

> Ao relatar sua experiência de lecionar em West Point, Dr. Stapell começou com a enunciação da primeira regra a ser observada pelos professores – é proibido fazer preleções! O quê? Não é a preleção a própria essência do ensino superior? Não seria de esperar que uma instituição com tanta tradição militar e tanta postura autoritária valorizasse os métodos didáticos convencionais – ou seja, um expositor de notório saber transmitir conhecimentos e as informações a um grupo de jovens estudantes diligentes? Não se fazem preleções em West Point? De modo algum?... De acordo com o Dr. Stapell, o método didático de West Point é totalmente voltado para atividades.[121]

Retornando a 1955 e ao meu professor de matemática, ele, então, nos disse:

> Vocês ensinarão a si próprios todos os assuntos de cada aula. No começo da aula, perguntarei se há alguma dúvida sobre o material. Se houver, responderei às perguntas e esclarecerei as dúvidas. Depois de responder a todas as perguntas, passarei problemas a serem resolvidos em sala de aula, sobre o tema do dia. Não serão os mesmos que são propostos no livro. Todos os cadetes terão prazo limitado para desenvolver as soluções, que todos descreverão ao mesmo tempo nas lousas. Temos 15 alunos e exatamente 15 lousas. Quando eu mandar interromper os trabalhos, todos pararão de escrever imediatamente. Convocarei, então, diferentes cadetes para explicar as soluções, para mim e para a turma. Avaliarei as soluções e darei notas aos cadetes, todos os dias, depois da aula, de modo que todos façam exposições e sejam avaliados diariamente. Recomendo enfaticamente que todos trabalhem nos problemas e compreendam as soluções. Vocês são responsáveis pelo próprio aprendizado e serão avaliados todos os dias.

Essa foi a minha apresentação ao Método Thayer, que foi seguido à risca, com pequenas variações, todos os dias, em todas as aulas, nos quatro anos seguintes. Tínhamos exames regulares para testar nossos

---

[121] GEHER, Glenn. Great Leaders are Made. *Psychology Today*, Nova York, 3 abr. 2014. Disponível em: <https://www.psychologytoday.com/blog/darwins-subterranean-world/201404/great-leadersare-made>. Acesso em: 25 mar. 2015.

conhecimentos em diferentes áreas. No Método Thayer, a função básica do professor não era fazer preleções, mas sim facilitar o aprendizado. Os alunos eram autodidatas em todas as disciplinas. Voltemos ao comentário de Drucker – "Ninguém aprende tanto sobre um tema quanto quem o ensina". O Método Thayer era adotado em todos os cursos, exigia muito dos alunos, mas era extremamente eficaz.

Após minha formatura em West Point, fui comissionado para a Força Aérea, e minha primeira missão foi a de navegador-artilheiro nos aviões bombardeiros nucleares B-52. Durante a Guerra Fria, ficávamos muito tempo em alerta no solo, prontos para entrar em ação, caso a União Soviética desfechasse um ataque surpresa contra os Estados Unidos, como os japoneses haviam feito em Pearl Harbor, 20 anos antes. Encorajavam-nos a fazer cursos de pós-graduação, quando não estávamos em serviço. Inscrevi-me em cursos da Universidade Estadual de Oklahoma (OSU), que converteu meu currículo escolar de West Point em créditos semestrais. Numa época em que a OSU exigia 130 horas semestrais para conceder um de seus títulos de graduação, recebi o crédito de nada menos que 244,4 horas semestrais, resultantes de meus quatro anos em West Point. Não admira que eu tenha sido admitido numa instituição de alto nível, como a Universidade de Chicago, como aluno em tempo integral, algum tempo depois, apesar de meus resultados não tão notáveis como cadete! Se completar quase o dobro da carga horária semestral normal em quatro anos de curso universitário padrão não chama a atenção, não sei o que mais seria preciso.

Não sei como Thayer desenvolveu o seu método. O que sabemos é que ele foi o orador da turma, ao se formar por Dartmouth College, antes de frequentar West Point. Depois de se graduar por West Point, ele combateu na guerra de 1812 e dirigiu a construção das fortificações em Norfolk, Virgínia. Depois da guerra, passou vários anos em missão especial na Europa, viajando e estudando, inclusive na École Polytechnique, na França. Sem dúvida, ele desfrutava de elevado conceito, tanto pela competência técnica quanto pela capacidade de inovação, quando foi selecionado e nomeado superintendente de West Point, incumbido de reformar a instituição, pelo presidente Monroe, em 1818. Depois de aposentar-se do Exército, voltou a Dartmouth, onde também foi homenageado por ter fundado sua Escola de Engenharia da mesma maneira como tinha instituído a engenharia em West Point.

Mais que maximizar o tempo

Só a redução do tempo resultante do Método Thayer já seria um grande mérito, mas os benefícios não ficam só nisso. West Point é, basicamente, uma escola de líderes, certo? Portanto, os quatro anos do curso são muito densos, sem contar as horas de estudo fora da sala de aula. O importante, porém, é o que se aprende. E assim pensa a *Princeton Review*. West Point sempre obteve altas classificações como instituição acadêmica na *Princeton Review*. Poucos anos atrás, porém, a *Princeton Review* a intitulou a melhor faculdade pública de artes liberais dos Estados Unidos. Na mesma época, a *Forbes* a nomeou a número um, em âmbito nacional, entre as melhores faculdades do país,[122] e a *U.S. News & World Report* a classificou em terceiro lugar entre as escolas de engenharia americanas.[123] Afinal, em que será que West Point é melhor – artes liberais ou ciências exatas?

O que torna eficaz o Método Thayer?

Por causa da publicidade em torno da "sala de aula invertida", muito se tem pesquisado sobre o assunto. Eis algumas conclusões de quem adotou o método: "Quando alguns alunos não compreendem o que foi exposto na sala de aula em tempo real, as consequências são muito ruins. O professor deve cadenciar a aula para a turma como um todo, o que em geral significa ir muito rápido para alguns e muito devagar para outros.

Transferir para ambiente on-line a transmissão e absorção do conteúdo básico oferece aos alunos a oportunidade de retroceder a uma seção que não foi compreendida e avançar pelo material que já foi absorvido. Os alunos decidem o que e quando estudar, liberdade que, pelo menos em teoria, lhes confere maior domínio sobre o aprendizado.

---

[122] ALBERTS, Hana R. America's Best College. *Forbes,* Nova York, 6 ago. 2009. Disponível em: <http://www.forbes.com/forbes/2009/0824/colleges-09-education-west-point-america-best-college.html>. Acesso em: 31 mar. 2015.

[123] BEST UNDERGRADUATE Engineering Programs Rankings. *US News and World Report*, Washington, D.C., 2015. Disponível em: <http://colleges.usnews.rankingsandreviews.com/best-colleges/rankings/engineering-no-doctorate>. Acesso em: 31 mar. 2015.

O tempo em sala de aula já não se destina exclusivamente ao ensino do conteúdo bruto, processo em grande parte passivo. Em vez disso, os alunos em sala de aula resolvem problemas, debatem temas ou trabalham em projetos específicos. A sala de aula torna-se interativa, o que propicia a participação mais direta dos alunos na própria educação.

Na sala de aula invertida, o professor orienta os alunos à medida que aplicam o que aprenderam on-line.[124]

Drucker procurava induzir os alunos e clientes a desenvolver o próprio raciocínio na aplicação do aprendizado às situações reais para resolver problemas, tomar decisões e melhorar o desempenho da empresa. O IATEP™ é um método de ensino, aprendizado e orientação de alunos e clientes para a realização desses objetivos. Com um pouco de criatividade e adaptação, todas as ideias de Drucker podem ser ajustadas à sua consultoria em grupo.

---

[124] HORN, Michael B. The Transformational Potential of Flipped Classrooms. *Education Next*, Cambridge, MA, v. 13, n. 3, Summer 2013. Disponível em: <http://educationnext.org/thetransformational-potential-of-flipped-classrooms/>. Acesso em: 31 mar. 2015.

PESSOAS SEM FRONTEIRAS! CONCEITO CRUCIAL PARA A MAESTRIA EM CONSULTORIA

16

QUEM PRESTA CONSULTORIA EM QUESTÕES de pessoal ou de recursos humanos precisa atentar para o que vou expor, para não cair *na* armadilha em que se deixou enredar um professor. Anos atrás, alguém chamado Laurence J. Peter escreveu alguns livros que se tornaram muito populares. Peter era professor adjunto de educação na Universidade do Sul da Califórnia (USC). Em 1968, lançou o que chamou de Princípio de Peter. Há quem diga que esse foi o aforismo acadêmico mais famoso já produzido pela USC. Provavelmente foi o que atraiu mais atenção. Lembre-se, porém, de que Laurence J. Peter *não* era Peter Drucker.

Em poucas palavras, o Princípio de Peter proclamava: "Em uma hierarquia, cada empregado tende a subir ao seu nível de incompetência". Ao chegar a essa posição, ele ou ela não mais seria capaz de avançar. Como a regra geral não admitia exceções, conclui-se que, de acordo com o Princípio de Peter, todas as posições nas organizações acabam ocupadas por pessoas incapazes de exercê-las com eficácia. Além disso, até chegar-se a esse ponto, todo o trabalho a ser realizado deve ser executado pelos empregados que ainda não atingiram o nível de incompetência.[125] Portanto, sem intervenção externa, com o passar do tempo, a organização seria composta apenas por pessoas incompetentes nas respectivas funções, mesmo que, no passado, tenham demonstrado grande capacidade, e até realizado feitos notáveis nas posições anteriores, quando ainda não haviam galgado ao nível de incompetência. A solução seria tolerar com resignação a incompetência generalizada, deixando as atividades da organização por conta do que ainda restasse de pessoas

---

[125]PETER, Laurence J.; HULL, Raymond. *The Peter Principle: Why Things Always Go Wrong.* Nova York: William Morrow and Company, 1969. p. 8.

competentes e reduzindo ao mínimo os danos que pudessem ser infligidos pelas pessoas incompetentes, neutralizando-as em posições irrelevantes.[126] Há, contudo, quem suponha que o professor Peter (Laurence J. Peter, não Peter Drucker) estivesse sendo irônico com essa observação.

Embora o Princípio de Peter advertisse que as pessoas promovidas deveriam ser qualificadas para o novo cargo, sua mensagem não era essa, mas sim a necessidade de remover do caminho os recém-promovidos que atingiram o nível de incompetência. Como as promoções eram inevitáveis e os novos incompetentes não podiam ser rebaixados, era necessário deixá-los em desvios para que não prejudicassem a organização, o que significava abrir espaço para novos incompetentes.

Drucker rejeitava totalmente essa proposta. Para ele, ao contrário, as pessoas eram ilimitadas, não tinham fronteiras. Essa abordagem é de extrema importância e deve ser interiorizada e praticada pelos consultores. Fracasso no passado não significa fracasso no futuro. Ainda que o consultor encontre pessoas mal posicionadas e com desempenho inadequado, daí não se conclui que alcançaram o limite de incompetência na carreira. Portanto, ao tratar dessa questão em qualquer organização, o consultor deve partir da premissa de que as pessoas não têm limites e, portanto, sempre podem progredir. Esse era o argumento de Drucker contra o Princípio de Peter, que já foi tão popular.

Peter (ou seja, Drucker) disse: "Não!"

Em geral, os adeptos do Princípio de Peter não se consideravam incompetentes, por já terem chegado ao nível de incompetência. Essa crença não os levava a rejeitar o preceito, pois alegavam que, embora ainda tivessem espaço para progredir, outros – sobretudo seus superiores hierárquicos e os concorrentes nas promoções – já haviam alcançado os próprios limites e, portanto, se tornaram incompetentes. Como a maioria dificilmente se reconhecia incompetente,

---

[126] ASGHAR, Rob. Incompetence Rains, Er, Reigns: What the Peter Principle Means Today. *Forbes*, Nova York, 13 ago. 2014. Disponível em: <http://www.forbes.com/sites/robasghar/2014/08/14/incompetence-rains-er-reigns-what-the-peter-principle-means-today/>. Acesso em: 27 out. 2015.

o livro talvez tenha despertado certo sentimento de conforto em quem se julgava preterido no confronto com adversários notoriamente incapazes em suas atuais funções, mas talvez afortunados ou apadrinhados, para nelas se manterem indefinidamente. A popularidade do livro foi enorme, a ponto de convertê-lo em best-seller nacional. Drucker não hesitava em criticá-lo como disparate, e detestava quando alguém, sob influência do título, perguntava se ele era autor do Princípio de Peter.

Além de suas fortes convicções sobre o poder e a importância das pessoas nas organizações, Drucker contestava o Princípio de Peter com base em vários outros fundamentos. Na opinião dele, toda a ideia era demasiado simplista. Ele não questionava a realidade de que muitas pessoas não correspondiam às expectativas ao serem promovidas. Na opinião dele, essas promoções eram um tremendo desperdício, a ser evitado pelo próprio recém-promovido, mediante treinamento adequado, por conta própria ou com ajuda da organização. Drucker concordava, porém, com Laurence J. Peter, ao reconhecer que colocações e promoções mais cuidadosas atenuariam essa tendência destrutiva, embora também admitisse que, com a difusão do trabalho mental por parte do que ele chamava "trabalhadores do conhecimento", cada vez mais gestores tenderiam a ascender a posições em que seu desempenho se tornaria inadequado, em situações específicas, em decorrência do avanço da tecnologia. Em outras palavras, enquanto o trabalho fosse apenas físico, não era difícil medir o desempenho. Além disso, era mais fácil transferir habilidades físicas para novos trabalhadores que executassem basicamente trabalho físico. Em termos mais objetivos, um escavador de trincheiras escava trincheiras em qualquer situação. Já a transferência de habilidades mentais para novos incumbentes é, em geral, muito mais difícil.

Drucker insistia em que: "Não temos o direito de exigir que alguém assuma atribuições acima de suas capacidades, não é justo destruir pessoas íntegras. Não temos jovens qualificados, em quantidade suficiente, para impor sacrifícios humanos". Esse, porém, não é o caso de quem ascende a um nível em que não mais é capaz de apresentar desempenho competente. Afinal, a seleção da pessoa certa para a posição certa é atribuição do gestor. Ainda mais importante, talvez, a própria noção de que as pessoas progridem até o nível de incompetência é perigosa para toda a organização.

Os perigos do Princípio de Peter para a organização

O Princípio de Peter era perigoso para a organização, em razão do que parecia ser a solução óbvia: livrar-se de todos os incompetentes antes que toda a organização se enchesse de incompetentes, tomando decisões cada vez mais incompetentes. As demissões, por certo, exercem impacto negativo sobre as pessoas. Drucker, porém, receava que a demissão dos supostos incompetentes fosse prejudicial sobretudo para a organização:

> A menos que a incompetência fosse percebida, compreendida e reconhecida pela maioria, a demissão ou remoção dos "incompetentes" para posições irrelevantes afetaria a moral organizacional e a percepção pessoal da equidade dos gestores.
>
> Em geral, os "incompetentes" tinham uma história, talvez longa, de desempenho eficaz. Nesse caso, o desligamento ou remanejamento acarretaria para a organização a perda de notória capacidade e experiência.

O homem que perdeu US$ 1 milhão mal fora promovido na IBM

É famosa a história de que Thomas Watson, fundador da IBM, um dia chamou à sua sala um vice-presidente recém-promovido que não só fracassara em sua primeira missão, mas também perdera US$ 1 milhão, talvez algo da ordem de US$ 10 milhões a US$ 20 milhões hoje. O jovem apresentou-se ao chefão da IBM preparado para o pior. "Acho que o senhor me chamou para demitir-me", disse ele, ao entrar na sala de Watson. "Demiti-lo!", exclamou Watson, "acabei de investir US$ 1 milhão em seu treinamento". Drucker teria aplaudido.

A pressão oculta do Princípio de Peter

Se aceito como fato, o Princípio de Peter também aumenta em muito a pressão oculta sobre os empregados, para que não cometam erros, sob pena de serem considerados incompetentes. Equívocos, porém, parte inevitável da ação, sempre são possíveis, e devem ser ponderados em relação ao risco. A tentativa de evitar todos os erros pode comprometer a disposição para correr riscos e até para assumir responsabilidade, fatores essenciais para o sucesso. A exigência de "erro zero" é factível e, em casos muito específicos, desejável e viável. Por exemplo, em usinas nucleares, sem dúvida é preciso insistir em "tolerância zero" quanto a possíveis erros, capazes de liberar os efeitos letais das radiações atômicas.

A prevenção de todos os erros, porém, nem sempre é objetivo válido em todas as situações. Já realização e progresso, por exemplo, são metas legítimas a serem almejadas por gestores e consultores. O foco na prevenção de erros como objetivo tende a descambar para a aversão a riscos, que não raro degenera em imobilismo e estagnação. As organizações que não toleram erros para não parecerem incompetentes tendem a evitar a inovação, pelos riscos implícitos, um dos pilares que Drucker considerava essencial para o sucesso. Sem inovar, a organização acabará superada pelos concorrentes. Em vez de prevenir erros, os empregados devem ser encorajados a ousar e a aceitar riscos ponderados. Essa é a única maneira de realizar o extraordinário, caminho certo para o sucesso.[127]

Mais um prego no caixão

Implícita no Princípio de Peter, encontra-se a suposição de que se o gestor que não for competente em determinada posição, não terá êxito em qualquer outra do mesmo nível ou superior. Em outras palavras, presume-se que se o gestor que for incompetente em certo trabalho, e nele fracassar, não será capaz de recuperar-se e fazer sucesso em outro. Ambas as premissas são falsas e, portanto, são não só injustas, mas também destrutivas de potencial humano, pois a história está apinhada de "incompetentes", que, mais tarde, fizeram grande sucesso em outras áreas, e até em níveis hierárquicos mais altos, na mesma organização ou em outras semelhantes.

Desmentindo o Princípio de Peter

É certo, porém, que Peter J. Laurence se referia a organizações hierárquicas. Meus primeiros três exemplos não se encaixam muito

---

[127] MACY'S. In: Wikipedia. Disponível em: <https://en.wikipedia.org/wiki/Macy%27s>. Acesso em: 27 out. 2015.

bem nessa categoria, mas, para começar, vale a pena considerá-los. Rowland Hussey Macy estudou administração de empresas, formou-se, e, então, abriu uma loja de varejo. Ela faliu. Abriu outra, que também faliu. O processo se repetiu quatro vezes, e ele fracassou em todas as tentativas. É bem verdade que Macy era um empreendedor, não um membro de uma organização hierárquica, conforme especificado por Laurence J. Peter. Fossem, porém, suas lojas, em vez de iniciativas autônomas, divisões de uma empresa da *Fortune 500*, que se enquadrasse no Princípio de Peter, Macy teria sido demitido depois da primeira tentativa, pois teria demonstrado com clareza sua incompetência em negócios de varejo, gestão e empreendedorismo. Ele jamais teria tido outra chance de fazer sucesso e nós nunca teríamos ouvido falar nele. A quinta tentativa de Macy, porém, foi bem-sucedida, e, embora no primeiro dia tenha vendido apenas US$ 11,08, ele se tornara, ao morrer, um homem muito rico. Mais de 150 anos depois, a Macy's ainda existe, e, embora sofrendo como outras lojas de varejo durante a recessão, ainda tem quase 800 lojas e, recentemente, anunciou que contrataria 85 mil trabalhadores temporários para os feriados próximos. Nada mau para alguém que, sem dúvida, atingira o nível de incompetência, quatro vezes antes do sucesso estrondoso.

Winston Churchill por certo é outro caso interessante. Há quem saliente esse aspecto, e o próprio Churchill insistia em que seu fracasso teria justificado seu custo em recursos e em vidas humanas, tivessem os aliados resistido por mais algum tempo. Escreveu que o sucesso final teria abreviado a guerra e evitado um milhão de baixas. Churchill se referia à Primeira Guerra Mundial, mais especificamente, a uma batalha por cuja deflagração e extensão ele foi responsável: "Galípoli", no front turco. Mesmo que os cálculos de Churchill estivessem corretos, porém, ele deveria saber que, politicamente, toda a campanha era insustentável. Assim, até se poderia dizer que o desastre seria a prova do Princípio de Peter, não tivesse Churchill, mais tarde, conquistado tantas vitórias. E, afinal, supõe-se que política fosse o forte de Churchill. Winston Churchill, entretanto, "atingiu o nível de incompetência", nos termos de Peter J. Laurence, como primeiro lorde do almirantado, durante a Primeira Guerra Mundial.

Eis o que aconteceu. Como primeiro lorde do almirantado, Churchill conseguiu convencer o gabinete de guerra inglês a envolver-se no maior desastre dos aliados na guerra, a Campanha de Dardanelos, inclusive o desembarque dos aliados em Galípoli. Daí resultou a pior derrota dos aliados em todo o conflito, com mais de 200.000 baixas. Churchill foi forçado a renunciar como primeiro lorde do almirantado e foi rebaixado a posição muito inferior no exército. Como graduado por Sandhurst, o equivalente inglês a "West Point", e com experiência militar, ele se apresentou como voluntário e entrou no Exército Britânico. Depois de ter comandado almirantes, generais e marechais de campo, serviu nas linhas de frente na França, como tenente coronel. Enfrentou todos os perigos. Seu colega de barraca, nas trincheiras, foi dilacerado por uma saraivada de artilharia. O próprio Churchill sobreviveu à guerra e tornou-se oficial de combate vitorioso, embora já tivesse fracassado miseravelmente no alto posto de lorde do mar.

O mesmo homem, contudo, com responsabilidades muito mais elevadas, antes como primeiro lorde do mar e, depois, como primeiro-ministro, salvou a Inglaterra e, talvez, o mundo, durante o ano em que o Reino Unido resistiu sozinho contra Hitler e seus lacaios. Além disso, esse outrora incompetente é considerado a mais notável figura política inglesa do século XX e, talvez, de todos os tempos.

Os políticos são exemplos óbvios a desmentir o Princípio de Peter. Ronald Reagan foi derrotado duas vezes na disputa pela indicação como candidato à Presidência dos Estados Unidos pelo Partido Republicano. Finalmente, foi nomeado candidato e eleito presidente na terceira tentativa. Abraham Lincoln fracassou em quase tudo. Não deu certo nos negócios, concorreu à Legislatura do Estado de Illinois e foi derrotado, arriscou-se mais uma vez nos negócios e foi à falência, concorreu a orador e perdeu; também sofreu derrotas numa indicação para o Congresso, na nomeação para o US Land Office, numa disputa para o Senado Federal, e, dois anos depois, na indicação para vice-presidente. Até que, em 1860, foi eleito o 16º Presidente dos Estados Unidos e salvou a União. Que eu saiba, nem seus detratores e, por certo, nem os historiadores o chamam de incompetente.

Sem dúvida, uma das organizações mais hierárquicas são as Forças Armadas. Você sabia, porém, que ninguém menos que o general Colin Powell facilmente teria sido incluído entre os que atingiram o nível de incompetência? Em mais uma contestação do Princípio de Peter, no entanto, ele jamais chegou a esse ponto. Como general brigadeiro de "uma estrela", ele contrariara o chefe, em momento crítico, e cometeu dois erros sérios. Em consequência, seu superior hierárquico de "duas estrelas" atribuiu-lhe uma avaliação medíocre. Como somente a metade dos generais brigadeiros é promovida a duas estrelas (major-general), Powell sabia em que metade estaria incluído. Nesse caso, sua carreira teria chegado ao fim. Então, como se isso já não fosse suficiente, suspeitou-se que ele teria conduzido de maneira imprópria um caso de assédio sexual. Em suas próprias palavras, ele se questionou: "Será essa a 'terceira tentativa' (como em 'três tentativas e você está fora')?".[128] Ele estaria revelando-se incompetente?!

Apesar de tudo, os antecedentes de 30 anos de desempenho notável e de realizações extraordinárias renderam-lhe a segunda estrela. E, como se sabe, depois ele foi promovido a posições de três e quatro estrelas. Por fim, tornou-se Chefe do Estado Maior Conjunto das Forças Armadas, a mais alta patente militar dos Estados Unidos.

O que foi para os consultores a denúncia por Drucker do Princípio de Peter?

Drucker foi talvez o primeiro a valorizar as pessoas como o mais importante item do ativo das organizações. As pessoas não são despesa, são receita, e todos os consultores que olham para as organizações como observadores externos chegam à mesma conclusão. A consultoria de Drucker adotou essa abordagem, e também assim deve agir quem pretende seguir esses princípios. Portanto, a questão não é se as pessoas chegaram ao nível de incompetência. Considerando que já fizeram sucesso, talvez muito sucesso em atribuições anteriores, alguma outra coisa deve estar errada. Reflita sobre o seguinte, antes de tomar ou recomendar qualquer outra providência:

- ▶ Essa era a pessoa certa para a posição?
- ▶ Roma não foi construída em um dia – será que é preciso de mais tempo?
- ▶ Os recursos necessários estão disponíveis?
- ▶ Você pode ajudar?

Como consultor, talvez você não possa fazer muito para encontrar o candidato certo, ou seja, a pessoa certa para a posição

---

[128] POWELL, Colin. *My American Journey*. Nova York: Random House, 1995. p. 269.

certa. O erro, se for o caso, talvez tenha ocorrido antes de seu envolvimento. As três últimas recomendações da lista de Drucker, porém, por certo envolvem cuidado, fomento e desenvolvimento. O consultor sem dúvida pode contribuir para esses três pontos. E, se for possível, talvez ainda ajude a colocar a pessoa certa na posição certa.

A pessoa certa na posição certa

Aprofundei-me nessa questão, por ser a mais importante e a mais negligenciada por gestores e consultores. Tudo pode ter começado e acabado bem antes de sua entrada em cena. No entanto, mesmo que seja tarde demais para fazer alguma coisa na busca da melhor pessoa, talvez ainda haja tempo para ajudar ou até para assumir todo o processo. Drucker disse que o provimento de pessoal, ou a colocação da pessoa certa na posição certa, é fundamental para fortalecer a organização. Portanto, esse é o ponto de partida.

Drucker recomendava três regras básicas para prover pessoas e fortalecer a organização:

1. Reflita sobre as especificações do cargo.
2. Selecione três ou quatro pessoas, em vez de escolher na hora um candidato.
3. Não tome a decisão final sem ouvir a opinião de colegas esclarecidos.

Especificações do cargo

Cargos mal descritos e especificados podem ser cargos impossíveis. Impossível aqui significa que o trabalho a ser executado pela pessoa nessa posição será deficiente ou incompleto quando não for totalmente infactível. Essa impossibilidade envolve o risco de destruição ou, na melhor das hipóteses, de má alocação e desperdício de recursos humanos escassos e valiosos. Para descrever um cargo de maneira adequada, os objetivos e requisitos do cargo devem ser ponderados com atenção, para definir as poucas especificações e qualificações realmente cruciais para o bom desempenho na função. Dessa maneira, o responsável pelo preenchimento da posição tem condições de evitar a escolha de candidato medíocre, que apenas satisfaça às exigências mínimas, em vez de prover pessoas para executar com excelência as tarefas essenciais, que contribuam para fortalecer a organização.

Definição das especificações essenciais

Analisar e ponderar as especificações do cargo significa definir com exatidão os requisitos básicos para a execução eficaz das atribuições do cargo. Dessa maneira, minimiza-se o risco de fazer a escolha com base em fatores menos relevantes. Comecemos com o fator amabilidade ou afabilidade, isto é, ser amável ou afável, de trato agradável, ser apreciado ou estimado. É verdade que bons profissionais podem trabalhar juntos sem gostarem uns dos outros. Amabilidade ou afabilidade não garante o sucesso. Todos já vimos exemplos de indivíduos muito amáveis e afáveis que são fracassos absolutos no trabalho, em todos os níveis da organização. As chances de sucesso, entretanto, são maiores quando, para começar, pelo menos não há animosidade entre o chefe e o subordinado.

Anos atrás, quando trabalhei algum tempo no recrutamento e seleção de executivos, aprendi que o recrutador deveria apresentar três a cinco candidatos ao contratante, para cada posição. Todos os cinco candidatos teriam de preencher os requisitos básicos, que o *headhunter* ajudara o contratante a desenvolver no "pedido de recrutamento nas e especificações do cargo". Os candidatos, contudo, poderiam diferir na personalidade, nos antecedentes e na aparência. Como me foi explicado por um recrutador mais experiente, o propósito era possibilitar "a química certa" entre chefe e subordinado. "Às vezes, o candidato não gosta pessoalmente do chefe potencial", disseram-me. "Outras vezes, o chefe potencial não gosta do candidato, e, não raro, os dois não gostam um do outro. Quando se apresentam de três a cinco candidatos, no entanto, as chances de que pelo menos um deles goste do chefe potencial, e vice-versa, são muito maiores. Todos os candidatos, porém, devem preencher os requisitos do cargo."

Essa situação não é de modo algum incomum. Na área de recrutamento e seleção de pessoal, ouve-se com frequência o ditado: "Quando o candidato e o cliente se encontram pessoalmente, o resultado é imprevisível". Isso significa que personalidade e "química" quase sempre prevalecem sobre a experiência e as realizações descritas no currículo. Nada contra a consideração dessa preponderância da afetividade sobre a efetividade. A personalidade e a adaptabilidade são fatores de extrema importância. Tanto as especificações quanto a química não podem ser negligenciadas. Ambos os fatores devem ser considerados em profundidade para que se escolham pessoas capazes de revigorar a organização com as forças necessárias. Se o candidato não atende às especificações essenciais, não o promova nem o contrate.

Recrute vários candidatos antes da seleção criteriosa

O fato é que muitos processos seletivos de promoção ou contratação envolvem apenas um ou dois candidatos. Os gestores estão com muita pressa ou ficam impressionados demais com um único candidato. No mínimo, pense bem e tenha candidatos substitutos. A maneira certa, todavia, de acordo com Drucker, é recrutar, na pior das hipóteses, de três a quatro candidatos para uma seleção criteriosa, todos com os requisitos e qualificações indispensáveis ao provimento das forças necessárias à organização.

Às vezes, a razão para ignorar essa prudência indispensável é o executivo contratante presumir a adequação de um candidato, antes de cotejar as qualificações de todos os candidatos com as especificações do cargo, para escolher o candidato mais compatível. Portanto, apenas a clareza e a exatidão das especificações já serão de extrema utilidade.

Em uma organização, um Executivo de Pessoal que trabalhava na empresa havia um ano queria promover determinado gestor da própria empresa para uma posição de alto nível. Enviou, então, ao chefe, para aprovação, a indicação do candidato. O chefe, porém, pediu para ver o currículo de pelo menos mais dois candidatos internos. Além disso, ele também ficara curioso sobre certo aspecto da escolha pelo Executivo de Pessoal do primeiro candidato à promoção.

O Executivo de Pessoal, então, recorreu ao velho truque da escolha fortuita e displicente. Indicou três outros candidatos internos, em vez de dois, como fora solicitado, supondo que, assim, daria a impressão de ter considerado muitos outros pretendentes à promoção, demonstrando ao chefe a superioridade do primeiro candidato. Ele não imaginou, porém, que os outros três candidatos tivessem algo especial. Na verdade, ele os escolheu exatamente pelo motivo oposto, por tê-los subestimado. E enviou os quatro currículos ao chefe. Com esse truque, além de demonstrar integridade questionável, ele cometeu dois grandes erros. Primeiro, não analisou em profundidade todos os requisitos do cargo. O chefe, porém, teve esse cuidado. Além disso, na avaliação dos candidatos, confiou na experiência e no julgamento pessoal, sem investigar outros aspectos dos antecedentes deles na empresa. Só isso teria sido suficiente. Além disso, nem mesmo leu os currículos que enviara. Apenas os anexou a uma carta de recomendação enfática em favor do candidato preferido.

O que o Executivo de Pessoal não sabia é que um dos três candidatos adicionais estava na organização havia muitos anos e desfrutava de excelente reputação, além de apresentar longa lista de realizações. No ano anterior, contudo, ele fora designado para uma missão especial, fora da sede, motivo pelo qual o Executivo de Pessoal não o conhecia bem. Ocorre que experiência e conhecimentos notórios desse candidato, além dos antecedentes em si, eram extremamente compatíveis com as especificações do cargo a ser preenchido. Ele era tão adequado como candidato, que deveria ter sido o primeiro a ser recomendado.

Por isso é que o chefe do Executivo de Pessoal pediu para ver o currículo de outros candidatos. Se esse gestor tão capaz nem mesmo tivesse sido incluído entre os candidatos, o chefe queria saber a razão. Se tivesse sido incluído, mas não fosse o candidato pré-selecionado, o chefe queria certificar-se de que não ignorara nenhuma informação relevante, antes da decisão final. O Executivo de Pessoal teve a sorte de não ignorar esse currículo entre os três adicionais; do contrário, ele realmente estaria em situação difícil. Tivesse ele, porém, examinado com atenção os currículos, teria percebido de imediato o fato de não estar recomendando o melhor candidato para a posição. Evidentemente, talvez ele soubesse algo a respeito desse candidato que não fosse de conhecimento geral, mas, nesse caso, nada havia de desabonador a respeito de quem sem dúvida era a melhor indicação.

O que o chefe logo constatou foi que o Executivo de Pessoal obviamente não estava recomendando o melhor candidato para a posição. Em conversa pessoal entre os dois, o chefe logo concluiu que o Executivo de Pessoal não sabia o que devia saber sobre os candidatos e tampouco fizera a escolha certa quanto ao mais apto, por ter ignorado os antecedentes daquele que seria a escolha inequívoca. Talvez ele até pudesse ser desculpado, uma vez que o melhor candidato estivera ausente durante boa parte do tempo de serviço do Executivo de Pessoal na organização; ainda assim, porém, ele não pesquisara o suficiente para avaliar as aptidões dele para a nova posição de gestor de alto nível. Se ele promovesse o gestor errado, muitas seriam as consequências graves para a organização, para não falar em não contar com o gestor mais apto naquela posição mais desafiadora. Após a análise das especificações do cargo e das qualificações dos candidatos, o chefe e o Executivo de Pessoal concordaram que o candidato ignorado – não o primeiro que fora recomendado pelo Executivo de Pessoal – devia ser promovido para a nova oportunidade.

Discuta a escolha com os colegas

Tivesse o Executivo de Pessoal discutido a indicação do candidato com a equipe ou com os colegas, ele não teria passado por aquela situação embaraçosa com o chefe. Quero reafirmar com ênfase que Drucker não dizia que qualquer provimento de pessoal é uma decisão do grupo. De modo algum, e é preciso assumir responsabilidade pelo resultado, não importa que as pessoas consultadas deem informações erradas ou façam recomendações impróprias. Você é sempre responsável. É sensato, porém, trocar ideias e ouvir opiniões, sempre que possível. Mesmo que se decida promover alguém que os outros não recomendem, você pelo menos conhecerá os riscos da sua indicação e saberá o que os outros acham e sabem a respeito dos vários candidatos em questão.

Depois da nomeação do escolhido

Uma vez feita a nomeação ou, como consultor, uma vez concluída a sua assessoria, o trabalho ainda não terminou. Você é responsável pelo que acontecer em seguida, e sempre é necessário oferecer "cuidado e fomento". O recém-promovido ainda não está pronto para arrancar correndo. É recomendável praticar tanto quanto possível, inclusive com treinamento formal. Por certo, é possível deixar por conta do recém-promovido todo o trabalho. Se a seleção tiver sido bem feita, ele talvez saiba por si só em que áreas da nova posição seria bom receber ajuda ou treinamento. Por que esperar, porém? Sem dúvida, você já sabe muita coisa que ele ainda ignora. A não ser que deixar o indivíduo enfrentar por conta própria as dificuldades seja parte do plano de desenvolvimento, por que agir assim? Você quer que o recém-promovido faça sucesso e melhore o seu prestígio, não quer?

Sem fazer o trabalho do recém-promovido, você se esforçará para garantir o sucesso dele no cargo. É como um CEO aposentado certa vez disse a um grupo de vice-presidentes recém-promovidos sobre como liderar os subordinados: "Não os deixe fracassar!".

Este é um trabalho em andamento?

Seria bom se todos os gestores já arrancassem correndo nas novas posições. Essa prontidão para o trabalho, porém, nem sempre é possível, sobretudo numa posição que é nova não só para o recém-colocado, mas também para toda a organização. Nova ou velha, ela pode impor desafios ao novo ocupante. Os gestores podem facilitar o processo, definindo com clareza os objetivos a serem cumpridos, reunindo-se com frequência, durante as primeiras semanas, com os recém-colocados, ajudando ou orientando, sem executar o trabalho do novo ocupante, mas, acima de tudo, não o deixando fracassar. Portanto, não se apresse em substituir imediatamente um recém-colocado. Alguns precisam de tempo para desenvolver-se, e, às vezes, as tarefas em si podem ter sido definidas sem análise suficiente da disponibilidade de recursos, como dinheiro, pessoal, equipamentos ou instalações. Além disso, as atribuições em si podem mudar, dependendo da maneira como o novo ocupante se desincumbir da missão. Talvez nunca seja possível antecipar-se ao desempenho de alguém recém-colocado, pois muitas são as maneiras de abordar o trabalho, e isso depende das competências e capacidades do novo ocupante.

Lembre-se de que, como gestor ou consultor, sua função é ajudar, e nunca se esqueça do mandamento: "Não os deixe fracassar".

A abordagem de Drucker a pessoas

A ideia de que os gestores progridem até o nível de incompetência é um mito perigoso. Se um gestor não apresentar o desempenho esperado, é óbvio que algo precisa ser feito, em termos de aconselhamento, treinamento ou substituição. Demitir, porém, de imediato, por incompetência, o gestor recém-promovido sem outras medidas preliminares é, como dizia Drucker, sacrifício humano, puro e simples.

Deve haver outra posição tão ou mais desafiadora em que ele seja bem-sucedido. Faça alguma coisa ou deixe-o em modo de espera, até encontrar uma solução. Não descarte pessoas que já se mostraram competentes, durante longos períodos, só por um fracasso esporádico. Seja como for, é possível minimizar esses problemas, cumprindo o dever de diligência, observando o seguinte:

- ▶ Analise as especificações do cargo e o preencha para fortalecer a organização.
- ▶ Recrute vários candidatos qualificados antes de escolher.
- ▶ Converse sobre suas intenções com a equipe e os colegas.
- ▶ O processo não acaba só porque a vaga já está ocupada.
- ▶ Muitas são as tarefas que se enquadram como cuidado e fomento.

Faça tudo isso e sua "média de acertos" será excelente, ao promover a pessoa certa para a posição certa. Uma vez preenchida a vaga, ainda é preciso preparar a pessoa para começar bem. Também aqui sua média de acertos deverá ser alta.

Atente para essas recomendações e sua organização estará em vias de contar com os melhores e mais qualificados gestores. Caso se trate de sua própria organização, compete-lhe tomar essas iniciativas. Ainda que esteja atuando como consultor, você também será responsável pelo sucesso da organização, que sempre terá a ver com importância atribuída às pessoas e com a observância do Princípio de Drucker de que as pessoas não têm limites.

DEZ COISAS A CONSIDERAR 17

NÃO ACHO QUE SEJA POSSÍVEL APLICAR as sugestões sem igual de Drucker para tornar-se consultor de gestão e exercer com sucesso a profissão, sem antes aprender muito sobre o que é preciso conhecer e aplicar para progredir na carreira. Eis o que extraí dos exemplos de Drucker como consultor:

1. Nada em nossa formação e em nossas oportunidades é sempre positivo ou negativo. Simplesmente acontece, isso é tudo. Cesar Millan não tinha os antecedentes de Drucker, e até entrou como clandestino nos Estados Unidos, pela fronteira com o México. Não fez faculdade, mas aprendeu o bastante sobre cães para tornar-se "O Encantador de Cães", a ponto de manter seu próprio programa de televisão, de grande sucesso, durante anos, e ser remunerado como consultor e palestrante sobre animais de estimação, mais ou menos a exemplo de Drucker no passado. Todos temos recursos para atuar como bons consultores, talvez até como excelentes consultores, a serem avaliados e registrados. Apenas precisamos identificar e organizar esses recursos e aplicá-los na prática.

2. Não é preciso construir uma organização de consultoria gigante para fazer muitas benfeitorias, tornar-se muito famoso e ganhar muito dinheiro como consultor independente. Drucker atendia o próprio telefone, até no auge da fama. Não há por que não fazer as mesmas coisas ou coisas parecidas que "eles" nos dizem para não fazer.

3. A honestidade é não só a melhor política. É a única política a seguir, por quem quer alcançar o sucesso duradouro, e isso é algo que não se pode ignorar. Com que frequência deparamos com grandes nomes, em qualquer campo, que descuidaram da integridade, ficando por isso mesmo? Portanto, ainda que seja desvantagem no curto prazo, é preciso manter a integridade, a qualquer custo.

4. Os obstáculos sempre surgem. A primeira coisa que aconteceu com um conhecido meu, ao iniciar a própria prática de consultoria, foi ser processado. Ele demorou três anos para ganhar o caso. Pense em como você enfrentaria esses problemas, enquanto procura clientes. Drucker teve de abandonar o objetivo de tornar-se professor de cursos de pós-graduação em uma grande universidade, durante 15 anos, por causa de um "detalhe", a ascensão de Hitler na Alemanha. Até que fez o que deveria fazer e acabou alcançando o objetivo inicial, e também realizando muito mais.

5. Não conte com os outros para avançar na profissão, inclusive como consultor. Alguns gestores dizem que as empresas pagam seus cursos de formação avançados ou os mandam para workshops ou seminários, se realmente precisarem deles. Não aposte nisso. Drucker não contava nem mesmo com os pais, que queriam que ele fizesse faculdade. Foi estagiário e aprimorou-se durante muito tempo, como autodidata, embora lutasse com dificuldade para equilibrar a faculdade de Direito com o trabalho em tempo integral. Drucker não era super-homem. Apenas programava o que faria, nas circunstâncias do pré-guerra na Alemanha e na Áustria, e, mais tarde, no pós-guerra nos Estados Unidos, e cumpria o programado. Não esperava nem a ajuda dos pais, nem o auxílio de empresas ou de governos.

6. Escrever um best-seller não é garantia de sucesso, mas, por certo, não faz mal, embora, caso seu senso de oportunidade estiver certo e se você tiver sorte, pode impulsioná-lo direto até o topo. Além disso, quase todo o mundo é capaz de escrever, ou, ao menos, aprender a fazê-lo, se estiver disposto a não poupar esforços. Drucker, no começo, nem mesmo dominava o inglês.

7. Decerto, o acaso (ou a já comentada "serendipidade", do Capítulo 2) ajuda, mas pense no acaso como processo. Faça muitas coisas (ou, talvez, leia muitos livros, como Walpole, criador do vocábulo "serendipity", ou como Drucker), e acontecimentos fortuitos e venturosos (ou "serendipitosos") por certo soprarão a seu favor.

8. Marvin Bower, mentor de Drucker, aconselhou-o a não discutir o trabalho dos clientes. Drucker talvez tenha tropeçado nessa recomendação. Em consequência, perdeu a boa vontade de um grande ícone empresarial, Alfred Sloan. Drucker, é claro, não supunha ter escrito algo ofensivo, mas não é essa a questão. O que conta é a percepção do ofendido. Drucker deveria ter sido mais cuidadoso. Talvez até houvesse recebido a bênção de

Sloan, tivesse ele o procurado, pois, ao que tudo indica, tinha acesso a ele. Drucker, porém, aprendeu a lição, e seria difícil encontrar um cliente tão enaltecido pelo consultor quanto a GM o foi por Drucker, a partir do primeiro incidente.

9. O cliente é o verdadeiro especialista. Pode-se argumentar que Drucker não dizia aos clientes o que fazer, para induzi-los a encontrar as próprias soluções. Talvez ele tenha comprometido um pouco do glamour, perguntando mais do que respondendo, e, ainda por cima, não usando PowerPoint. O modelo de consultoria de gestão de Drucker não refletia a imagem do cavaleiro negro que assomava no alto da colina, cavalgando um cavalo branco, para praticar o bem e combater o mal, logo sumindo a galope, tão logo alguém perguntasse "Quem é esse mascarado", cascos espocando à distância, bradando ao longe, alto e bom som, "Aiô, Silver"?

10. Embora Drucker muito nos tenha oferecido em valores, princípios e genialidade, acho que sua contribuição mais valiosa é a maneira como nos ensinou a pensar. E ele esperava que arrematássemos o pensamento com ações oportunas e eficazes.

Só posso terminar este livro com as palavras de Drucker: "Não digam que gostaram de minha exposição; digam o que farão de maneira diferente amanhã".

Bill Cohen
Pasadena, Califórnia
Fevereiro de 2016

APÊNDICE

Como a consultoria e a filosofia de Drucker funcionaram para mim

Frances Hesselbein

Muito tempo atrás, em 1976, vim para Nova York, saindo das montanhas de Johnstown, no oeste da Pensilvânia, uma comunidade com uma grande siderúrgica, muito carvão e um enorme coração, para ser a nova CEO das Girl Scouts (Bandeirantes) dos Estados Unidos, a maior organização do mundo para meninas e mulheres. Eu trazia comigo todos os livros e filmes de Peter F. Drucker que eu tinha – e eram todos. Nas minhas duas posições anteriores como CEO, nossas práticas de liderança e decisão se inspiravam todas em Drucker. A filosofia e os ensinamentos de Drucker se encaixavam exatamente em nossas situações concretas.

Descartáramos a velha hierarquia – a linguagem de cima para baixo, do topo para a base, de superior para subordinado – e desenvolvemos nosso próprio sistema gerencial das Bandeirantes, em que as pessoas se movimentavam em todos os sentidos da organização, o que denominamos "gestão circular".

A inovação funcionou, e foi uma experiência vibrante para mais de três milhões de meninas e mulheres. Nossa crença: "Apenas o melhor é bastante bom para quem serve a meninas".

Em 1990, depois de 13 anos incríveis como CEO das Bandeirantes, ao fim de um último ano exuberante, deixei as melhores pessoas e a melhor organização do mundo. Eu estava disposta a escrever um livro e a viajar menos. Seis semanas depois, porém, surpreendi-me presidente e CEO da Peter F. Drucker Foundation for Non-Profit Management.

Minha ideia inicial era ser *chairman*, ou seja, presidente do Conselho de Administração, mas Peter retorquiu com firmeza: "Você será presidente e CEO, ou não vai dar certo".

Assim, seis semanas depois de deixar a liderança da maior organização do mundo para meninas e mulheres, eu assumia como presidente e CEO de uma fundação minúscula, sem dinheiro, sem pessoal, apenas com um pequeno Conselho de Administração, cujos membros tinham em comum o amor por Peter F. Drucker e o compromisso de preservar a filosofia e o legado dele em todo o país e mundo afora.

No início, durante muitos anos, Peter viajava de Claremont para Nova York, onde participava de nossas reuniões do Conselho de Administração. Lá, ele também palestrava em todas as conferências. Quando era a vez de viajarmos para a Califórnia, era sempre uma alegria estar de novo com ele.

Embora Peter nos tenha deixado em 2005, e agora o nome de nossa instituição seja outro, The Frances Hesselbein Leadership Institute, ainda somos, em espírito, a Peter F. Drucker Foundation for Non-Profit Management. Trazemos no coração e mente as frases mais populares de Peter: "Pense primeiro, fale depois" e "Pergunte, não afirme". Citamos Peter Drucker em todas as circunstâncias cabíveis. Ele ainda nos inspira, até hoje e para sempre.

Sobre Frances Hesselbein

Frances Hesselbein é Presidente e CEO do Frances Hesselbein Leadership Institute, fundado como Peter F. Drucker Foundation for Non-Profit Management, do qual foi fundadora e presidente. Antes, Hesselbein foi CEO da Girl Scouts dos Estados Unidos. Hesselbein destacou-se como primeira CEO que ascendeu de líder de tropa não remunerada ao topo da instituição, aos 67 anos. Promoveu uma virada na organização, incentivando a adesão de minorias e aumentando o quadro de associadas para 2,25 milhões de meninas, com uma força de trabalho de 780 mil colaboradores, principalmente voluntários. Peter Drucker escreveu que Hesselbein faria sucesso como CEO em qualquer grande empresa. Ela ocupou a primeira cátedra de liderança em West Point e foi condecorada com a Medalha Presidencial de Liberdade pelo presidente Bush, em 1998. Hesselbein é curadora do California Institute of Advanced Management.

Tornando-se um "mestre questionador" como Drucker

Ping (Penny) Li

Em 2013, incluí-me entre os primeiros pós-graduados em MBA pelo California Institute of Advanced Management (CIAM), do qual também fui um dos primeiros diretores. Depois de aprender consultoria com base nos métodos de Drucker, executei 11 contratos sob essa abordagem. O que mais aprendi e pratiquei foi o segredo muito simples de fazer as perguntas certas, o que tanto contribuiu para o sucesso da consultoria de Drucker.

Quando tomei conhecimento, pela primeira vez, da metodologia dialética de Drucker, não imaginei que teria tanto a aprender. Fui jornalista de televisão na China durante oito anos. Meu trabalho diário consistia em fazer perguntas. Minha função era entrevistar pessoas todos os dias, com o objetivo de ajudar o público a compreender melhor o que as pessoas faziam em nossa cidade. Nos Estados Unidos, isso se denomina notícias de "interesse humano".

Um dia, conheci Rui Wang, um menino chinês de 6 anos com paralisia cerebral. Nunca entrevistara uma criança tão pequena. Rui via o irmão gêmeo sair de casa para a escola todos os dias de manhã, mas ele ficava em casa, pois a doença o imobilizava. O menino se exercitava todos os dias sob a orientação do avô, que o estava criando, uma vez que os pais o abandonaram quando lhes disseram que o filho jamais se recuperaria da doença.

Quando o vi, naquele dia, Rui estava molhado de suor por causa do esforço intenso na tentativa de andar. Minha primeira pergunta, de imediato, foi: "Rui, você deve estar exausto de tanto se esforçar para andar todos os dias, certo?

"Não", respondeu ele, cheio de coragem, "não estou cansado, nem um pouco".

Nada mais fácil de perceber, porém, que a criança estava esgotada. Insisti: "Rui, você é muito corajoso, mas não acredito no que você está dizendo. Vejo com os próprios olhos que você está suando muito. Será que você está mesmo dizendo a verdade?

"Sim... mas nem toda. Dói um pouco."

"Por que você não para por alguns momentos e descansa?"

"Porque, se eu não trabalhar muito, não ficarei bom, e serei um peso para meu avô, meu irmão e meu país!"

Eu sabia o que fazer e continuei "escavando" mais fundo. Também constatei que, enquanto conversávamos, ele descansava, ainda que não desse conta disso. Prolonguei, então, a entrevista tanto quanto possível. Finalmente, não conseguia mais estender a conversa. Minha última pergunta foi: "Rui, você tem um sonho?".

Percebi que ele ficou animado ao responder-me: "Sim, tenho um sonho! Meu sonho é que um dia irei para a escola com meu irmão, sentarei ao lado dele e aprenderei numa sala de aula de verdade". Engoli em seco e despedi-me de Rui.

Em meu documentário, mostrei ao público um garoto admirável, extremamente corajoso, que era muito inteligente e muito ponderado. O coração dele, puro e inocente, estava repleto de esperança, enquanto a mente se concentrava o tempo todo no sonho de se superar. Meu relato foi tão bem recebido pelo público, que numerosos doadores telefonaram emocionados, alguns com a voz embargada, para oferecer ajuda a Rui. Queriam muito contribuir para que o menino realizasse o seu sonho. E, assim, Rui recebeu tantas contribuições, que logo iniciou o tratamento adequado. Tive o privilégio de vê-lo um dia ser recebido como herói na escola, onde passou a assistir às aulas com o irmão.

Assim, ao nos reunirmos com nosso primeiro cliente de consultoria no programa de MBA do CIAM, achei que já tinha a habilidade necessária para fazer perguntas instigantes, talvez até mais do que Drucker! Tudo que eu precisava era formular as cinco perguntas famosas de Drucker, só isso!

O cliente era proprietário de uma empresa de ônibus, em Los Angeles, e queria expandir o negócio, para convertê-lo em empresa de turismo, com todos os serviços. Achava que, como já tinha os ônibus, bastava trazer turistas de todo o mundo. Lembrei-me das cinco perguntas famosas que Drucker fazia aos clientes sobre missão, clientes e planos. Comecei a fazer as perguntas, uma de cada vez. Abaixo, estão as perguntas e as respostas:

P: Qual é a sua missão?

R: Ser mais lucrativo.

P: Quem é o seu cliente?

R: Todo mundo!

P: O que seu cliente valoriza?

R: Ah, nossos preços são os mais baixos.

P: Que resultados você procura?

R: Diga-me como atrair clientes em todo o mundo, sobretudo da China e da Índia, os dois países que agora são meus alvos. (Essa resposta faz mais sentido quando comparada com as outras quatro.)

P: Quais são seus planos?

R: Meus planos? Preciso que você me forneça um plano de negócios e me diga exatamente o que devo fazer! Seguirei suas recomendações!

Evidentemente, a primeira reunião com o cliente foi muito breve. Depois, senti-me ansiosa, ao constatar que a ideia de ser mestre consultor questionador como Drucker simplesmente não funcionaria. Eu não tinha ideia de como induzir o cliente a revelar as informações de que eu precisava para ajudá-lo! Conclui que fazer perguntas aos entrevistados para reportagens na televisão e fazer perguntas aos clientes de consultoria sobre seus negócios eram situações totalmente diferentes.

Peter Drucker disse uma vez que o consultor não é capaz de compreender tão bem o negócio quanto o cliente. Não é o consultor quem indica as soluções para as dificuldades ou problemas dos clientes; em vez disso, o processo de consultoria correto consiste em fazer as perguntas certas para orientar os clientes a refletir sobre os problemas, sob diferentes perspectivas, e descobrir o que fazer por conta própria.

Recebi uma cópia de um relatório de consultoria que Drucker preparara para a Coca-Cola na década de 1990. O título é "Desafios a serem enfrentados pela Coca-Cola nos anos 1990". Drucker deixou claro na introdução que: "Esse relatório suscita questões. Não tenta dar respostas". Em vez de dizer ao cliente o que estava errado ou o que devia ser feito, Drucker formulava muitas perguntas no relatório, muito mais que as suas cinco perguntas famosas. Observei, porém, que as perguntas dele ao cliente eram, na verdade, perguntas indutoras, como: "O que é que deve ser promovido?", "Quais são as alternativas?", e muitas outras.

Com base na afirmação de Drucker de que os clientes conhecem a organização muito melhor que os consultores, os clientes talvez já estejam refletindo sobre o que está errado e sobre que ações seriam adequadas para resolver os problemas. O consultor, de fato, não é quem realmente conhece a organização, mas sim os clientes. O trabalho do consultor, portanto, é ajudar os clientes a eliminar ideias e ações equivocadas e levá-los a conscientizar-se das ações certas a serem executadas.

Imbuídos dos princípios e da metodologia de Drucker, voltamos ao cliente e fizemos perguntas mais instigantes, baseadas em nossa pesquisa de mercado. Por exemplo, quando formulamos a primeira pergunta, "Quem é o seu cliente?", ocorreram-nos outras perguntas referentes à análise demográfica (idade, educação, etnia, ocupação) e estilo de vida (renda, moradia, consumo). Orientamos o cliente a pensar conosco sobre quem não deve ser o cliente ou que grupo de pessoas ele não consideraria mercado-alvo). Em sete semanas, fornecemos ao cliente nosso relatório de consultoria sobre como atrair turistas asiáticos e recebemos do cliente retorno muito positivo. Ele nos disse que estava raciocinando com muito mais clareza sobre a missão do negócio e por que deveria focar em prestar serviços de alta qualidade, em vez de continuar reduzindo os preços, maneira como até então encarava os seus problemas. Como disse Drucker, não devemos concentrar-nos nas respostas certas, mas sim nas perguntas certas, mais instigantes.

Após a conclusão de 11 projetos de consultoria com os colegas de turma no CIAM para várias empresas, aprendi que nós, consultores, não somos os únicos a dar respostas. Nossa função é fazer as perguntas certas, com sabedoria, e aprender sobre a organização com o cliente, para ajudá-lo a questionar algumas premissas e a reformular as questões originais, mudando a forma como até então eram consideradas. Ao refletir sobre as perguntas certas, o cliente não só passa a desenvolver melhores soluções por conta própria, mas também aprende a encarar os mesmos problemas sob diferentes perspectivas para chegar a soluções ótimas.

Acho agora que, embora minhas perguntas a Rui tenham produzido excelentes resultados, dos quais posso orgulhar-me, minha abordagem inicial não era adequada para fazer as perguntas certas aos clientes. Ela foi eficaz no caso de Rui porque ele já fizera as perguntas certas e já encontrara as respostas eficazes. Tudo o que fiz foi mostrar o que ele já havia conseguido. E, sob certo aspecto, agi da mesma maneira neste ensaio. Tudo o que fiz foi elucidar mais uma vez o processo de perguntas e respostas de Drucker e ajudar os leitores a compreender como era a sua consultoria.

Sobre Ping (Penny) Li

Penny Li é Diretora de Admissões no California Institute of Advanced Management. Ela foi uma das primeiras pessoas que se pós-graduou em MBA no CIAM e concluiu 11 contratos de consultoria como aluna aplicando os métodos de Drucker. Recebeu depoimentos por escrito e em vídeo de vários clientes de consultoria. Desenvolveu importante projeto para um concurso das Nações Unidas sobre aplicações dos métodos de consultoria de Drucker. Durante a produção de um programa filantrópico para a televisão, ela organizou uma campanha de doações que angariou US$ 150 mil para 6.000 crianças com paralisia cerebral. Também dirigiu a produção de um vídeo sobre consultoria prestada por alunos com base nos princípios de Drucker, que foi finalista no sexto Fórum de Drucker, anual, realizado em Viena, Áustria.

A experiência de Consultoria de Drucker

Eric McLaughlin

Fui uma daquelas pessoas afortunadas que tiveram o privilégio de frequentar a Claremont Graduate University, onde assisti a várias aulas de Drucker, fiz exames para o meu doutorado e recebi cartas de recomendação para a minha primeira atividade de magistério.

Minha empresa de consultoria atua no setor de assistência médica e minha experiência com outros consultores comprometeu em muito as minhas percepções da profissão. A cena que presenciei numerosas vezes foi a de vendedores enaltecendo suas mercadorias para a administração, com ênfase em como o "produto" pode oferecer resultados extraordinários. Em geral, o relatório de consultoria apresentado aos clientes, como resultado final do trabalho, parecia pré-moldado, em formato padronizado, com o nome do cliente em destaque e o logotipo da consultoria ostentado em numerosas páginas, nas quais sobressaem com fartura tabelas, gráficos, diagramas e recomendações, que se aplicariam a qualquer organização, uma vez que os dados são totalmente genéricos. Para tanto, cobram-se milhares, se não centenas de milhares de dólares, por um produto "customizado".

O método de consultoria de Drucker era diametralmente oposto a esse processo pré-embalado. Em vez de "dizer" ao cliente o que fazer, Peter focava na mudança: repensar a razão de ser da organização. Muito à semelhança de Sócrates, séculos atrás, Peter simplesmente fazia perguntas e ouvia com muita atenção as respostas. A filosofia subjacente a essa forma de consultoria era *não* partir de suposições, quaisquer que fossem, *nem* oferecer produtos de prateleira, prontos para embalar. Ele apenas ouvia e sondava com uma sucessão de perguntas.

Certa vez, ele nos contou a história de uma oportunidade de prestar consultoria à equipe gerencial de uma das maiores ferrovias dos Estados Unidos. Ao perguntar: "O que essa empresa faz?", a resposta foi rápida: "Movimentamos materiais com eficiência e eficácia". Peter retrucou: "Embora seja a sua principal atividade, esse não é o seu verdadeiro negócio". A administração ficou perplexa e paralisada. Peter prosseguiu, com base nas informações preliminares que havia reunido sobre o cliente, antes da reunião, e lembrou aos gestores que a empresa deles era o maior proprietário de terras dos Estados Unidos, por força de sucessivas compras e desapropriações. Era o uso dessas terras que lhes permitia construir as ferrovias sobre as quais operavam seus trens.

Essa mudança de foco era o estilo de consultoria exclusivo de Drucker. Ele forçava a equipe gerencial da empresa a ver o negócio sob outra perspectiva – que mudava totalmente a maneira como se encaravam as operações do dia a dia e o planejamento estratégico para o futuro. A empresa ferroviária passou a ver as ferrovias abandonadas de ângulos totalmente diferentes, em termos de exploração fundiária e de projetos imobiliários.

No livro de Drucker *As cinco perguntas essenciais que você sempre deverá fazer sobre sua empresa*, o capítulo sobre a pergunta número um, "Qual é a nossa missão?", descreve a abordagem de Drucker ao prestar consultoria sobre a administração do atendimento de emergências de um grande hospital metropolitano. Médicos e paramédicos experientes em atendimento de emergência definiram a missão da área como "Nossa missão é assistência médica". O método de consultoria de Drucker era promover uma discussão que levasse os participantes a dar um passo atrás e pensar "fora do quadrado", durante alguns minutos. Induzidos por Peter, os profissionais da organização se deram conta de que o verdadeiro propósito do atendimento de emergências era "tranquilizar os aflitos". Essa reformulação do pensamento resultou na reestruturação de todo o processo de interação envolvendo pacientes, acompanhantes e profissionais. Os pacientes eram recepcionados e direcionados minutos depois da chegada ao atendimento de emergências, em vez de passar pelo suplício de, não raro, horas de espera. Em alguns casos, o "lenitivo" consistia em nada mais que instruir os pacientes de que era preciso dar tempo ao tempo para superar a gripe. Essa era a mitigação que o cliente esperava, não a entrada no hospital.

Minha prática de consultoria trata da melhoria da qualidade nas organizações de assistência médica muito à maneira de Peter Drucker abordar os clientes: perguntar em vez de responder, e prestar consultoria nas circunstâncias específicas, em vez de fornecer um produto de prateleira. Consultoria para Peter não era produto de linha de montagem, nem resultado de produção em massa. Envolvia escuta atenta e sondagens profundas para ajudar a administração a repensar o que se repetiu durante anos, mas ficou superado, exaustivamente. O método de Drucker geralmente combinava responsabilidade social da empresa com artes gerenciais chinesas, no planejamento estratégico para os próximos cem anos.

Sobre Eric McLaughlin

Eric McLaughlin é Consultor de Gestão e chefe da assessoria acadêmica do presidente e ex-reitor do California Institute of Advanced Management. O Dr. McLaughlin foi Administrador Sênior e membro do corpo docente da Universidade Politécnica do Estado da Califórnia, Pomona, Califórnia, assim como de outras instituições universitárias, como UCLA e Universidade do Estado de Washington. Obteve seu PhD no que é hoje o Peter F. Drucker and Masatoshi Ito Graduate School of Management, da Claremont Graduate University, pelo programa desenvolvido por Peter F. Drucker. Já escreveu para mais de cem publicações, fez dezenas de apresentações e prestou numerosas consultorias com base nos métodos de organização de Drucker para entidades como American Red Cross, American Dietetic Association, American Medical International, Citibank Corporation, Stanford University e West Coast Industrial Relations Association.

Minha experiência como cliente de Peter Drucker

Minglo Shao

No verão de 1999, visitei Peter Drucker, pois eu estava pensando em criar uma organização para oferecer treinamento gerencial a gestores e empreendedores chineses. Peter ficou muito entusiasmado com a ideia e logo se ofereceu para ser meu consultor pelo resto da vida. E, ainda mais, ele o faria de graça. Desde então, passei a visitá-lo na casa dele, em Claremont, Califórnia, quase de três em três meses, até a morte dele em 2005.

Com base em nosso acordo, eu lhe forneceria relatórios preliminares, de algumas páginas, para mantê-lo informado sobre o andamento dos negócios, desde a nossa reunião anterior, como tema para discussão na reunião seguinte. O relatório abrangeria mudanças recentes no contexto e no mercado, novas oportunidades e ameaças, assim como minhas dúvidas. Sempre que me sentasse na sala de estar da casa dele, eu encontraria meu relatório devidamente marcado com as notas e comentários dele, sobre a mesa de café.

Peter geralmente abria a reunião, confirmando comigo se a maneira como interpretara meu relatório anterior estava certa. Respondia, então, a cada uma das perguntas que eu fazia no relatório. Às vezes, ele observava que determinado problema para o qual eu lhe chamara a atenção não era de fato um problema, mas a manifestação ou a consequência do verdadeiro problema, ainda não identificado, e me orientava na busca da causa por mim mesmo. Quando terminava, ele sempre perguntava se eu tinha outras perguntas. Se a minha resposta era negativa, ele dizia: "Quero fazer algumas perguntas". As perguntas eram quase sempre inesperadas, mas muito esclarecedoras.

Não muito depois de eu constituir a nova organização, uma professora de uma escola de negócios famosa procurou-me para sugerir que avançássemos rumo à educação de elite, com o objetivo de formar executivos para grandes empresas na China, pelo que poderíamos cobrar mensalidades elevadas. Com maestria, ela propôs um roteiro de estudos internacionais e, por fim, apresentou-se como candidata a reitora da nova instituição.

Quase aceitei a proposta, movido pela admiração que eu nutria pela escola famosa e pela professora não menos célebre, mas, antes, resolvi submeter o projeto do empreendimento e o currículo da mestra a Peter, na expectativa de receber seu feedback. Em nossa reunião seguinte, Peter reconheceu que a senhora era de fato um talento e que a proposta, sem dúvida, era muito atraente. Mesmo assim, ele não concordou com o projeto, nem a considerou a candidata certa para a posição. Disse-me:

> A China, definitivamente, precisa de grandes empresas e de líderes de elite. Na China, porém, como em qualquer outro país, 90% das empresas são locais, de pequeno ou médio porte. Essa professora quer criar outra Harvard Business School, o que não é a nossa intenção. Nosso objetivo é fomentar uma cultura gerencial que enfatize resultados. A mais grave deficiência da China é, para as suas dimensões, não contar com quantidade suficiente de pessoas talentosas, que aprenderam a sobreviver em condições extremamente adversas e foram bem-sucedidas. Basta que tenham educação geral, mesmo que não sejam particularmente inteligentes ou capazes, mas é importante que manejem as situações com habilidade e destreza. Talvez haja milhões de candidatos potenciais em condições de liderar organizações locais, de pequeno e médio porte. Eles é que construirão a China como país desenvolvido. Essas pessoas serão seus verdadeiros alunos. São recursos potenciais e diamantes brutos. Anseiam por conhecimento e serão extremamente receptivos. A demanda por pessoas com tais qualificações será enorme. Portanto, não permita que ninguém o afaste do rumo certo.

A sabedoria de Drucker trouxe-me de volta à realidade e às minhas intenções originais, além de lembrar-me de suas três perguntas mais importantes: Qual é o seu negócio? Quem é o seu cliente? O que é valor para o seu cliente? Por fim, Peter ajudou-me a evitar a decisão errada.

Nosso instituto foi classificado na China como "organização de educação superior não credenciada", ou seja, não tínhamos autorização para conceder graduação acadêmica, embora muitos de nossos alunos almejassem o mestrado através de nosso programa. Em 2003, uma universidade dos Estados Unidos se dispôs a ser nossa parceira para oferecermos pós-graduação em MBA na China. Até concordaram com a nossa exigência de que metade do currículo fosse programado e lecionado por nosso corpo docente e que essa universidade outorgasse a graduação. Eu estava tão empolgado com a oportunidade, que me apressei em negociar os termos específicos de nossa cooperação. Ao ser informado sobre as condições, Peter perguntou-me: "Por que você precisa deles? Com o que você espera que contribuam para esse esforço conjunto? Eles se consideram capazes de cumprir o prometido?". Respondi afirmativamente, sem hesitação. Peter prosseguiu, e fez outras perguntas: "Por que eles precisam de você? Você é capaz de satisfazê-los? Qual será a sua contribuição para o sucesso do empreendimento? Eles o valorizam?".

Esses questionamentos deixaram-me inseguro. Comecei a perguntar-me se a universidade americana só estava interessada em nos usar para entrar no mercado chinês. Eles, de fato, valorizavam nosso currículo, como alegavam, ou tudo se resumia em recrutarmos alunos para eles? Embora eu admitisse que as questões eram relevantes, eu estava muito ansioso para aceitar a parceria e oferecer o programa de MBA. Dessa vez, Peter não me impediu de avançar.

Três anos depois, ao fim de nossa segunda turma de MBA conjunto, a universidade americana, depois de conquistar certa reputação na China, resolveu cindir a parceria e juntar-se a uma universidade estatal chinesa. Essa ruptura da cooperação foi para mim uma lição. Agora, sempre me lembro de que devo refletir em profundidade e responder com ponderação às perguntas que Peter sempre faz antes de entrar numa parceria. Essas perguntas realmente ajudam na avaliação de até que ponto as duas partes têm valores comuns e missões compatíveis.

Antes de conhecer Peter, eu tendia a pegar vários projetos ao mesmo tempo, e Peter logo percebeu o problema. Visitei-o um dia, e ele foi logo dizendo, no momento em que me sentei: "Meu amigo, você parece cansado. Você sempre toca vários projetos diferentes simultaneamente. Sei que você é capaz de cuidar bem de todos eles, mas, assim, você não será excelente em nenhum deles. Quando foi a última vez em que você saiu em férias com a sua mulher? Se continuar nesse ritmo, você acabará exausto e ainda prejudicará a sua vida conjugal".

Quase ao fim da conversa, Peter perguntou qual seria a minha tarefa mais importante em minha próxima viagem à China. Respondi-lhe que planejava passar uma semana no sul da China, onde visitaria dez clientes que haviam assistido a nossos cursos, para receber o feedback deles. Peter pediu que eu escrevesse o nome desses clientes numa folha de papel, e acrescentou: "E se, ao chegar à China, você recebesse um telefonema, dizendo que precisava abreviar a viagem para apenas quatro dias, em vez de uma semana, por causa de alguma coisa urgente? O que você faria?". Respondi que não poderia fazer nada, a não ser visitar menos clientes. Peter, então, pediu para eu riscar os clientes menos importantes. Depois que, a pedido dele, reduzi a lista de clientes, Peter voltou a perguntar: "E se você recebesse outro aviso de que era necessário encurtar ainda mais a viagem, de quatro dias para dois dias? Se você quisesse oferecer tempo suficiente a cada cliente, que clientes você visitaria nesse tempo limitado?". Esse exercício levou-me a refletir sobre como cortar coisas aparentemente desnecessárias ou não prioritárias para concentrar-me em um ou dois dos mais importantes projetos, reservando-lhes tempo suficiente.

Esses são apenas uns poucos casos de Peter como meu consultor. São exemplos de como Peter formulava as perguntas no estilo socrático, de modo a induzir-me a descobrir o "problema real" por trás da fachada. Peter, por seu turno, às vezes era muito direto, com asserções contundentes que revelavam a essência da questão. Em consequência, o interlocutor tendia a introverter-se, a voltar-se para si mesmo, e a refletir, acabando por descobrir a essência da questão, exatamente como ocorreu comigo no primeiro caso acima. Para Peter Drucker, "fazer a pergunta certa" e, em seguida, induzir o interlocutor a descobrir o "problema real" era muito mais importante que fornecer a solução. É óbvio que você estaria no caminho errado e perdendo tempo se chegasse a uma solução para o problema B, quando, realmente, você precisava de uma solução para o problema A.

Graças à sabedoria e à paciência de Peter, nosso pequeno instituto, constituído há 16 anos, tornou-se a Peter Drucker Academy, na China, oferecendo treinamento a mais de dez mil gestores por ano. Em retrospectiva, a pergunta tão insistente de Peter ainda ecoa em meus ouvidos. Quando nos despedíamos, ao fim de cada encontro, Peter perguntava: "Foi útil para você o que eu disse hoje?". Sim, sem dúvida. O que Peter dizia era sempre útil; não importa que, na época, eu o compreendesse e o aceitasse, ou não.

Sobre Minglo Shao

Minglo Shao é Cofundador e Presidente do Conselho Curador do California Institute of Advanced Management e fundador e presidente da Peter F. Drucker Academy e do Bright China Group na China. Foi cliente de Peter Drucker de 1999 até a morte dele em 2005. Com a orientação e o envolvimento pessoal de Drucker, Minglo Shao fundou a Peter F. Drucker Academy em 1999, com o objetivo exclusivo de oferecer a executivos e a empreendedores chineses formação teórica e treinamento prático nos métodos de Drucker. A Academia treinou mais de 60 mil graduados em 33 cidades chinesas, além de Hong Kong. Shao constituiu e gerencia muitas empresas em numerosos setores. Sob a liderança dele, a Bright China Holdings investiu mais de US$ 600 milhões na China.

A consultoria de Drucker continua firme

Edna Pasher, PhD

Quando fundei minha empresa de consultoria em Israel, apliquei os princípios de Peter Drucker desde o começo. Li todos os livros e artigos de Drucker, e ele foi minha fonte de inspiração, ao me defrontar com desafios. Nunca tive experiência direta com a consultoria dele, mas tive experiência indireta. Através de outro amigo, Dr. Tamir Bechor, que acabou lecionando na Peter F. Drucker and Masatoshi Ito Graduate School of Management, a instituição em que Drucker também lecionava, conheci o Dr. Bill Cohen, presidente do California Institute of Advanced Management (CIAM). Em 1979, Bill foi a primeira pessoa a graduar-se no programa de PhD para executivos de Drucker. A nova escola de Bill, no CIAM, não só ensina os conceitos de Drucker, mas também exige que todos os alunos prestem consultoria *pro bono*, como voluntários, a organizações reais, inclusive pequenas empresas, assim como a grandes empresas e a organizações sem fins lucrativos, aplicando os métodos de Drucker.

Dois anos atrás, o CIAM foi pioneiro em consultoria de gestão a distância, e tive a sorte de usar esse serviço gratuito duas vezes. As duas intervenções contaram com o envolvimento e a ajuda especializada do Dr. Al Randall, ex-piloto de combate, com MD (doutorado em medicina) e MA (mestrado em artes), este último conferido por Drucker. Também é diretor de divulgação no CIAM.

É claro que eu já tinha lido muita coisa de Drucker. A qualidade e o desempenho das duas equipes que nos prestaram consultoria confirmaram fatos importantes que eu já conhecia a respeito dele, com base em minhas leituras.

1. Sem aposentadoria

Peter Drucker morreu aos 95 anos. Trabalhou quase até o último dia. Em um de seus artigos na Harvard Business Review (HBR), explicou que o conceito de aposentadoria surgira quando a expectativa de vida era inferior a 60 anos. Ele não via razão para que os filhos tivessem de sustentá-lo por mais de 30 anos! Muitos de meus amigos já se aposentaram. Trabalho tanto quanto sempre trabalhei, e espero trabalhar até o último dia, da mesma maneira como Peter Drucker.

2. Trabalho do conhecimento

Drucker é o verdadeiro pioneiro da gestão do conhecimento. Sou considerada pioneira da gestão do conhecimento em Israel. Foi com Drucker que compreendi em profundidade esse conceito. Ele cunhou o termo "trabalhador do conhecimento", e explicou que não se deve gerenciá-los como se gerenciavam os trabalhadores manuais na Era Industrial. Lembro-me dele como gestor e como consultor de gestão, e tento decodificar as necessidades singulares dos trabalhadores do conhecimento como o fundamento mais profundo de meu trabalho.

3. Clareza no estilo de escrever

Peter Drucker, assim como meu orientador em meus estudos de doutorado, professor Neil Postman, da Universidade de Nova York, escrevia em estilo simples e claro. Ambos queriam que as pessoas compreendessem plenamente o que estavam transmitindo. Tento seguir esses exemplos, evitando jargões desnecessários e dados obscuros, que talvez dificultem para os leitores a compreensão da mensagem.

4. Aprender com voluntários

Drucker sabia que havia muito a aprender com o voluntariado, em proveito da gestão eficaz. Acredito que o trabalho de qualidade é o que envolve paixão, da mesma maneira como ocorre nos serviços voluntários em atividades pelas quais se é apaixonado. Creio também que o papel dos gestores é identificar as funções e tarefas que despertam paixão nas pessoas da organização, a fim de obter bons resultados.

5. Gestão do tempo

Drucker trabalhava muito com gestão do tempo, sobretudo no caso de gestores. A maneira como o líder gerencia a si próprio é o maior desafio. A liderança eficaz é, primeiro e sobretudo, o que eu faço, e como faço; e, só então, o que eu delego aos outros, e como delego. Como distribuo meu próprio tempo é mais importante do que o que espero dos outros. Meus exemplos são positivos para as pessoas? Elas me seguem, como líder, com entusiasmo?

6. Gestão da inovação

Drucker fazia pesquisas e lecionava, além de prestar consultoria. Essas três competências reforçam-se umas às outras. Acima de tudo, a gestão da inovação, que, seguindo o exemplo de Drucker, é onde se concentra minha paixão, essas competências essenciais são absolutamente necessárias. Sem pesquisa não há inovação. O magistério nos aproxima dos jovens, que facilitam a compreensão do futuro. Consultoria é um processo de cocriação, com pessoas que a toda hora precisam resolver problemas, e a inovação para a solução de problemas é a melhor espécie de inovação.

7. Foco no cliente

Drucker escreveu: "Só há uma definição válida do propósito do negócio: criar clientes". Tento lembrar-me disso em tudo o que faço. Quanto mais velho fico, mais tento aproximar-me dos clientes. Compreender as reais necessidades dos clientes, ajudá-los a esclarecer essas necessidades, orientá-los a conceber mais de uma solução para os problemas e analisar as vantagens e desvantagens de cada alternativa são o âmago da consultoria. Dessa maneira, minha equipe, meus parceiros, inclusive o CIAM, e eu vemos nosso propósito como sendo criar clientes. Tenho muito orgulho de nossos clientes leais, alguns dos quais trabalham conosco há muitos anos, inovando e crescendo juntos.

8. Triplo resultado

Drucker dizia: "Embora eu acredite no livre mercado, tenho sérias reservas em relação ao capitalismo". Concordo plenamente com ele, e tenho refletido sobre o conceito de "resultado" nos negócios não é de hoje. Em nossa empresa, acreditamos que as organizações crescem em harmonia com os contextos social e físico – do contrário, morrem. Por isso é que enfrentamos os desafios da sustentabilidade e do desenvolvimento sustentável há muito tempo, e focamos em "Cidades Inteligentes", estudando o ecossistema e ajudando as organizações a engajarem no empreendimento todos os "stakeholders", os "detentores de interesses" ou "partes interessadas", isto é, os diferentes públicos das organizações, para o benefício de todos, não apenas dos acionistas. Acreditamos no compromisso com o Triplo

Resultado – pessoas, planeta, lucro – ou resultado social, resultado ambiental e resultado econômico. Adotar esse conceito é revolucionar o capitalismo, objetivo primordial, se quisermos um futuro melhor para nossos clientes e para as gerações vindouras!

9. Cultura antes da estratégia

Drucker dizia: "A cultura come a estratégia no café da manhã". Sim! Com muita frequência, as estratégias não são implementadas porque são "devoradas" pela cultura da organização. Se não se alinhar com a cultura da organização, o processo de elaboração da estratégia não será levado a bom termo. Em nosso trabalho, primeiro tentamos compreender a cultura organizacional e só então identificamos oportunidades a serem desenvolvidas nas iniciativas estratégicas. Às vezes, precisamos ajudar as organizações de nossos clientes a mudar a cultura em si – o que leva muito tempo. Nesse caso, a melhor maneira é começar com o reforço dos aspectos positivos da cultura existente, antes de pensar em novas ideias para promover comportamentos organizacionais mais eficazes.

Tudo isso se fundiu em nosso atual relacionamento com o Dr. Al Randall, seus pares no magistério e colegas de turma, graças ao qual os alunos do CIAM, na condição de consultores, ajudaram-me a inovar! Tive a sorte de trabalhar com o Dr. Randall em dois casos; o inusitado, porém, é que o Dr. Randall, embora tenha liderado uma equipe e, mais ou menos um ano depois, tenha sido meu principal contato com a outra, não era o professor responsável em nenhum dos dois casos. O fato é que o Dr. Randall também era aluno do CIAM, completando o segundo mestrado, o MBA no CIAM, ao mesmo tempo em que atuava como professor e administrador. No contrato de que ele participava com os colegas, completamos dois projetos juntos, um que ajudou minha empresa a entrar no mercado global de consultoria on-line, e outro que ajudou nossa nova divisão sem fins lucrativos, o Israeli Smart Cities Institute, a desbravar o mercado local de um terceiro país, onde é desesperadora a necessidade de tornar as cidades mais inteligentes.

Aprender administração aplicando os princípios de Drucker e, ao mesmo tempo, prestar consultoria aos gestores de pequenas organizações assim como de empresas gigantes são características sem igual do CIAM. Consultoria envolve pesquisa e prática – haveria melhor maneira de preparar as pessoas para liderar, em contextos cambiantes, onde é sempre preciso aplicar a teoria e inovar na prática?

Nosso relacionamento com o CIAM deu mais um passo importante. Passamos a representar o CIAM em Israel, não só em cursos a distância, mas também em cursos presenciais na Califórnia. Além disso, começamos a contratar graduados pelo CIAM, que, ao se formarem, já são consultores experientes, para ajudar-nos em nossos projetos. Além disso, Califórnia e Israel têm muito em comum – a cultura do Vale do Silício e a mentalidade de startup – e podem, assim, cocriar um grande futuro, sob a inspiração e com fundamento nos princípios de consultoria de Peter Drucker. Incrível!

Sobre Edna Pasher

Edna Pasher graduou-se em PhD, sob a orientação do professor Neil Postman, de fama mundial, pela Universidade de Nova York. Em 1978, fundou uma das principais empresas de consultoria de Israel, a Edna Pasher PhD & Associates Management Consultants, da qual ainda é presidente e CEO. Em 1991, fundou a revista *Status: the Israeli Management Magazine*. Cinco anos atrás, organizou o primeiro evento a promover Drucker em Israel, ocasião em que a *Status* foi o primeiro grande veículo de comunicação em Israel a dedicar toda uma edição a Drucker. Edna foi "cliente de Drucker" por procuração, quando duas diferentes equipes de alunos de MBA do California Institute of Advanced Management aplicaram os princípios de Drucker em duas de suas iniciativas. Recentemente, fundou uma empresa de consultoria internacional, sem fins lucrativos, o The Israeli Smart Cities Institute.

Minha experiência com o diferencial da consultoria de Drucker

C. William Pollard

Tive o privilégio de conhecer Peter Drucker como conselheiro, mentor e amigo. Encontramo-nos pela primeira vez numa reunião do Conselho de Administração da Herman Miller. Peter fora convidado pelo presidente para falar sobre a globalização acelerada de nosso mercado e seus efeitos sobre a maneira como deveríamos conduzir os negócios.

Eu já havia lido muitos livros e outros escritos de Peter, que usávamos frequentemente em nossos programas de treinamento ServiceMaster para gestores e líderes da empresa.

A conversa dele com os conselheiros da Herman Miller não foi uma palestra; foi mais um diálogo, em que ele salpicava seus comentários com perguntas penetrantes, usando o método socrático, não só para induzir nosso raciocínio, mas também para testar nossa compreensão. Ele era mestre na arte da maiêutica. Como constatei depois em nossos encontros individuais, ele quase sempre usava o mesmo método dialético para aconselhar os clientes, ajudando-os a chegar às próprias conclusões e soluções.

No final da reunião, tivemos a oportunidade de apertar as mãos e manter interações pessoais com Peter. Quando ele descobriu que eu era CEO da ServiceMaster, começou a fazer perguntas sobre a missão da nossa empresa. Explicou que estudara nossa empresa, da qual também era cliente. Ele queria saber mais sobre como uma empresa de capital aberto implementava nossa declaração de objetivos, muito singular: "Honrar a Deus em tudo o que fazemos, ajudar as pessoas a desenvolver-se, a prestar serviços excelentes e a aumentar a rentabilidade". Perguntou-me se poderíamos reunir-nos e se eu poderia prestar-lhe "consultoria" (sim, ele até usou o termo) sobre como conseguíamos conciliar esses objetivos.

Em nossa reunião seguinte e nas muitas outras subsequentes, Peter sempre agiu como pessoa tão aberta ao aprendizado quanto ao ensino e ao aconselhamento. Nunca se apresentou como dono de todas as respostas. Sempre me beneficiei muito seus conhecimentos e sabedoria, e também lhe propus numerosos problemas desafiadores para impulsionar o crescimento de nossa empresa a taxas de 20% ao ano durante mais de 20 anos.

À medida que nos aprofundávamos em questões de estrutura organizacional, crescimento por aquisições em novas áreas de serviços, e expansão internacional, ele a toda hora me lembrava da importância do desenvolvimento das pessoas. O interesse dele ia além do que as pessoas faziam e de como faziam, incluindo também como estavam progredindo. Ele encarava essa dimensão complementar como responsabilidade básica da liderança. Uma de suas frases favoritas era que as pessoas produtivas trabalham por uma causa, não só para viver. Os conselhos dele sobre pessoas refletiam essa filosofia de vida, que incluía fé no aprendizado e busca de soluções para os problemas.

Ao recomendar e aconselhar, ele em geral tratava da questão específica no contexto mais amplo dos temas da vida. Sim, era importante ser eficaz e eficiente na produção dos bens e serviços necessários para os clientes, ao preço justo, e alcançar resultados que criassem valor para os clientes. Como, porém, o sucesso da empresa dependia da produtividade das pessoas, ele também sustentava enfaticamente que o negócio deve perseguir o objetivo mais abrangente de converter-se em comunidade moral para o desenvolvimento do caráter humano.

Peter era franco e direto ao constatar algo errado a ser corrigido. Assim se manifestava, contudo, de maneira construtiva, levando os interlocutores a reagir também de maneira construtiva, em vez de contestar a observação. No meu caso, observei essa atitude positiva de Peter Drucker quando ele disse ao nosso Conselho de Administração que todos estávamos errados ao respondermos à pergunta: "Qual é o seu negócio?", listando os tipos de serviços que prestávamos, em vez de reconhecermos a importância do treinamento e desenvolvimento de pessoas para a prestação certa dos serviços certos.

Outra ocasião foi quando impediu-me de tomar uma decisão errada. Disse-me que eu devia estar sofrendo da arrogância do sucesso, com um toque de húbris ou soberba, se eu prosseguisse no mesmo rumo. Sugeriu que meu foco se concentrara em mim mesmo, em vez de nos outros. Seria melhor para a empresa e paras as pessoas que eu engolisse algumas pílulas de sofrósina, ou moderação, e buscasse alguma forma de conciliação, menos impositiva e mais propositiva para as partes. E assim agi.

Para mim, o diferencial de Drucker em consultoria incluía:

1. Atuar como mentor e consultor.

2. Fazer perguntas instigantes para esclarecer as questões e confirmar a compreensão.

3. Dispor-se a aprender com os aconselhados.

4. Jamais ignorar o lado das pessoas e sempre cuidar da pessoa total.

5. Promover a visão da empresa como comunidade moral para a formação do caráter.

6. Cultivar a confiança entre as partes e ser franco sobre as necessidades de mudança.

Peter ajudou-me a compreender que minha liderança na empresa era apenas um meio – a verdadeira questão era "para que fins". E o fim para Peter eram as pessoas que seguiam o líder, a direção para onde avançavam e em quem se transformavam ao alcançarem os resultados almejados.

Sobre C. William Pollard, Esquire

Bill Pollard é presidente da Fairwyn Investment Company e autor de dois best-sellers. Serviu duas vezes como CEO da The ServiceMaster Company, empresa da Fortune 500, e também como presidente do Conselho de Administração. Durante seu mandato na ServiceMaster, a empresa foi reconhecida pela revista *Fortune* como a número um em serviços, entre as da Fortune 500, e também foi incluída no rol das empresas mais admiradas. A ServiceMaster também foi nomeada "estrela do futuro" pelo *Wall Street Journal* e reconhecida como "uma das empresas mais respeitadas do mundo" pelo *Financial Times*. Bill Pollard é membro do Conselho de Administração do Drucker Institute e também do Conselho de Curadores do CIAM.

Peter Drucker: a consultoria e a vida multidimensional

Bruce Rosenstein

Peter foi uma das poucas pessoas a se situar no topo de três diferentes carreiras profissionais: consultor, escritor e professor. Essa vida multidimensional foi parte do que ele denominou "viver em mais de um mundo" – praticar numerosas atividades na vida, para não se tornar excessivo em nenhuma área. Por mais que ele tenha sido bem-sucedido e realizado em qualquer uma dessas áreas, minha percepção é que nenhuma delas, sozinha, teria sido suficiente para a plena expressão de Drucker, como pessoa e como profissional, o que, sem dúvida, amplia seu papel como consultor de gestão.

Em 11 de abril de 2005, sete meses antes do dia de seu falecimento, eu o entrevistei no Drucker Archives, em Claremont, California, para meu primeiro livro, *O legado de Peter Drucker: lições eternas do pai da administração moderna para a vida e para os negócios.* Ao discutir sobre a importância das prioridades na vida, ele disse: "Minha ordem de prioridades é primeiro escrever; depois, lecionar; e, por último, prestar consultoria". Ele, porém, cultivava uma visão fluida, flexível, da vida. Quando o entrevistei, em Los Angeles, no verão setentrional de 2002, para um artigo de destaque no *USA Today,* "Escândalos não são novidade para o guru da gestão de negócios: pioneiro da teoria da administração já viu esse ciclo antes", ele se manifestou de maneira diferente: "Se você quiser diagramar meu trabalho, no centro, está escrever; depois, vem consultoria; e, finalmente, magistério. Nunca fui sobretudo um acadêmico. Gosto de ensinar porque é assim que eu aprendo".

O trabalho e o aprendizado de Drucker em qualquer uma dessas três áreas sempre esclareciam e fortaleciam as outras. Ele embutiu variedade na vida como um todo, mas também na prática de consultoria. Assessorava organizações de negócios, entidades sem fins lucrativos, instituições educacionais e agências governamentais. Desenvolveu relações profundas com muitos de seus clientes. Na entrevista para o *USA Today*, ele disse: "Mantenho contato com todos os meus clientes, mesmo que eu não tenha tido negócios com eles nos últimos 20 anos; eles ainda são amigos".

As organizações às quais prestava consultoria tornavam-se, em essência, laboratórios para as suas ideias, mas também contextos onde observar de perto a eficácia com que operavam e o potencial a ser realizado. Drucker aprendia muito sobre o futuro em suas interações com os clientes, observando como eles criavam o próprio futuro.

Embora seja verdade que Drucker podia ser muito seletivo em relação às pessoas com quem trabalhar, não lhe faltavam boas razões para rejeitar clientes. Às vezes, o trabalho não exigia alguém de seu nível. Em certa ocasião, ele disse a uma empresa que seria melhor para eles contratar um bom professor de contabilidade nas imediações. E não contrariava seus princípios. Na entrevista de abril de 2005, ele disse que não trabalhava com empresas e organizações que o procuravam "para ser carrasco, o que eu me recuso a fazer. Não sou bom nisso. Não acredito nisso".

Como Drucker manteve-se ativo durante toda a sua longevidade, as pessoas continuavam a recorrer às suas ideias. Além disso, queriam ter um tempo em particular com ele, estar na presença dele, trocar ideias com ele e aprender com ele. Durante a entrevista de 2002 para o *USA Today*, ele disse: "Tenho mais consultorias hoje do que em qualquer outra época. Eu achava que a maioria delas era em organizações sem fins lucrativos. Acabei constatando, porém, que muitos dos clientes eram grandes empresas tradicionais, que voltavam a procurar-me, europeias, japonesas e americanas; queriam saber como se reposicionar na economia mundial". Com um lampejo de humor sutil e astuto, ele disse que gostava de trabalhar principalmente com pequenas empresas, "onde você vê resultados. Meu primeiro cliente foi a General Motors; comecei no cume e trabalhei encosta abaixo até o sopé". Evidentemente, muitos foram seus clientes gigantescos e prestigiosos ao longo dos anos, como General Electric e Procter and Gamble.

No entanto, para realmente compreender a variedade de seu trabalho, é importante olhar para os clientes sem fins lucrativos, mencionados em um livro de 2013, com vasto material sobre Drucker como consultor e assessor: *Drucker: A Life in Pictures*, de Rick Wartzman, diretor executivo do Drucker Institute. Entre os clientes, incluíam-se Girls Scouts of the USA (Bandeirantes dos Estados Unidos) e American Red Cross (Cruz Vermelha Americana); organizações culturais, como Metropolitan Museum of Art e American Symphony Orchestra League; e instituições educacionais, como Universidade da Pensilvânia e Escola de Graduação em Negócios de Stanford.

A diversidade que Drucker desenvolveu em seu trabalho, a atenção que dedicou às pessoas e o desejo de manter-se ativo e realizador já com idade avançada servem como modelo para os consultores de hoje e para outros trabalhadores do conhecimento. Como construir sua marca, sua equipe de trabalho e sua reputação para que as pessoas se disponham a pagar pelo privilégio de privar de sua companhia? Não gostaríamos, todos nós, de sermos demandados durante toda a nossa vida útil, ou seja, do começo ao fim?

Sobre Bruce Rosenstein

Bruce Rosenstein passou os últimos 20 anos estudando, escrevendo e palestrando sobre Peter Drucker, em que se inclui longa entrevista pessoal na casa de Drucker, uma das últimas gravadas com ele. O trabalho de Rosenstein resultou em centenas de artigos, blogs, discursos e dois best-sellers: *O legado de Peter Drucker: lições eternas do pai da administração moderna para a vida e para os negócios* e *Create Your Future the Peter Drucker Way*. Antes disso, passou 21 anos preparando-se para esse papel, enquanto trabalhava para o *USA Today* como pesquisador e escritor de livros de negócios e administração. Em abril de 2011, tornou-se editor-gerente do premiado *Leader-to-Leader Journal* do Frances Hesselbein Leadership Institute.

O consultor chamado Peter Drucker

Rick Wartzman

Bill Cohen observou, com razão, que "apesar de seu sucesso extraordinário", Peter Drucker "não construiu uma grande organização de consultoria para sustentar ou expandir suas atividades. Não houve e não há um 'Grupo Drucker de Consultoria', nem 'Drucker e Associados', nem 'Drucker LTD'".

Dito isso, a entidade que tenho o prazer e o privilégio de liderar – o Drucker Institute at Claremont Graduate University – é o legado de Drucker para levar adiante a sua obra. E, por certo, nossas atividades hoje incluem prestação de consultoria a várias grandes empresas, em todo o espectro de setores: tecnologia, varejo, manufatura e mais.

Nossa entrada em consultoria foi parte de um processo de oito anos em que emergimos dos arquivos empoeirados de Drucker para nos tornarmos um empreendimento social ativo, com a missão de "fortalecer organizações para fortalecer a sociedade".

Para nós, então, descobrir o que tornou Drucker tão procurado como consultor de grandes empresas, de organizações sem fins lucrativos e de agências do governo foi mais que uma questão de interesse acadêmico. Foi o fundamento sobre o qual construímos nosso negócio.

O que viemos a compreender – e se tornou o núcleo de nosso próprio trabalho de consultoria – é que Drucker não via o próprio trabalho como o de dar respostas. "Minha maior força como consultor", disse ele, certa vez, "é ser ignorante e fazer muitas perguntas".

No caso de Drucker, como no nosso, essas perguntas são, geralmente, de uma simplicidade ilusória: Quem é o cliente? O que você deixará de fazer (a fim de liberar recursos para projetos mais produtivos e inovadores)? Em que negócio você atua? Ou, como ele incentivou os fundadores de um banco de investimentos, Donaldson, Lufkin & Jenrette, a perguntarem a si próprios, em 1974, depois de uma fase de crescimento estonteante: "Qual deve ser o seu negócio?".

"Não tentarei responder à pergunta de qual deve ser o seu negócio", acrescentou Drucker. "Primeiro, não se deve responder a essa pergunta de orelhada. Segundo, a opinião de alguém, por mais brilhante que seja, sempre é uma opinião".

Outras vezes, as empresas pediam conselhos a Drucker para enfrentar desafios mais específicos. Em 1992, por exemplo, ele escreveu uma análise de 92 páginas para a Coca-Cola, que abrangia distribuição, marcas e propaganda. A abordagem, porém, era sempre a mesma: "O relatório suscita questões", disse Drucker à Coca-Cola. "Não tenta dar respostas."

Também viemos a apreciar o delicado equilíbrio pessoal alcançado por Drucker como consultor. Ele mantinha relacionamento estreito com muitos dos CEOs e outros executivos com quem trabalhava – "Qualquer problema do cliente é meu problema", declarou Drucker – mas ele nunca foi mal interpretado (ou se mal interpretou) como *insider*, ou alguém de dentro da organização.

"O profissional precisa comprometer-se com a causa do cliente... mas deve evitar qualquer envolvimento pessoal", explicou Drucker, em um ensaio de 1981, intitulado "Por que consultores de gestão" (*Why Management Consultants?*). "Ele próprio não deve ser parte do problema". Por fim, Drucker asseverou: "O consultor de gestão traz para a prática da gestão o requisito da profissão: distanciamento".

Outra coisa que levava Drucker a manter-se à parte era a integridade. Ele não entrava, não fazia o trabalho, e não apresentava a conta sem certificar-se de que faria diferença. "Lembre-se", disse Drucker ao assistente do presidente do Conselho de Administração da Sears, ao entregar-lhe uma fatura, em março de 1955, "de que lhes apresento isso sob a condição de que só se efetue o pagamento se o trabalho tiver sido satisfatório".

Com efeito, Drucker sabia que o teste não era se ele havia oferecido boas ideias. O que contava era se o cliente podia usar as ideias dele para progredir de maneira mensurável em alguma questão importante. É o desempenho do cliente, escreveu Drucker, que "determina, em última análise, se o consultor contribui para os resultados, ou se, na melhor das hipóteses, ele não passa de um bobo da corte".

De nossa parte, trabalhamos arduamente para acompanharmos o desempenho dos clientes e termos a certeza de termos contribuído com algo de valor, com nossa prática de consultoria, que apelidamos "Drucker Um/Workshops" (algo como "Drucker Des/Workshops" ou "Drucker Des/Oficinas"). Essa é a denominação porque, nesses contratos, procuramos *des*obstruir a compreensão que *des*travará os executivos para a solução de um desafio ou para a exploração de uma oportunidade).

Finalmente, Drucker sabia que o maior perigo para qualquer consultor era deslumbrar-se com a própria sabedoria. Temos muita consciência desse risco e nunca temos a pretensão de conhecer melhor o negócio dos executivos do que os próprios executivos.

Drucker não gostava que os clientes se deixassem fascinar. "Parem de falar sobre 'druckerizar' a organização", disse aos executivos na Edward Jones, a empresa de investimentos. "O trabalho a realizar é 'jonesizar' a organização – e só se vocês pensarem assim poderei ajudá-los. Do contrário, logo serei uma ameaça – o que me recuso a tornar-me."

Cultivamos hoje esse mesmo princípio. Submetemos nossos clientes a todos os tipos de exercícios, pelos quais lhes oferecemos referenciais baseados em Drucker. Jamais tentamos, porém, "druckerizá-los". Isso porque sabemos que eles só alcançarão os resultados almejados quando se inspirarem em nossas ideias – as ideias de Drucker – e as ajustarem à própria cultura organizacional.

Pois, como Drucker disse, "só posso fazer perguntas. As respostas devem ser suas".

Sobre Rick Wartzman

Rick Wartzman é diretor executivo do Drucker Institute, na Claremont Graduate University, além de autor e editor de cinco livros, inclusive *O que Drucker faria agora?* e *The Drucker Lectures*. Wartzman já foi escritor e editor do *Wall Street Journal* e do *Los Angeles Times*. Embora continue a escrever colunas periódicas sobre Drucker para revistas como *Time* e *BusinessWeek*, ele próprio tornou-se gestor de negócios, assim como curador, líder de pesquisadores profissionais, palestrante profissional e educador. É um dos poucos consultores de gestão capaz de aplicar os princípios de Drucker – alguns deles revelados por suas próprias pesquisas – extraídos de fontes originais, nos enormes arquivos confiados ao Instituto por Peter Drucker e família.

Sobre o autor

O Dr. William A. Cohen foi o primeiro graduado pelo programa de doutorado cofundado por Peter Drucker. O que aprendeu com Drucker mudou a vida dele. Pouco depois do doutorado, Cohen foi recomissionado na Força Aérea dos Estados Unidos, onde atingiu o nível de major-general. Por fim, tornou-se professor titular (*full professor*), consultor de gestão e autor de mais de 50 livros, além de manter amizade vitalícia com o ex-professor, Peter Drucker. Em 2009, foi nomeado Aluno Emérito (*Distinguished Alumnus*) pela escola de Drucker, Claremont Graduate University, e dois anos depois cofundou o California Institute of Advanced Management, organização sem fins lucrativos, cuja missão é oferecer cursos de pós-graduação acessíveis, baseados nos princípios de Drucker. Hoje, é presidente da instituição. Pode ser encontrado em william.cohen@ciam.edu.

LEIA TAMBÉM

A BÍBLIA DA CONSULTORIA
Alan Weiss, PhD
TRADUÇÃO *Afonso Celso da Cunha Serra*

A BÍBLIA DO VAREJO
Constant Berkhout
TRADUÇÃO *Afonso Celso da Cunha Serra*

ABM ACCOUNT-BASED MARKETING
Bev Burgess, Dave Munn
TRADUÇÃO *Afonso Celso da Cunha Serra*

CONFLITO DE GERAÇÕES
Valerie M. Grubb
TRADUÇÃO *Afonso Celso da Cunha Serra*

CUSTOMER SUCCESS
Dan Steinman, Lincoln Murphy, Nick Mehta
TRADUÇÃO *Afonso Celso da Cunha Serra*

DIGITAL BRANDING
Daniel Rowles
TRADUÇÃO *Afonso Celso da Cunha Serra*

DOMINANDO AS TECNOLOGIAS DISRUPTIVAS
Paul Armstrong
TRADUÇÃO *Afonso Celso da Cunha Serra*

ECONOMIA CIRCULAR
Catherine Weetman
TRADUÇÃO *Afonso Celso da Cunha Serra*

INTELIGÊNCIA EMOCIONAL EM VENDAS
Jeb Blount
TRADUÇÃO *Afonso Celso da Cunha Serra*

IoT - INTERNET DAS COISAS
Bruce Sinclair
TRADUÇÃO *Afonso Celso da Cunha Serra*

KAM - KEY ACCOUNT MANAGEMENT
Malcolm McDonald, Beth Rogers
TRADUÇÃO *Afonso Celso da Cunha Serra*

MITOS DA GESTÃO
Stefan Stern, Cary Cooper
TRADUÇÃO *Afonso Celso da Cunha Serra*

MITOS DA LIDERANÇA
Jo Owen
TRADUÇÃO *Afonso Celso da Cunha Serra*

MITOS DO AMBIENTE DE TRABALHO
Adrian Furnham, Ian MacRae
TRADUÇÃO *Afonso Celso da Cunha Serra*

NEUROMARKETING
Darren Bridger
TRADUÇÃO *Afonso Celso da Cunha Serra*

NÔMADE DIGITAL
Matheus de Souza

O PREÇO É O LUCRO
Peter Hill
TRADUÇÃO *Marcelo Amaral de Moraes,*
Paulo de Castro

OS SONHOS DE MATEUS
João Bonomo

PETER DRUCKER: MELHORES PRÁTICAS
William A. Cohen, PhD
TRADUÇÃO *Afonso Celso da Cunha Serra,*
Celina Pedrina Siqueira Amaral

RECEITA PREVISÍVEL
Aaron Ross & Marylou Tyler
TRADUÇÃO *Celina Pedrina Siqueira Amaral,*
Marcelo Amaral de Moraes

TRANSFORMAÇÃO DIGITAL
David L. Rogers
TRADUÇÃO *Afonso Celso da Cunha Serra*

VIDEO MARKETING
Jon Mowat
TRADUÇÃO *Afonso Celso da Cunha Serra*

WORKBOOK RECEITA PREVISÍVEL
Aaron Ross,
Marcelo Amaral de Moraes

POR QUE OS HOMENS SE DÃO MELHOR QUE AS MULHERES NO MERCADO DE TRABALHO
Gill Whitty-Collins
TRADUÇÃO *Maíra Meyer Bregalda*

Este livro foi composto com tipografia Bembo e impresso
em papel Off-White 80 g/m² na Formato Artes Graficas.